A PROPÓSITO DE

SHAKESPEARE

EL GENIO Y LA MISIÓN DEL ARTE

VICTOR HUGO

Victor Hugo

A PROPÓSITO DE
SHAKESPEARE

EL GENIO Y LA MISIÓN DEL ARTE

VICTOR HUGO

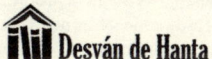 Desván de Hanta

Edición de Pedro Gómez Carrizo
Traducción de Antonio Aura Boronat

© 2016, Biblok Book Export, s. l.
www.biblok.es

ISBN: 978-84-945137-3-2
DL B 1876-2016

Impreso en España *Printed in Spain*

Índice

A Inglaterra

dedico este libro, glorificación de su poeta

Digo a Inglaterra la verdad;
pero como tierra ilustre y libre, la admiro,
y como asilo, la amo.

VICTOR HUGO
Hauteville-House, 1864

El presente libro debería titularse: A propósito de Shakespeare.* *El deseo de* presentar *al público,* introducir, *que dirían los ingleses, la nueva traducción de Shakespeare, ha sido el móvil primero del autor. El vivísimo interés que el traductor le inspira, no le priva del derecho de recomendar su trabajo; sin embargo, el que esto escribe declara que el asunto por sí mismo ha solicitado poderosamente su atención, pues leyendo a Shakespeare se han presentado a su pensamiento todas las cuestiones que se refieren al Arte. Pensar en estas cuestiones equivale a explicar la misión del Arte y a reflexionar sobre la deuda que el espíritu humano tiene contraída con el hombre. Y ya que se ofrece la ocasión de decir la verdad acerca de esta materia, no debe eludirse, sobre todo en tiempos como los actuales. Así lo ha comprendido el autor, no vacilando en abordar todas las complejas cuestiones que bajo diferentes aspectos entrañan juntamente el Arte y la civilización, multiplicando los horizontes a medida que la perspectiva se ha ido alejando y aceptando las indicaciones que el asunto rigurosamente le ha exigido. De tal dilatación del punto de vista ha nacido el presente libro.*

Hauteville-House, 1864

---

* Estas páginas, concebidas inicialmente como un prólogo, fueron publicadas como libro independiente con el título *Vida de Shakespeare.* En esta edición recuperamos el título que el autor consideraba más apropiado para la obra. (*N. del E.*)

Primera parte

Shakespeare. Su vida

I

Hace como doce años, en una isla próxima a las costas de Francia, una casa de aspecto melancólico en todas las estaciones, se hacía particularmente sombría a la entrada del invierno. El viento del Oeste, que reinaba con entera libertad, hacía más densas en torno de aquella morada las brumas que se interponen en noviembre entre la vida terrestre y el sol. Las noches vienen pronto en otoño, y la pequeñez de las ventanas, unida a la brevedad de los días, agravaba la tristeza crepuscular de aquella casa.

Esta vivienda, que tenía por remate un terrado, era rectilínea, correcta, cuadrada, recién revocada y blanquísima. Era el metodismo edificado. Nada tan glacial como esta blancura inglesa. Parece que os ofrece la hospitalidad de la nieve. Involuntariamente os vienen a la memoria y os oprimen el corazón con su recuerdo las oscuras pero risueñas casitas de madera, cercadas de viñedos, que existen en Francia.

Contiguo a la casa había un jardín en cuesta, de un cuarto de fanega, rodeado de tapias, cortado por gradas de granito y parapetos, sin árboles, desnudo, y en donde se veían más piedras que hojas. Este inculto pedazo de tierra abundaba en multitud de maravillas que florecían en otoño, y que los pobres del país comen cocidas con congrios. Desde el jardín no se veía la playa próxima, por quedar oculta detrás de un cerrillo cubierto de hierba, en donde crecían algunas ortigas y una robusta cicuta.

Divisábase desde la casa, a la derecha, una colina y un bos-
quecillo, y destacándose sobre el horizonte, la cúspide de una torre: a la izquierda se veía el *dick*. El *dick* era una hilera de gruesos
troncos de árboles arrimados a un muro, clavados en la arena,
secos, descarnados, llenos de nudos, de anquilosis y de rótulas
semejantes a una hilera de tibias. La fantasía, que acepta gustosa
los sueños para proponerse enigmas, podía preguntarse a qué
hombres habían pertenecido aquellas tibias de tres toesas de
altura. La fachada sur de la casa daba al jardín, y la del norte, a
un camino desierto.

Un corredor por entrada, una cocina, un invernadero, un
patio, un saloncito con vistas al camino sin caminantes, y un
espacioso pero mal alumbrado gabinete, constituían el piso
bajo; el primero y segundo formábanlos cuartos fríos, limpios,
recientemente pintados, con escasos muebles y blancas cortinas
en las ventanas. Tal era aquella vivienda, desde donde se oía
eternamente el ruido del mar.

Esta casa, pesado cubo blanco de ángulos rectos, escogida
al azar por los que la habitaban —por el azar, que algunas veces
tiene quizás también sus intenciones—, parecía un sepulcro.

Habitábala un grupo, mejor dicho, una familia. Eran desterrados. El más anciano era uno de esos hombres que en ciertos
momentos están de más en su país. Salía de una asamblea; los
otros, que eran jóvenes, salían de una prisión. El escribir forja
cerrojos. ¿Adónde se ha de llevar el pensamiento sino a un calabozo?

La cárcel les había dado libertad en el destierro.

El anciano, el padre, se veía rodeado de todos los suyos, menos de su hija mayor y de su yerno, que no habían podido acom-
pañarle. Algunas veces, sentados alrededor de una mesa, o en
un banco, permanecían silenciosos y graves, pensando todos a
la vez, y sin decírselo, en los dos ausentes.

¿Por qué se había instalado aquel grupo en tan desagrada-
ble vivienda? Por apresuramiento y por el deseo de salir cuanto
antes de una posada. Sin duda, también, porque era la primera

casa desalquilada que habían encontrado, y porque los desterrados no tienen buen acierto.

Esta casa —a la que es hora de rehabilitar y de consolar, porque ¿quién sabe si en su aislamiento no se ha entristecido ya por
lo que acabamos de decir?, que también una habitación tiene
su alma—, esta casa, decíamos, era conocida con el nombre de
Marine-Terrace. La llegada fue lúgubre; pero es fuerza declarar
que la permanencia en ella fue grata, y que Marine-Terrace ha
dejado a las personas que la habitaron recuerdos de afecto y de
cariño. Lo que decimos de esta casa, Marine-Terrace, lo decimos asimismo de la isla, Jersey. Los sitios de prueba y de dolor
acaban por tener cierta amarga dulzura que es causa de que a la
larga los echemos de menos. La conciencia se muestra agrade-
cida a la severa hospitalidad que ofrecen.

Otros desterrados habían vivido antes en esta isla; pero no
es éste el momento de hablar de ellos. Digamos únicamente
que el más antiguo de quien conserva recuerdo la tradición,
quizá la leyenda, fue un romano, Vipsanio Minator, que empleó el tiempo de su destierro en extender en beneficio de la
dominación de su país una muralla romana, de la que se conservan todavía algunos lienzos, semejantes a fragmentos de
colinas, situados junto a una bahía llamada, según creo, de
Santa Catalina. Este Vipsanio Minator fue personaje consu-
lar, romano tan amante de Roma, que molestó al Imperio. Tiberio lo desterró a esta isla cimeriana, Caesarea; según otros, a
una de las Orcadas. Tiberio hizo más; no satisfecho con el destierro, ordenó el olvido. Prohibió a los oradores del Senado y
del Foro el pronunciar el nombre de Vipsanio Minator. Los
oradores del Foro y del Senado y la historia obedecieron, de lo
cual estaba bien seguro Tiberio. Esta arrogancia en el manda-
to, que llega hasta dar órdenes al pensamiento de los hombres,
caracteriza a ciertos gobiernos antiguos que, llegando a una
situación sólida, suman el grado de seguridad por la suma de
sus crímenes.

Volvamos a Marine-Terrace.

Una de las últimas mañanas de noviembre, dos de los habitantes de aquel lugar, el padre y el menor de los hijos, estaban sentados en la sala baja. Callaban como náufragos que piensan.

La lluvia, el viento y el ruido del exterior tenían como aturdida aquella casa. Ambos meditaban, preocupados tal vez por la coincidencia de hallarse en el principio de un invierno y de un destierro.

De pronto el hijo, elevando la voz, preguntó al padre:

—¿Qué piensas de este destierro?

—Que será largo.

—¿Qué vas a hacer mientras dure?

El padre contestó:

—Miraré al océano.

Hubo un momento de silencio. El padre replicó:

—¿Y tú?

—Yo —repuso el hijo—, traduciré Shakespeare.

II

Hay, con efecto, hombres-océanos.

Las olas; el flujo y reflujo; el vaivén terrible; el gemir de los vientos; las sombras y los resplandores; las vegetaciones del abismo; la demagogia de las nubes en pleno huracán; las águilas sobre la espuma; las maravillosas salidas de los astros, repetidas en ignorado y misterioso tumulto por millones de puntos luminosos, cabezas confusas de lo innumerable; los temibles errantes rayos que tuercen su camino buscando a quién herir; los hondos sollozos; los monstruos que se vislumbran; las tenebrosas rugientes noches; las furias; los frenesíes; las tormentas, las rocas, los naufragios; las naves que chocan y se resquebrajan; los truenos humanos mezclados con los truenos divinos; la sangre en el abismo. Después, las gracias; las dulzuras; las fiestas; las alegres y blancas velas; las barquillas de los pescadores; las canciones entre el estruendo; los puertos espléndidos; el humo del hogar; las ciudades en el horizonte; el azul profundo de las aguas y del cielo; la beneficiosa acritud; la amargura que vivifica el universo; la áspera sal sin la que todo sería podredumbre; la cólera y el sosiego; el todo en lo uno; lo inesperado en lo inmutable; la prodigiosísima monotonía perpetuamente varia; el nivel tras el horrible trastorno; los infiernos y los paraísos de la inmensidad eternamente conmovida; lo infinito; lo insondable: todo eso puede existir en un alma, y entonces el alma se llama genio, y tenéis a Esquilo, a Isaías, a Juvenal, al Dante, a Miguel Ángel, a Shakespeare.

Contemplar tales almas es contemplar el océano.

III

§ I. Nació William Shakespeare en Stratford-upon-Avon, en una casa bajo cuyas tejas estaba escondida una profesión de fe católica que empezaba así: *Yo, John Shakespeare.* Este John fue el padre de William. La casa, situada en el callejón Henley-Street, era humilde, y el cuarto en que Shakespeare vino al mundo, de blancas paredes, negras vigas cruzadas en el techo y una descomunal ventana de pequeños vidrios, en donde hoy mismo se lee, entre otros nombres, el de Walter Scott, de aspecto miserable. Alojábase en esta vivienda modesta una familia empobrecida. El padre de William Shakespeare fue *alderman*, y su abuelo *bailío*. Shakespeare significa *agita lanza*; el blasón de la familia representaba *un brazo empuñando una lanza*, armas parlantes que fueron confirmadas, según cuentan, por la reina Isabel en 1595: todavía pueden ser vistas en los actuales momentos en la tumba de Shakespeare, en la iglesia de Stratford-upon-Avon, hay completo desacuerdo sobre la ortografía de la palabra *Shakespeare*, considerada como nombre patronímico, escríbese de varios modos: *Shakspere, Shakespere, Shakespeare* y *Shakepeare;* durante el siglo XVIII se escribía comúnmente *Shakespear*; el actual traductor ha adoptado la ortografía *Shakespeare* como la más exacta, y aduce en su abono razones que no tienen réplica. La única objeción que se le puede hacer es que *Shakspeare* se pronuncia con mas facilidad que *Shakespeare*, que acaso es conveniente la *e* muda, y que para aumentar su circulación, la posteridad tiene sobre los nombres propios cierto derecho de eufonía. Es evidente que para el verso francés, por ejemplo, se necesita la ortografía *Shakspeare*; mas para escribir en prosa, diremos *Shakespeare*, vencidos por la demostración del traductor.

§ II. La decadencia de la familia Shakespeare dependió de algún pecado original, probablemente de su catolicismo. A poco de nacer William, el *alderman* Shakespeare se convirtió en el carnicero John. William Shakespeare empezó su vida en un matadero. Aubrey dice dé el que a los quince años ya degollaba en la carnicería de su padre carneros y terneras con pompa. A los dieciocho se casó. En el tiempo que media del matadero a su matrimonio, compuso una cuarteta contra los pueblos circunvecinos. Esta cuarteta fue su primer ensayo poético. Declara en ella que Hillbrough es ilustre por sus fantasmas y Bidford por sus borrachos. El mismo autor lo estaba cuando compuso esta cuarteta a cielo descubierto, bajo un manzano que se hizo célebre en el país por causa de este sueño de una noche de verano. En tal noche y en tal sueño, acompañado de jóvenes de ambos sexos, estando borracho bajo este mismo manzano, pareciole bonita una aldeana, Anne Hathaway, con quien poco después se unió en matrimonio. Anne Hathaway tenía ocho años más que él; tuvo de ella una hija, después dos gemelos, varón y hembra, y la abandonó. Y esta mujer, que desaparece durante toda la vida de Shakespeare, no reaparece sino en su testamento, en donde le lega la peor de sus dos camas, «acaso —dice un biógrafo— porque emplearía la mejor con otras». Shakespeare, como La Fontaine, apenas conoció la vida conyugal. Libre de su mujer, fue maestro de escuela, después escribiente de un procurador, y por último, cazador furtivo. Este oficio ha dado motivo a sospechar por alguien que Shakespeare fue ladrón.

Cazando un día fue detenido en el parque de sir Thomas Lucy y desde allí conducido a la cárcel: fue objeto de un proceso y de una horrible persecución, pero pudo librarse de ella refugiándose en Londres. Una vez allí, se dedicó a guardar caballos a las puertas de los teatros. Plauto dio vueltas a la rueda de un molino. Todavía se conservaba en Londres en el siglo pasado la industria de guardar caballos a las puertas de los teatros, constituida por pequeños gremios que se designaban con el nombre de *Shakespeare's boys*.

§ III. Podría llamarse a Londres la Babilonia negra. Lúgubre de día, de noche espléndida. La contemplación de Londres aterra. Aquello es el rumor bajo una nube de humo. ¡Misteriosa analogía! El rumor es el humo del ruido. París es la capital de una vertiente de la humanidad; Londres es la capital de la vertiente opuesta. ¡Magnífica y sombría ciudad! La actividad es allí tumulto, y la población, hormigueo. Siéntese uno allí a la vez libre y aprisionado. Londres es el caos en orden. El Londres del siglo XVI no se parecía al Londres actual, pero ya era una ciudad inmensa. Cheapside era la calle principal. San Pablo, que hoy es cúpula, era aguja entonces. La peste habitaba en Londres como en Constantinopla. Verdad es que hay mucha semejanza entre Enrique VIII y un sultán. En Londres y en Constantinopla se sucedían con frecuencia los incendios, por estar construidos de madera los barrios bajos. No circulaba por las calles más que una carroza, la carroza de Su Majestad. No había encrucijada en donde no se apalease a algún *pick pocket* con el *drotschbloch* que todavía se usa en Groninga para trillar trigo. Las costumbres eran duras y casi feroces. Las damas de buen tono se levantaban a las seis de la mañana y se acostaban a las nueve de la noche, Lady Geraldine Kildare, cantada por lord Surrey, se desayunaba con una libra de tocino y una jarra de cerveza. Las reinas, mujeres de Enrique VIII, hacían mitones de estambre rojo. En aquel Londres la duquesa de Suffolk cuidaba en persona de su gallinero, y con el vestido a media pierna daba de comer a los patos de su corral. Comer a mediodía era comer muy tarde. Era de buen tono ir a jugar a la gallina ciega a casa de lord Leicester. Ana Bolena jugó allí varias veces.

Puesta de rodillas y con los ojos vendados, había ensayado sin saberlo la actitud que toman los reos en el cadalso. La misma Ana Bolena, destinada al trono desde donde debía de ir más lejos, saltó de alegría en una ocasión en que su madre le compró tres camisas de seis peniques cada una, y le prometió para el baile del duque de Norfolk un par de zapatos nuevos, de cinco chelines.

§ IV. Bajo el reinado de Isabel, y a despecho de los furiosos puritanos, existían en Londres ocho compañías de cómicos: la de Hewington Butts, la del conde de Pembroke, los servidores de lord Strange, la compañía del lord Chambelán, la del lord Almirante, los asociados de Black-Friars, los Hijos de San Pablo, y en primera línea, los Domadores de Osos. Lord Southampton iba al teatro todas las noches. La mayor parte de los teatros hallábanse a orillas del Támesis, por lo cual eran muchos los vadeadores. Les teatros eran de dos clases: improvisábanse los unos en los patios de las hosterías, a cielo descubierto, arrimando a un muro un tablado, alineando algunos bancos en el suelo y haciendo oficio de palcos los huecos de las ventanas. Representábase en pleno día y al aire libre: el más importante de estos teatros era el Globo; los demás parecían grandes almacenes iluminados por profusión de velones; en éstos se representaba por la noche; el más concurrido era Black-Friars. El mejor actor de lord Pembroke se llamaba Henslowe; el mejor actor de Black-Friars, Burbage. El Globo estaba situado sobre el Bank-Side. Así consta en una nota del *Stationers'Hall*, fechada el 26 de noviembre de 1697, *His Majesty's servants playing usually at the Globe en the Bank-Side.* Las decoraciones eran por extremo sencillas. Dos espadas cruzadas, y algunas veces dos listones, significaban una batalla; la camisa puesta sobre los vestidos, un caballero; el zagalejo de la patrona de los cómicos sobre un palo de escoba, un caballo enjaezado. Un teatro rico que hizo inventario en 1598, poseía: «diversos pedazos de moros, un dragón, un caballo grande con sus patas, una jaula, una roca, cuatro cabezas de turco y la del viejo Mohamet, una rueda para el sitio de Londres y una boca del infierno». Otro tenía: «un sol, un blanco, las tres plumas del príncipe de Gales con la divisa ICH DIEN, seis diablos y el Papa montado en una mula». Un actor inmóvil, empolvado con yeso, significaba una muralla; si separaba los dedos, la muralla tenía grietas. Un hombre cargado de leña llevando una linterna y seguido de un perro, significaba la luna; la linterna representaba su luz. Ha sido objeto de risa esta manera de representar la luz de la luna, ya famosa por el *Sueño de una noche de verano*, sin sospechar que es una siniestra indicación del Dante. (Véase el *Infierno*, canto XX.) El vestuario de estos teatros, en donde los actores se vestían en admirable confusión, improvisábase en un rincón de la escena, por medio de un pingajo cualquiera colgado de una cuerda. El vestuario de Black-Friars se ocultaba con un viejo tapiz en que había dibujada una herrería: por los agujeros de los ondulantes tabiques hechos jirones, el público veía cómo los actores se pintaban las mejillas con ladrillo molido y se tiznaban el bigote con corcho carbonizado. Por entre esta tapicería era fácil ver asomar de vez en cuando una cabeza de moro esperando el momento de salir a la escena o la afeitada barba de un cómico encargado de los papeles de dama. *Glabri histriones*, que dice Plauto. Concurrían a estos teatros hidalgos, estudiantes, soldados y marineros. Representábase allí la tragedia de lord Buckhurst, *Gorboduc* o *Ferrex y Porrex*; *La madre Bombic*, de Lily, en donde los gorriones piaban *phip, phip*; *El Libertino*, a imitación del *Convidado de piedra*, que a la sazón daba la vuelta por toda Europa; *Felix y Filomena*, comedia de moda puesta en escena por primera vez en Greenwich a presencia de la «Reina Bess»; *Promos y Casandra*, comedía dedicada por el autor George Wetstone a William Fletwood, relator de Londres; el *Tamerlán* y el *Judío de Malta*, de Cristopher Marlowe; algunos entremeses y piezas de Robert Greene, de George Peale, de Thomas Lodge y de Thomas Kid; y por último, comedias góticas, porque así como Francia tiene el *Abogado Patelin*, Inglaterra tiene la *Aguja de mi comadre Gurton*. En tanto que los actores gesticulaban y declamaban, los hidalgos y los oficiales, adornados de penachos y oropel, de pie o acurrucados, vuelta la espalda a la escena, altaneros y desenfadados, desconcertaban a los cómicos con sus risas, sus gritos, sus juegos de cartas, que solían terminar arrojándose las barajas a la cara o con sus partidas de *post and pair*; en el fondo, entre sombras, sentados en el suelo, mezclados entre jarras de cerveza y el humo de las pipas, se veía a «los hediondos»*: el pueblo. Tal fue el teatro en que empezó Shakespeare su carrera dramática. De guardián de caballos se hizo pastor de hombres.

§ V. Tal era el teatro en Londres hacia 1580, bajo «la gran reina». No era mucho más un siglo después en París, bajo «el gran rey». Molière, al comienzo de su carrera, como Shakespeare, tuvo que acomodarse con estos pobres y tristes aparatos escénicos. Hay en los archivos de La Comedia Francesa un manuscrito inédito de 400 páginas, encuadernado en pergamino y enrollado con una tira de cuero blanco. Este manuscrito es el diario de Lagrange, compañero de Molière. Lagrange describe de este modo el teatro en que Molière representaba por orden del señor de Rataban, superintendente del Real Patrimonio: «...tres vigas, algunos maderos carcomidos apuntalados y la mitad de la sala descubierta y en ruinas». En otra parte, y con fecha del domingo 15 de marzo de 1671, dice: «La compañía ha resuelto construir un gran techo que cubra toda la sala, la cual, hasta el expresado día 15, no había tenido más cubierta que una tela azul suspendida con cuerdas». Por lo que toca al alumbrado y al gasto de leña que ocasionó el *Psyché*, de Molière y de Corneille, se lee lo siguiente: «Velas, treinta libras; portero, para conservar el fuego, tres libras». Estos eran los teatros

---

* *The stinkards.*

que «el gran reinado» ponía a disposición de Molière. La pasión por las letras no arruinó a Luis XIV, ni le privó del placer de dar en varias ocasiones, y de una sola vez, 200.000 libras a Lavardin y 200.000 a d'Epernon; 200.000 libras y además el regimiento de Francia al conde de Medavid; 400.000 libras al obispo de Noyon, porque este obispo era Clermont-Tonerre, o lo que es lo mismo, perteneciente a una casa que disfrutaba de los privilegios de conde y par, uno por ser *Clermont* y otro por ser *Tonerre*; 500.000 libras al duque de Vivonne, 700.000 al duque de Quintin Lorges y 800.000 libras a monseñor Clemente de Baviera, príncipe obispo de Lieja. Añadamos que señaló 1.000 libras de pensión a Molière. Léese en el diario de Lagrange en el mes de abril de 1663: «Por el mismo tiempo recibió M. de Molière una pensión del rey en calidad de hombre de ingenio, que ascendía a 1.000 libras». Después, cuando Molière murió, fue enterrado en San José, «dependencia de la parroquia de San Eustaquio», y el rey llevó su protección hasta permitir que su tumba «se elevara un pie del suelo».

§ VI. Shakespeare, como se ve, estuvo mucho tiempo a las puertas del teatro, fuera, en la calle, hasta que por fin pudo entrar. Atravesó los umbrales y llegó hasta los bastidores.

Consiguió ser lo que los ingleses llaman *call-boy*, y nosotros *traspunte*. En 1586 Shakespeare hacía este oficio con Greene, en Black-Friars. En 1587 tuvo un ascenso en la obra titulada *El gigante Agrapardo, rey de Nubia, peor que su difunto hermano Angulafer*, encargándose de poner el turbante en manos del protagonista. De comparsa pasó a cómico, gracias a Burbage, a quien legó interlineado en su testamento 36 chelines para que adquiriere un anillo de oro. Fue amigo de Condell y de Hemynge, sus compañeros en vida y sus editores después de su muerte.

Era Shakespeare hermoso, de ancha frente, de barba oscura, de aspecto dulce, de sonrisa amable y de mirada profunda. Leía con gusto a Montaigne traducido por Florio. Frecuentaba la taberna de Apolo, en donde reía y trataba familiarmente a dos abonados de su teatro, Decker, autor de *Guls Hornbook*, obra en que se consagra un capítulo al «modo de conducirse un hombre de buen tono en el teatro», y el doctor Symon Forman, que ha dejado un diario manuscrito con noticias de las primeras representaciones de *El mercader de Venecia* y del *Cuento de invierno*. Conoció a sir Walter Raleigh en el club de *La Sirena*. Por el mismo tiempo conoció Mathurin Begnier a Felipe de Bethune en la *Manzana de pino*. Los grandes señores y los hidalgos unían con gusto sus nombres a fundaciones de tabernas. El vizconde de Montauban, perteneciente a la familia Crequi, fundó en París el *Garito de los once mil diablos*; el duque de Medina-Sidonia, el desgraciado almirante de la Invencible, fundó en Madrid *El puño en rostro*, y sir Walter Raleigh, en Londres *La Sirena*. Entonces se pedía ser a un mismo tiempo borracho y hombre de chispa.

§ VII. En 1589; por el tiempo en que Jacobo VI de Escocia, ansiando subir al trono de Inglaterra, cumplimentaba a la reina Isabel que lo ocupaba, la que dos años antes, el 8 de febrero de 1587 decapitó a María Estuardo, madre de este mismo Jacobo, Shakespeare escribió su primer drama, *Pericles*. En 1591, cuando el rey católico, con el plan del marqués de Astorga, pensaba en la organización de una nueva armada, que fue más feliz que la primera, porque no se botó al agua, compuso el Enrique VI. En 1595, mientras los jesuitas obtenían un Breve del Papa para pintar «los tormentos y suplicios del infierno» en las paredes de la celda «de meditación» en el colegio Clermont, en la que encerraban a menudo a un pobre mancebo que hizo un año después famoso el nombre de Juan Chatel, compuso *La fierecilla domada*. En 1594, mientras que se miraban de reojo el rey de España, la reina de Inglaterra y el mismo rey de Francia, prontos a venir a las manos, diciendo los tres: *Mi hermosa ciudad de París*, continuó y completó el *Enrique VI*. En 1595, cuando Clemente VIII en Roma apaleaba solemnemente a Enrique IV en las espaldas de los cardenales del Perron y de Ossat, compuso el

Timón de Atenas. En 1596, año en que Isabel publicó un edicto prohibiendo los picos de los escudos y en que Felipe II arrojó de su presencia a una mujer por reírse al verle sonar las narices, compuso el *Macbeth.* En 1597, cuando el mismo Felipe II decía al duque de Alba: *Merecíais la muerte*, no porque llevó a sangre y fuego los Países Bajos, sino porque entró en la cámara real sin anunciarse, compuso *Cimbelino* y *Ricardo III.* En 1598, al devastar la Irlanda el conde de Essex, adornado el sombrero con un guante de la casta reina Isabel, compuso *Los dos hidalgos de Verona, El Rey Juan, Penas de amor perdidas, La Comedia de errores, Bien está lo que bien acaba, El Sueño de una noche de verano* y *El mercader de Venecia.* En 1599, mientras que el Consejo privado, a petición de Su Majestad, deliberaba si se había de dar tormento al doctor Hayward por haber robado algunos pensamientos a Tácito, compuso *Romeo y Julieta.* En 1600, cuando el emperador Rodulfo luchaba contra su hermano insurrecto y abría las cuatro venas a su hijo, asesino de una mujer, hizo *Como gustéis, Enrique IV, Enrique V* y *Mucho ruido para nada.* En 1601, al publicar Bacon el elogio del suplicio del conde de Essex, así como Leibniz, ochenta años después, debía enumerar las excelentes razones que habían motivado el asesinato de Monaldeschi —con la diferencia, sin embargo, de que Monaldeschi no era conocido de Leibniz, mientras que el de Essex había sido el protector de Bacon—, compuso la *Duodécima noche, o lo que queráis.* En 1602, mientras que por obedecer al Papa, el rey de Francia, calificado de *zorro del Bearn* por el cardenal sobrino Aldobrandini, rezaba el rosario todos los días, las letanías los miércoles y el rosario de la Virgen María los sábados, y en Roma quince cardenales, auxiliados por los generales de las órdenes, inauguraban las discusiones sobre el molinismo, y la Santa Sede, a petición de la corona de España, «salvaba la cristiandad y el mundo» instituyendo la congregación *De Auxiliis,* hizo el *Otelo.* En 1603, mientras que la muerte de Isabel hacía exclamar a Enrique IV: *Lo mismo era ella casta que yo soy católico,* hizo el *Hamlet.* En 1604, al perder Felipe III sus últimos dominios en los Países Bajos, hizo *Julio César* y *Medida por medida*. En 1606, por el tiempo en que Jacobo I de Inglaterra, el antiguo Jacobo VI de Escocia, escribía contra Belarmino el *Tortura Torti*, e infiel a Carr empezaba a mirar con buenos ojos a Villiers, que le había de honrar con el tratamiento de *Vuestra Cochinería*, hizo *Coriolano*. En 1607, mientras la Universidad de York recibía de doctor al príncipe niño de Gales, «con todas las ceremonias y togas forradas de armiño acostumbradas», según cuenta el padre San Romualdo, hizo el *Rey Lear*. En 1609, mientras la magistratura de Francia, firmando las sentencias de muerte en blanco, condenaba de antemano al príncipe de Condé «a la pena que se sirviese decretar Su Majestad», hizo *Troilo y Crésida*. En 1610, mientras Ravaillac asesinaba a Enrique IV a puñaladas y el Parlamento de París asesinaba a Ravaillac descuartizándolo, hizo *Antonio y Cleopatra*. En 1611, mientras que los moriscos, expulsados por Felipe III, se arrastraban agonizando fuera de España, compuso el *Cuento de invierno*, *Enrique VIII* y *La Tempestad*.

§ VIII. Como la mayor parte de los poetas de entonces, escribía en hojas sueltas. Malherbe y Boileau son quizás los únicos que han escrito en cuadernos. Racan decía a la señorita de Grournay: «Esta mañana he visto a M. de Malherbe coser con hilo gordo gris un legajo blanco que pronto tendrá sonetos». Al parecer, los dramas de Shakespeare, escritos expresamente para su compañía, se aprendían y ensayaban de prisa por los actores leyendo en el original, del que no se sacaban copias por falta de tiempo; de aquí que se hayan roto y extraviado los manuscritos. Con los de Molière sucedió otro tanto. Los teatros casi ambulantes de aquellos tiempos carecían de registros; no coincidían la representación y la publicación de las obras; algunas veces faltaba impresor y el teatro era el único medio de publicidad. Cuando por casualidad se imprimía alguna obra, llevaba un título extravagante. La segunda parte de *Enrique VI* se titula: *La primera parte de la guerra entre York y Lancaster*. La tercera titúlase: *La verdadera tragedia de Ricardo, duque de York*.

Esto explica la oscuridad que reina sobre las épocas en que Shakespeare compuso sus dramas y lo difícil de fijar fechas con toda precisión. Las que dejamos apuntadas, que han sido aquí agrupadas por primera vez, son casi exactas: algunas dudas quedan, sin embargo, sobre los años en que fueron, no ya escritas, sino puestas en escena, *Timón de Atenas, Cimbelino, Julio César, Antonio y Cleopatra, Coriolano* y *Macbeth*. Algunos años fueron estériles; otros de una fecundidad asombrosa. Si se ha de dar crédito a una nota de Meres, autor del *Tesoro del Espíritu*, en el año de 1598, por ejemplo, dio a luz seis obras, a saber: *Los dos hidalgos de Verona, La comedia de los errores, El Rey Juan, Sueño de una noche de verano, El mercader de Venecia, Bien está lo que bien acaba*, que Meres titula *Penas de amor ganadas*. La fecha del *Enrique VI* está bien averiguada, al menos de su primera parte, por una alusión que hace Nashe a este drama en su *Pierce Polinesse*. En el año de 1604 escribió probablemente *Medida por medida*, obra que fue representada el día de San Esteban, según nota especial de Hemynge; el *Enrique VIII* se escribió en 1611, y se representó en los días del incendio del Globo. Cualquier altercado con los cómicos sus compañeros, un capricho del lord Chambelán, un leve incidente, obligaba algunas veces a Shakespeare a cambiar de teatro. *La fierecilla domada* fue puesta en escena por primera vez en 1593, en el teatro de Henslowe; la *Duodécima noche* en 1601, en Middle-Temple-Hall; el *Otelo* en 1602, en el castillo de Harefield, el *Rey Lear* fue representado en White-Hall durante las fiestas de Navidad en 1607, a presencia de Jacobo I. Burbage creó el papel de Lear, Lord Southampton, recién libertado de la Torre de Londres, asistió a esta representación. Este lord Southampton era el antiguo aficionado de Black-Friars, a quien Shakespeare dedicó en 1589 un poema titulado *Adonis*. Adonis estaba entonces de moda; veinticinco años después de la muerte de Shakespeare, el caballero Marini hacía un poema con el título de *Adonis*, que dedicó a Luis XIII.

§ IX. En 1597 murió el hijo de Shakespeare, dejando como única señal de su paso por la tierra una línea del registro mortuorio en la parroquia de Stratford-upon-Avon que dice así: «1597, Agosto 17: *Hamnet filius William Shakespeare*». El padre, John Shakespeare, falleció el 6 de septiembre de 1601. Llegó a ser Shakespeare director de su compañía. Jacobo I le concedió en 1607 la explotación de Black-Friars, y después un privilegio para el Globo. En 1613, Isabel, hija de Jacobo, y el elector palatino rey de Bohemia, cuya estatua cubierta de hiedra se ve en un ángulo de una gran torre de Heidelberg, asistieron al Globo a una representación de *La Tempestad*. Estas apariciones regias no evitaron la censura del lord Chambelán. Pesaba sobre sus obras cierto entredicho, tolerándose las representaciones, pero prohibiéndose con frecuencia la impresión. Puédese ver hoy todavía en el tomo segundo del registro del *Stationers Hall*, al margen de las tres obras *Como gustéis, Enrique V* y *Mucho ruido para nada*, una nota que dice así: «Suspéndanse: 4 de agosto». Son desconocidos los motivos de estos entredichos. Sin levantar ninguna protesta consiguió Shakespeare poner en escena su antigua aventura de cazador, hacer de sir Thomas Lucy un personaje grotesco, *el juez Shallow*, y mostrar al público a Falstaff matando gamos y zurrando a los amigos de Shallow, y llevar la verdad del retrato hasta el punto de dar a Shallow los blasones de sir Thomas Lucy. ¡Audacia aristofanesca en un hombre que no conocía a Aristófanes! Falstaff, en los manuscritos de Shakespeare, estaba escrito *Falstaffe*. Logró mejorar la posición, como después la mejoró Molière. A fines de siglo era ya bastante rico para que un tal Ryc-Quiney, el 8 de octubre de 1598, le pidiese dinero en una carta, en cuyo sobre se lee: «A mi amable amigo y compatriota William Shakespeare». Sin duda se negó a dar lo que se le pedía devolviendo la carta, porque se encontró después entre los papeles de Fletcher con estas palabras del mismo Ryc-Quiney, escritas al dorso: «*Histrio mima!*» Conservaba mucho cariño a su pueblo natal, Stratford-upon-Avon, en donde su padre había muerto y en hijo había sido enterrado. Compró o hizo edificar una casa que llamó New-Place. Decimos *compró o hizo edificar*, porque la compró según Whiterill, y la edificó según Forbes, empeñándose con tal motivo ardorosa discusión entre Forbes y Whiterill. Estos embrollos de eruditos ocasionados por puerilidades, no merecen la pena de ser profundizados, sobre todo cuando se ve, por ejemplo, al padre Hardouin trastornar un pasaje completo de Plinio por sustituir *non pridem* por *nos pridem*.

§ X. Shakespeare solía ir a pasar algunos días en New-Place. Hacia la mitad del camino encontraba a Oxford, en Oxford la hostería de la Corona, y en la hostería a la hostelera, hermosa e inteligente criatura, mujer del digno hostelero Davenant. En 1606 la señora de Davenant tuvo un hijo a quien se le puso por nombre William, y en 1644 sir William Davenant, hecho caballero por Carlos I, escribía a lord Rochester: «Sabed una cosa que honra a mi madre; yo soy hijo de Shakespeare», emparentando de esta suerte con Shakespeare, de la misma manera que en nuestros días M. Lucas Montigny ha emparentado con Mirabeau. Shakespeare casó a sus dos hijas, Susana y Judith: a la primera con un médico y a la segunda con un comerciante. Susana tenía talento, Judith no sabía leer ni escribir y firmaba con una cruz. En 1613, estando Shakespeare en Stratford-upon-Avon, se sintió sin ganas de volver a Londres, tal vez por falta de recursos. Viose obligado a hipotecar su casa para obtener un préstamo. El contrato de hipoteca en que consta este préstamo con la fecha del 11 de marzo de 1613 y firmado por Shakespeare, se conservaba todavía en el siglo pasado en poder de un procurador que lo entregó a Garrick, quien lo ha perdido. Garrick ha perdido también (lo dice la señora Violetti, su mujer) el manuscrito de Forbes, con sus cartas en latín. A partir de 1613, permaneció Shakespeare en su casa de New-Place, ocupado en su jardín, olvidando sus dramas y completamente dedicado sus flores. Plantó en su jardín de New-Place la primera morera cultivada en Stratford, así como la reina Isabel llevó en 1561 las primeras medias de seda vistas en Inglaterra. Sintiéndose enfermo el 25 de marzo de 1616, hizo testamento. El testamento, dictado por él mismo, ocupa tres páginas, en las cuales firmó con mano temblorosa; en la primera página firmó solamente con su nombre *William*; en la segunda, *Will Shaspr*, y en la tercera, *William Shasp*. El 23 de abril murió. En este día cumplía cincuenta y dos años justos, habiendo nacido el 23 de abril de 1564. En el mismo día 23 de abril de 1616 murió Cervantes, genio de la misma talla. Cuando Shakespeare murió, Milton tenía ocho años; Corneille, diez; Carlos I y Cromwell eran dos adolescentes, el uno de dieciséis y el otro de diecisiete años.

IV

La vida de Shakespeare corrió llena de amarguras. Vivió perpetuamente insultado. Él mismo lo declara. La posteridad puede leer lo siguiente en sus versos íntimos: «Mi nombre se ve difamado, mi ser vilipendiado; tened piedad de mí, mientras que sumiso y paciente bebo vinagre», Soneto 111; «Vuestra compasión cura las heridas que hacen a mi nombre los insultos del vulgo», Soneto 112; «No puedes honrarme en público con un favor, temiendo que se deshonre tu nombre», Soneto 36; «Se espían mis fragilidades por censores todavía mas frágiles que yo», Soneto 121. Shakespeare tenía constantemente a su lado a un envidioso, Ben Jonson, mediano poeta cómico cuyas obras contribuyó a poner en escena. Shakespeare tenía treinta y nueve años cuando murió Isabel. Esta reina no fijó la atención en él. Supo reinar cuarenta y cuatro años sin notar que Shakespeare existía. Lo cual no obsta para que la historia la califique de protectora de las artes y de las letras, etc. Los historiadores de la antigua escuela expiden estos certificados a todos los reyes, aunque no sepan leer.

Shakespeare, perseguido como después lo fue Molière, buscó, como éste, apoyo en su señor. Si Shakespeare y Molière viviesen hoy, tendrían el carácter más entero. El *señor* era Isabel, *el rey Isabel*, como dicen los ingleses. Shakespeare glorificó a Isabel, calificándola de *Virgen estrella, astro de Occidente*, y con él nombre de la diosa que gustaba a la reina, *Diana*; pero todo fue en vano. La reina no lo notó; atendía menos a los elogios en que Shakespeare la llamaba *Diana*, que a las injurias de Scipión Gentilis, quien tomando la vanidad de la reina por mala parte, la llamaba *Hécate*, dirigiéndole la triple imprecación antigua: «¡Mormo! ¡Bombo! ¡Gorgo!» Pero Jacobo I, a quien Enrique IV llamaba, *maese Jacobo*, concedió, como se ha visto más arriba, el privilegio del Globo a Shakespeare, prohibiendo la publicación de sus obras. Algunos contemporáneos, entre otros el doctor Symon Forman, advirtieron de la existencia de Shakespeare, hasta el punto de notar que habían pasado una noche en la representación de *El mercader de Venecia*. Ésta fue la única gloria que conoció. Muerto Shakespeare, entró en la oscuridad.

De 1640 a 1660 los puritanos abolieron el arte y cerraron los espectáculos; el teatro se cubrió con un sudario. En el reinado de Carlos II resucitó el teatro, pero sin Shakespeare. El mal gusto de Luis XIV invadió Inglaterra. Carlos II era más bien de Versalles que de Londres. Su querida era francesa, la duquesa de Portsmouth, y su más íntima amiga la gabeta del rey de Francia. Su valido Clifford, que no entraba nunca en el salón del Parlamento sin escupir, decía: «Más vale que mi señor sea virrey de un gran monarca como Luis XIV, que esclavo de quinientos insolentes súbditos ingleses.» Aquellos no eran los tiempos de la República, en que Cromwell se titulaba *Protector de Inglaterra y de Francia*, y que obligaban al mismo Luis XIV a aceptar el título de *Rey de los franceses*.

Bajo la restauración de los Estuardos, desapareció Shakespeare por completo. Tan muerto estaba, que Davenant, su hijo probable, refundió sus obras. No hubo más *Macbeth* que el *Macbeth* de Davenant. Dryden habló de Shakespeare en una ocasión para declararle «caído en desuso». Lord Shaftesbury lo calificó de «ingenio que ya no era de moda». Dryden y Shaftesbury eran dos oráculos; Dryden, católico convertido, tenía dos hijos ujieres en la cámara de Clemente IX; hacía tragedias dignas de ser traducidas en versos latinos, como lo prueban los hexámetros de Atterbury, y fue criado de aquel Jacobo II que antes de ser rey preguntó a Carlos II, su hermano: «¿Por qué no mandas ahorcar a Milton?» El conde de Shaftesbury, amigo de Locke, fue el que escribió un *Ensayo sobre la jovialidad en las conversaciones importantes*, y quien, por la manera cruel tenía el canciller Hyde de servir un alón e pollo a su hija, adivinaba que estaba secretamente casada con el duque de York.

Condenado Shakespeare por estos dos hombres, no fue menester más. Inglaterra, país de la obediencia si los hay, olvidó a Shakespeare. Un comprador cualquiera derribó la casa de New-Place. Un reverendo doctor, Cartrell, cortó y quemó su morera; a principios del siglo XVIII el eclipse era total. En 1707, un tal Nahum Tate publicó un *Rey Lear*, advirtiendo a los lectores «que había tomado la idea en una obra de un autor desconocido que había leído por casualidad». El autor desconocido era Shakespeare.

V

En 1728 Voltaire trajo de Inglaterra a Francia el nombro de Will Shakespeare. Sólo que en lugar de *Will* pronunciaba *Gilles*. La mofa empezó en Francia y el olvido continuó en Inglaterra. Lo que el irlandés Nahum Tate hizo con *Rey Lear*, lo hicieron otros con otras obras. *Bien está lo que bien acaba* tuvo sucesivamente dos arregladores: Pillow, que la arregló para Hay-Marcket, y Kemple, para Drury-Lane. Shakespeare no existía ya ni suponía nada. *Mucho ruido para nada* sirvió de patrón igualmente dos veces; a Davenant en 1673 y a James Miller en 1737. *Cimbelino* fue rehecho cuatro veces: bajo Jacobo II, en el Teatro Real, por Thomas Dursey, en 1696 por Charles Marsh, en 1759 por W. Hawkins y en 1761 por Garrick. *Coriolano* fue rehecha cuatro veces: en 1682 por Tates, para el Teatro Real; en 1720 por John Dennis, para Drury-Lane; en 1755 por Thomas Sheridan, para Covent-Garden, y en 1801 por Kemple, para Drury-Lane. El *Timón de Atenas* fue rehecho cuatro veces: en el teatro del Duque en 1678, por Shadwel; en 1768 en el teatro de Richmond Green, por James Love; en 1711 en Drury-Lane, por Cumberland, y en 1786 en Covent-Garden, por Hull.

La obstinada burla de Voltaire en el siglo XVIII, concluyó por despertar a Inglaterra en cierto modo. Garrick, aun corrigiendo a Shakespeare, lo puso en escena, confesando que representaba al mismo Shakespeare. Se le reimprimió en Glasgow. Un imbécil, Malone, comentó sus dramas, y obrando con lógica, embadurnó su tumba. Existe sobre esta tumba un busto pequeño de parecido dudoso y de arte muy mediano, pero que es venerable por ser contemporáneo de Shakespeare. Este busto ha servido de modelo a todos sus retratos que se ven actualmente. El busto también fue embadurnado. Malone, crítico y blanqueador de Shakespeare, poniendo una capa de yeso sobre el rostro del poeta, puso otra de estupidez sobre su propia obra.

Libro II

Los genios

I

El Arte supremo, en su sentido absoluto, es la región de los iguales.

Antes de proseguir, fijemos el valor de la palabra *Arte*, que saldrá con frecuencia de nuestra pluma.

Decimos *Arte* como decimos *Naturaleza*; ambos son términos de una significación ilimitada. Pronunciar una de estas palabras, *Naturaleza*, *Arte*, es hacer una evocación, es sacar de las profundidades el ideal, y descorrer uno de los grandes velos que ocultan la creación divina. Dios se nos manifiesta en primer grado a través de la vida del universo, y en segundo a través del pensamiento humano. La segunda manifestación es tan sagrada como la primera, La primera se llama *Naturaleza* y la segunda *Arte*. De aquí la siguiente realidad: el poeta es sacerdote.

Existe aquí abajo un pontífice que es el genio.

Sacerdos Magnus.

El Arte es la segunda rama de la Naturaleza.

El Arte es tan natural como la misma Naturaleza.

Entendemos por Dios —y fijemos bien el sentido de la palabra— el infinito viviente.

El yo latente del infinito patente: he ahí Dios.

Dios es el invisible evidente.

El mundo condensado es Dios. Dios dilatado es el mundo.

No existe nada fuera de Dios.

Dicho esto, continuemos.

Dios crea el Arte por medio del hombre, empleando como instrumento el cerebro humano. Este instrumento esta hecho por el obrero mismo; no tiene otro.

Forbes, en el curioso cuaderno hojeado por Warburton y perdido por Garrick, afirma que Shakespeare se entregaba a prácticas de magia, que su familia hacía lo mismo, y que lo poco bueno que se encuentra en sus obras era inspiración de un espíritu.

Digamos a este propósito, porque es preciso afrontar todas las cuestiones que se ofrezcan, que ha sido un extravagante error de todos los tiempos el querer dar auxiliares exteriores al cerebro humano. *Antrum adjuvat vatem*. Cuando la obra ha parecido sobrehumana, se ha hecho intervenir a lo extrahumnano; en la antigüedad el trípode, en nuestros días el velador. El velador no es más que la reaparición del trípode.

Tomar al pie de la letra el demonio de Sócrates, la zarza de Moisés, la ninfa de Numa, la diva de Plotino y la paloma de Mahoma es ser juguete de una metáfora.

Por otra parte, el velador que gira o que habla ha sido objeto de burla, y la burla no tiene jamás consecuencias. Sustituir por la mofa el examen es cómodo, pero no es científico.

Por nuestra parte, estimamos que es deber estrecho de la ciencia sondear todos los fenómenos; la ciencia es ignorante y no tiene el derecho de reír: un sabio que se ríe de lo posible está en camino de ser un idiota. Lo inesperado debe ser siempre esperado por la ciencia, cuya misión consiste en cerrarle el paso y examinarlo, rechazando lo quimérico y afirmando lo real. La ciencia no tiene sobre los hechos más que el derecho de refrendar. Experimentando y diferenciando los conocimientos humanos, se llega a la selección. Lo falso mezclado con lo verdadero no autoriza a rechazar el conjunto. ¿De cuándo acá la cizaña ha sido pretexto para rechazar el grano? Arrancad la mala hierba, el error, pero recoged el hecho ligándolo a otros. La ciencia es el haz de los hechos.

La misión de la ciencia es estudiarlo y sondearlo todo. Todos, quienesquiera que seamos, somos a la vez acreedores y deudores del examen, al cual debemos y nos debe. Eludir un fenómeno, rehusarle el tributo de atención a que tiene derecho, apartarlo, ponerlo en la calle, volverle la espalda desdeñosamente, es declarar en quiebra la verdad, es dejar protestar la firma de la ciencia. El fenómeno del trípode antiguo y del velador moderno tiene derecho, como cualquiera otro, a la observación. La ciencia psíquica ganará, sin duda, con ella. Añadamos asimismo que abandonar los fenómenos a la credulidad es hacer traición a la razón humana.

Homero afirma que los trípodes de Delfos andaban solos, y explica el hecho en el canto XVIII de la *Ilíada*, diciendo que Vulcano forjaba para ellos ruedas invisibles. La explicación no simplifica gran cosa el fenómeno. Platón cuenta que las estatuas de Dédalo gesticulaban en las tinieblas, que tenían voluntad, que desobedecían a su señor y que era preciso sujetarlas para que no se fuesen. Extraños seres aprisionados debían sor éstos. Klechier menciona en la página 52 de su *Historia de Teodosio*, a propósito de la gran conspiración de los hechiceros del siglo IV contra el emperador, el hecho de un velador que giraba, del cual tal vez hablemos mas adelante, para decir lo que Flechler calla y parece ignorar. Cubríase este velador con una chapa redonda compuesta de diversos metales, *ex diversis metallicis materiis fabrefacta*, como las planchas de cobre y de cinc empleadas actualmente por la biología. Como se ve, el fenómeno, eternamente rechazado y eternamente admitido, no es de ayer.

Por lo demás, a pesar de lo que la credulidad haya dicho o pensado, el fenómeno de los trípodes y los veladores es completamente ajeno, y esto es lo que queremos mostrar, a la inspiración de los poetas, que es inspiración directa. La sibila tiene un trípode, el poeta, no. El poeta es un mismo trípode. Es el trípode de Dios; no ha hecho Dios este maravilloso alambique de la idea, el cerebro humano, para no servirse de él. El genio tiene todo lo que hace falta en su cerebro. Todos los pensamientos pasan por él. El pensamiento sube y se desprende del cerebro como el fruto de la raíz. El pensamiento es la resultante del hombre. La raíz se sumerge en la tierra; el cerebro se sumerge en Dios. Es decir, en el infinito.

Se equivocan grandemente los que se imaginan —existen algunos, testigo Forbes— que un poema como *El Médico de su honra* o el *Rey Lear* pueden ser dictados por un trípode o un velador. Estas obras son humanas. No necesita Dios ayudar a Shakespeare o a Calderón con un pedazo de madera.

Descartemos, pues, el trípode. La poesía es propiedad del poeta. Seamos respetuosos ante lo posible, cuyos límites ignoramos, y atentos y serios ante lo extrahumano, de donde salimos y adonde volvemos; pero no rebajemos los grandes obreros terrestres, admitiendo hipótesis de colaboraciones misteriosas innecesarias; dejemos al cerebro lo que es del cerebro, y consignemos que la obra de los genios es lo super-humano surgiendo del hombre.

II

El arte supremo es la región de los iguales.

La obra maestra es igual a la obra maestra.

Como el agua, que calentada a 100 grados no es capaz de aumento de calor ni es posible elevarla a más alta temperatura, el pensamiento humano alcanza en ciertos hombres su completa intensidad Esquilo, Job, Fidias, Isaías, San Pablo, Juvenal, el Dante, Miguel Ángel, Rabelais, Cervantes, Shakespeare, Rembrandt, Beethoven y algunos más, señalan los 100 grados del genio.

El espíritu humano tiene una cima: el ideal.

Dios desciende hasta ella y el hombre sube y la alcanza.

En cada siglo, tres o cuatro genios emprenden la ascensión. Desde abajo se les signe con la vista. Estos hombres trepan la montaña, entran en las nubes, desaparecen, reaparecen. Se les espía, se les observa. Bordean los precipicios: tal vez algún espectador les desea un paso en falso. Los aventureros prosiguen su camino. Helos allá, arriba, allá lejos. Apenas si son más que puntos negros. «¡Cuán pequeños son!», exclama la multitud. Pero son gigantes. Allá van. El camino es áspero. Las escarpaduras amontonan los obstáculos. A cada paso un muro, una trampa. A medida que se elevan, el frío aumenta. Es preciso construirse la escalera, cortar el hielo y caminar sobre él. Tallan escalones en el odio. Todas las tormentas rugen. Sin embargo, estos insensatos prosiguen su camino. El aire ya no es respirable. Los abismos se multiplican en su derredor. Algunos caen. Lo merecen. Otros se detienen y descienden. Hay sombríos desfallecimientos. Los intrépidos continúan, los predestinados persisten. La temerosa pendiente se derrumba bajo sus plantas y amenaza arrastrarlos, que la gloria es traidora. Las águilas los contemplan, los rayos los acosan, el huracán se desata furioso. Mas no importa; se obstinan y suben. El que llega a la cúspide es tu igual, Homero.

Repetid los nombres que acabamos de pronunciar y los que podríamos haber añadido. Elegir entre estos hombres es imposible. No hay medio de hacer inclinar la balanza entre Rembrandt y Miguel Ángel.

Y concretándonos a los escritores y a los poetas, examinadlos uno tras otro. ¿Cuál es más grande? Todos.

§ I. Homero es el inmenso poeta niño. Cuando el mundo nace, Homero canta. Es el pájaro de la aurora. Homero tiene el sagrado candor de la mañana. Casi desconoce las sombras. El caos, el cielo, la tierra, Geo y Celo, Júpiter, dios de los dioses; Agamenón, rey de los reyes; los pueblos al principio rebaños, los templos, las ciudades, los terrores, las cosechas, el océano; Diomedes combatiendo, Ulises errante; los meandros de una nave buscando la patria; los cíclopes, los pigmeos; una carta geográfica, con la corona de dioses sobre el Olimpo; aquí y allá las bocas de los hornos dejando ver el Erebo; los sacerdotes,

las vírgenes, las madres, los niños horrorizados de los penachos, el perro que recuerda, las graves palabras que caen de las
barbas blancas, las amistades que son amores, las cóleras y las
hidras; Vulcano haciendo reír a los de arriba y Tersites a los de
abajo; los dos aspectos del matrimonio resumidos de antemano para todos los siglos en Helena y en Penélope; la Estigia,
el Destino, el talón de Aquiles, sin el cual el Destino hubiera sido vencido por la Estigia: los monstruos, los héroes, los
hombres, las infinitas perspectivas a través de las sombras del
mundo antiguo, toda esta inmensidad, es Homero. Troya co-
diciada e Ítaca deseada. Homero es la guerra y el viaje, los dos
medios primitivos de realizar la conjunción de los hombres; la
tienda de campaña combatiendo contra la nave que sondea lo
desconocido, que es también un combate: en torno de la guerra todas las pasiones, y alrededor del viaje todas las aventuras forman dos grupos gigantescos: el primero, sangriento, se
llama la *Ilíada*; el segundo, luminoso, la *Odisea*. Homero hace
a los hombres más grandes que la Naturaleza; cárganse sobre
la cabeza peñascos que doce yuntas de bueyes no podrían mover; los dioses apenas se cuidan de ellos. Minerva coge a Aquiles por los cabellos, y volviendo éste la cara irritado, exclama;
«¿Qué quieres de mi, diosa?» Sus poderosas personificaciones
no son jamás monótonas. Los gigantes varían. En cuanto pasa
el héroe, Homero rompe el molde. El Áyax, hijo de Oileo, es de
menos talla que el Áyax, hijo de Telamón. Homero es uno de
esos genios que resuelven el hermoso problema del arte, quizás
el más hermoso de todos, que consiste en la verdadera pintura
de la humanidad obtenida por el engrandecimiento del hombre, es decir, la generación de lo real en lo ideal. Homero es al
mismo tiempo fábula e historia, hipótesis y tradición, fantasía
y ciencia. La insondable y risueño. Todas las profundidades de
las antiguas edades se mueven radiantes de luz en el vasto azul
de este espíritu. Licurgo, el sabio misántropo, término medio
entre Solón y Dracón, fue vencido por Homero. Estando de
viaje se apartó del camino para ver en la casa de Cleófilo los

poemas de Homero, depositados allí en recuerdo de la hospitalidad que según se decía recibió en esta casa. Homero, para los griegos, era un dios que tenía sus sacerdotes, los *homéridos*. Alcibíades pegó una bofetada a un retórico que se ufanaba de no haber leído nunca a Homero. La divinidad de Homero ha sobrevivido al paganismo. Miguel Ángel decía: «Cuando leo a Homero, me miro para ver si tengo veinte pies de altura». Atribuye una tradición el primer verso de la *Ilíada* a Orfeo; y Homero, derivándose de Orfeo, aumentó en Grecia la religión de Homero. El escudo de Aquiles (canto XVIII de la *Ilíada*) fue comentado en los templos por Danco, hija de Pitágoras. Homero, como el sol, tiene sus planetas: Virgilio, que hace la *Eneida*; Lucano, que hace la *Farsalia*; el Tasso, que hace la *Jerusalén*; Ariosto, que hace *Orlando*; Milton, que lince el *Paraíso perdido*; Camoens, que hace los *Lusiadas*; Klopstock, que hace la *Mesiada*, y Voltaire, que hace la *Enriada*, gravitan sobre Homero, y enviando a sus propios satélites la luz diversamente reflejada, se mueven a distancias desiguales en desmesurada órbita. Tal es Homero, y tal el comienzo de la epopeya.

§ II. Job comienza el drama. Este embrión es un coloso. Job comenzó el drama hace ya cuarenta siglos, colocando a Jehová enfrente de Satán: el mal desafía al bien y se empeña la acción. La tierra es la escena; el hombre, el campo de batalla, y las plagas, los personajes. Una de las más salvajes grandezas de este poema es que el sol es siniestro en él. El sol de Job es el mismo de Homero, mas no en el alba, sino en el mediodía. La lúgubre pesadumbre del rayo de bronce, cayendo en el desierto, llena este ardiente poema. Job suda al calor de su estercolero. La sombra de Job es pequeña y negra, y bajo ella se oculta, como la víbora bajo la roca. En sus plagas zumban las moscas de les trópicos. Contémplase sobre la cabeza de Job el horrible sol árabe que cría los monstruos, que aumenta las plagas, que convierte el gato en tigre, el lagarto en cocodrilo, el cerdo en rinoceronte, la anguila en boa, la ortiga en cacto, el viento en simoun, el miasma en peste. Job es anterior a Moisés. En las profundidades de los siglos, al lado de Abraham, el patriarca hebreo, se ve a Job, el patriarca árabe. Antes de sufrir había sido dichoso: *el hombre más rico de todo Oriente*, que dice su poema, fue el labrador rey. Ejercía el inmenso sacerdocio de la soledad. Sacrificaba y santificaba. Por la tarde daba a la tierra su bendición, el *barac*. Era literato. Conocía el ritmo. Su poema, cuyo texto árabe se ha perdido, fue escrito en verso, por lo menos desde el versículo 3 del capítulo III hasta el fin. Era bondadoso. No encontraba un niño pobre a quien no le diese la moneda kesitha; era «la muleta del cojo y el lazarillo del ciego». Por eso cayó. Cuando cae se convierte en un gigante. Todo el poema de Job es el desarrollo de la siguiente idea: la grandeza que se encuentra en el fondo del abismo. Job miserable en más majestuoso que Job dichoso. Su lepra es púrpura. Su abatimiento espanta a los que lo ven. Nadie le habla sino después de un silencio de siete días y siete noches. Sus lamentos tienen algo del magismo tranquilo y lúgubre. Al mismo tiempo que mata los gusanos de sus úlceras, interpela a los astros. Dirígese a Orión, a las Hiadas o Pléyades, llamándolas la *Pollera*, y a «los signos del mediodía». Dice: «Dios ha señalado un término a las tinieblas»: al diamante que se oculta lo llama «la piedra de la oscuridad». Mezcla en su angustia el infortunio de los demás. Tiene frases trágicas, como ésta, que hielan: *La vida es un vacío*. Cuando se sonríe espanta. Rodéase de Elifaz, Bildad y Tsofar, tres implacables tipos del amigo curioso y las dice: «Os divertís conmigo como si fuera un tamboril». Su lenguaje, sumiso para con Dios, es amargo para con los reyes, «los reyes de la tierra que se construyen soledades», dejándonos en la duda de si habla de sus sepulcros o si habla de sus reinos. Tácito dice: *Solitudinem faciunt*. Adora a Jehová, y por toda resistencia a la horrorosa devastación de las plagas se limita a preguntar: «¿Me dejarás tragar la saliva?» Esto data de cuatro mil años. En el momento mismo, tal vez, en que el enigmático astrónomo de Denderah esculpía en granito su misterioso zodíaco, Job grababa el suyo en el pensamiento humano; pero su zodíaco no era de estrellas, sino de miserias. Este zodíaco gira todavía sobre nuestras cabezas. No conocemos a Job más que por la versión hebrea atribuida a Moisés. Semejante poeta, seguido de semejante traductor, obliga a meditar. ¡El hombre del estercolero, traducido por el hombre del Sinaí! Sin duda, Job es un sacerdote y un vidente. Job extrae de su drama un dogma; sufre y razona. Y sufrir y razonar es enseñar; que el dolor, cuando es lógico, conduce a Dios. Job enseña, y después de haber alcanzado la cúspide del drama, agita el fondo de la filosofía; él es el primero que muestra aquella sublime demencia de la sabiduría, que convirtiéndose dos mil años después de resignación en sacrificio, será la locura de la cruz. *Stultitiam crucis*. El estercolero de Job transfigurado, llegará a ser el Calvario de Jesús.

§ III. Esquilo, iluminado por la intuición inconsciente del genio, sin advertir que deja tras de sí, en Oriente, la resignación de Job, la completa sin saberlo con la rebelión de Prometeo; de suerte que la lección es completa, y el género humano, a quien Job enseñó el deber, sentirá despertar en Prometeo la idea del derecho. Algo espantoso llena a todo Esquilo; a través de las figuras que se mueven en la luz, dibújase vagamente una Medusa profunda. Esquilo es magnífico y formidable, como si se viese un fruncimiento de cejas encima del sol. Tiene dos caínes: Eteocles y Polinice; el Génesis no tiene más que uno. Su nube de oceánidas se agita en un cielo tenebroso como nube de pájaros acosados. Las proporciones de Esquilo no son las proporciones conocidas. Es rudo, abrupto, excesivo, incapaz de las pendientes suaves, casi feroz, con una gracia semejante a la de las flores silvestres, más amado de las euménides que de las ninfas, amigo de los titanes, escogiendo las diosas más sombrías y dirigiendo siniestras sonrisas a las gorgonas; hijo de la Tierra como Otris y Briareo, pero pronto a escalar el cielo contra el advenedizo Júpiter. Esquilo, a semejanza de los profetas paganos, es el misterio antiguo hecho hombre. Su obra, si la tuviéramos completa, sería una especie de Biblia griega. Poeta hecatonquero que posee un Orestes más fatal que Ulises y una Tebas más grande que Troya; duro como la roca, tumultuoso como la espuma, lleno de escarpaduras, de torrentes y precipicios. Es tan gigante que dirías en ciertos momentos que se convierte en montaña. Habiendo vivido después de la *Ilíada*, parece el primogénito de Homero.

§ IV. Isaías parece allá en las regiones superiores a la humanidad el rugido de un rayo continuo, la eterna protesta. Su estilo, especie de nube nocturna, se ilumina a cada paso con imágenes que enrojecen súbitamente todo el abismo de aquel pensamiento negro, haciéndoos exclamar: «¡Relampaguea!» Isaías se bate cuerpo a cuerpo contra el mal, que en la civilización comienza antes que el bien. Al ruido que producen los carros, las fiestas y los triunfos, dice: «¡Silencio!» La espuma de sus profecías desborda hasta en la misma Naturaleza; denuncia Babilonia a los topos y a los murciélagos, promete Nínive a las zarzas, Tiro a las cenizas, Jerusalén a la noche; fija un plazo a los opresores, declara a las naciones su muerte próxima, señala el fin de los ídolos, de las elevadas torres, de las naves de Tarso, de todos los cedros del Líbano y de todas las encinas de Basán. Se le ve de pie en el umbral de la civilización, negándose a entrar. Es una especie de boca del desierto hablando a las muchedumbres y reclamando, en nombre de las arenas, de las malezas y de los vientos, el lugar que ocupan las ciudades, porque es justo, porque el tirano y el esclavo, es decir, el orgullo y la vergüenza, existen en dondequiera que se ven recintos de murallas, porque el mal vive ahí, encarnado en el hombre, porque en la soledad no existe más que la fiera, mientras que en la ciudad existe el monstruo. Lo que Isaías reprocha a su tiempo, la idolatría, la orgía, la guerra, la prostitución y la ignorancia, subsisten todavía; Isaías es el eterno contemporáneo de los vicios que se convierten en lacayos, y de los crímenes que se convierten en reyes.

§ V. Ezequiel es el adivino montaraz. Genio de caverna, pensamiento hecho pera rugir. ¿Sabéis qué anuncia al mundo este salvaje? Este salvaje, ¡caso raro!, anuncia el progreso. Nada mas asombroso. ¡Ah! Isaías demuele, pero Ezequiel reconstruye. Isaías rechaza la civilización, Ezequiel la acepta, pero la transforma. La Naturaleza y la humanidad se mezclan en el tierno rugido de Ezequiel. La noción del deber aparece en Job, la del derecho en Esquilo; de Ezequiel surge la resultante, la tercera noción, el género humano mejorado, el porvenir cada vez más libre. ¡Qué grato consuelo para la humanidad que el porvenir sea oriente y no ocaso! El tiempo presente trabaja para el tiempo futuro; luego, trabajad y esperad. Tal es el grito de Ezequiel. Ezequiel vive en Caldea y desde allí distingue claramente la Judea, como desde la opresión se ve la libertad. Declara la paz como otros declaran la guerra. Profetiza la concordia, la bondad, la dulzura, la unión, el himeneo de las razas, el amor. Y sin embargo, es terrible. Es el bienhechor feroz, el colosal y áspero bienhechor del género humano. Gruñe y rechina los dientes, produciendo temor y odio. Los hombres a su lado tienen espinas. «Vivo entre las zarzas», dice. Condénase a ser símbolo y hace de su espantosa persona una significación de la miseria humana y de la abyección popular. Es una especie de Job voluntario. En su ciudad, en su casa, se hace atar con cuerdas y calla; así es el esclavo. En la plaza pública come excrementos; así es el cortesano. Estos hechos producen risa en Voltaire, y a nosotros nos arrancan un suspiro. ¡Ah, Ezequiel! ¡Hasta ahí llega tu abnegación! Tú, que haces visible la vergüenza por el horror; que obligas a la ignominia a volver la cabeza reconociéndose en la inmundicia; que enseñas que aceptar un hombre por amo es lo mismo que comer estiércol; que haces temblar a los cobardes cortesanos nutriendo tu estómago con lo que ellos nutren su alma; tú, que predicas la libertad por el vómito, ¡venerado seas! Este hombre, este rey, esta figura, este cerdo profeta, es sublime. La transfiguración que anuncia, lo prueba. ¿Y cómo? Transfigurándose él mismo. De aquella boca horrible y sucia brota un torrente de poesía. Jamás se ha hablado lenguaje más grande ni mas extraordinario:

«Vi visiones de Dios. El huracán traía en revuelta confusión una gran nube y fuego. Vi un carro y algo semejante a cuatro animales. Sobre los animales y el carro, una extensión parecida a un cristal terrible. Las ruedas del carro estaban hechas de ojos y eran tan altas, que causaban espanto. El ruido que producían las alas de los cuatro ángeles era como el ruido del Todopoderoso, y cuando se paraban, recogían las alas. Y vi una imagen, en apariencia de fuego, que sacó una forma de mano. Y una voz dijo: *Los reyes y los jueces tienen en el alma dioses de estiércol. Yo arrancaré de su pecho el corazón de piedra y les daré un corazón de carne. Me dirigí a los del río Kabar y permanecí entre ellos siete días completamente asombrado*».

Y en otra parte:

«Había una llanura y en ella huesos secos. Y yo dije: *Huesos, levantaos*. Miré, y vinieron nervios para aquellos huesos, y carne para aquellos nervios, y una piel que los cubrió; pero el espíritu no vino. Y yo grité: *Espíritu, ven de los cuatro vientos, sopla y que resuciten estos muertos*. El espíritu llegó. El soplo entró en ellos y se levantaron, y fue un ejército, un pueblo. Entonces dijo la voz: *Seréis una sola nación, no tendréis mas juez ni más rey que yo, y yo seré el Dios que tiene un pueblo y vosotros seréis el pueblo que tiene un Dios*».

¿No os basta esto? Buscad una fórmula más alta, que no la encontraréis. El hombre libre bajo Dios soberano. Este visionario, que comía podredumbre, resucita los muertas. Ezequiel tiene la inmundicia en los labios y el sol en los ojos. Los judíos temían la lectura de Ezequiel, y por tal razón no la permitían a los hombres que no hubieran cumplido treinta años. Los intranquilos sacerdotes sellaban los labios del poeta. No le podían tratar de impostor, porque su profético extravío era incontestable; evidentemente había visto lo que contaba; de ahí su autoridad. Sus mismos enigmas lo convertían en oráculo. Ignorábase lo que era «aquellas mujeres sentadas al lado de Aquilón, que lloraban a Thammus». Imposible adivinar qué era el *basmal*, aquel metal que enseña en fusión en el horno del sueño. Pero al mismo tiempo, nada más claro que la visión del progreso. Ezequiel ve al hombre cuádruple: hombre, buey, león y águila, es decir, dueño del pensamiento, del campo, del desierto y del aire. Nada se le olvida; es el porvenir entero, desde Aristóteles hasta Cristóbal Colón, desde Triptolemo hasta Montgolfier. Después el Evangelio también se hará cuádruple en los cuatro evangelistas y subordinará Mateo, Lucas, Marcos y Juan al hombre, al buey, al león y al águila; y, ¡cosa sorprendente!, simbolizará el progreso tomando las cuatro fases de Ezequiel. Además, Ezequiel, como Cristo, se llama *Hijo del Hombre*. Con frecuencia, Jesús, en sus parábolas, evoca e indica a Ezequiel, y esta especie de primer Mesías establece jurisprudencia para el segundo. Hay en Ezequiel tres construcciones; el hombre, en el que coloca el progreso; el templo, en que coloca una luz, a que llama gloria; la ciudad, en que coloca a Dios. En el templo exclama: «Que no haya sacerdotes aquí, ni ellos, ni sus reyes, ni los esqueletos de sus reyes» (Cap. LXIII, v. 7) Si Ezequiel, demagogo de la Biblia, hubiera vivido en 1793, habría ayudado a destruir y barrer Saint-Denis. Sobre la ciudad edificada por él, murmura este misterioso nombre: JEHOVAH SCHAMMAH, que significa «El Eterno está presente allí». Después calla pensando en las tinieblas, señalando con el dedo a la humanidad, allá hacia el fondo del horizonte, la continua dilatación del azul.

§ VI. Lucrecio es la gran oscuridad: el todo. Júpiter está en Homero, Jehová en Job, en Lucrecio aparece Pan. Es tal la grandeza de Pan, que domina al Destino, como el Destino domina a Júpiter. Lucrecio viajó y meditó; la meditación es también un viaje. Estuvo en Atenas; se relacionó con los filósofos; estudió la Grecia y adivinó la India. Demócrito le hace pensar en la molécula y Anaximandro en el espacio. Su sueño se ha convertido en doctrina. Nadie conoce sus aventuras. Como Pitágoras, frecuentó las dos misteriosas escuelas del Éufrates,

Neharda y Pombeditha, en donde pudo hallar doctores judíos. Deletreó los papiros de Seforis, que en su tiempo aún no se había transformado en Dircesárea, y vivió con los pescadores de perlas de la isla Tilos. Hállanse en los *Apócrifos* vestigios de un extraño itinerario antiguo, recomendado según unos a los filósofos por Empédocles, el mágico de Agrigento, y según otros a los rabinos por el gran sacerdote Eleazar, corresponsal de Ptolomeo Filadelfo. Quizá este itinerario sirvió después de guía en los viajes de los apóstoles. El viajero que seguía este itinerario recorría las cinco satrapías del país de los Filisteos, visitaba los pueblos de encantadores de serpientes y chupadores de llagas, los *Psilos*: bebía en el torrente de Bosor, que señala la frontera de la Arabia Desierta, y tocaba con su propia mano la argolla de bronce de Andrómeda, todavía clavada en la roca de Jopé; visitaba a Balbeck en la Siria Baja, a Apimea sobre el Oronte, en donde Nicanor alimentaba a sus elefantes; el puerto de Asiongaber, en donde se detenían los barcos de Ofiro cargados de oro; a Segher, que producía el incienso blanco, preferido al de Hadramauth; las dos Sirtas; la montaña de esmeralda Smaragdus; el país de los Nasamones, en que se despojaba a los náufragos; la nación negra Agizimba; Adribé, ciudad de los cocodrilos; Cilípolis, la ciudad de los perros; las maravillosas ciudades de la Comagena, Claudias y Barsalio; tal vez la misma Tadamora, la ciudad de Salomón: tales eran las etapas de esta peregrinación casi fabulosa de los pensadores. ¿Hizo esta peregrinación Lucrecio? No se puede asegurar; lo que sí es indudable es que hizo numerosos viajes. Vio tantos hombres, que confundida su pupila, la multitud le pareció fantasma. Llevó a tal grado la simplificación del Universo, que casi lo aniquiló. Sondeó hasta sentir flotar la sonda. Interrogó a los vagos espectros de Byblos; conversó con el tronco de árbol cortado de Chyterón, que es Junón Tnespia. Quizás habló en los cañaverales con Pannes, el hombre-pez de Caldea, que tenía dos cabezas, una de hombre en la parte superior y otra de hidra en la inferior, por cuya boca bebía el caos, el cual lo vomitaba en forma de ciencia terrible por la boca superior. Así es la ciencia de Lucrecio. Isaías confina con los arcángeles, Lucrecio con las larvas. Lucrecio retuerce el antiguo velo de Isis, sumergido en el agua de las tinieblas, y exprime, unas veces a torrentes y otras gota a gota, su sombría poesía. Lo ilimitado está en Lucrecio. Ya en algunos momentos pasa un potente verso espondaico lleno de sombras, casi monstruoso: *Circum se foliis ac frondibus involventes*; ya una atrevidísima imagen de la cópula bosquejándose en la selva: *Tunc Venus in Sylvis jungebat corpora amantum*; aquí la selva es la Naturaleza. Estos versos son imposibles en Virgilio. Lucrecio vuelve la espalda a la humanidad y mira fijamente al enigma. Lucrecio, espíritu que busca el fondo, se coloca entre esta realidad y esta imposibilidad, el átomo y el vacío; solicitado por estos dos precipicios, es religioso cuando contempla el átomo y escéptico cuando nota el vacío; de aquí sus dos aspectos igualmente profundos, ora niegue, ora afirme. Llega un día en que este viajero se mata. Éste es su último viaje. Pónese en camino de la muerte porque quiere ver. Se embarca sucesivamente en todas los naves, en la galera de Trevirio para Sanastrea en Macedonia, en el trirreme de Carysto para Metaponte en Grecia, en el remigio de Cyllena para la isla de Samotracia, en la sandalia de Samotracia para Naxos, en donde habita Baco, en el ceróscafo de Naxos para la Siria Saludable, en el bajel de Siria para el Egipto, y en el navío del mar Rojo para la India. Le queda un viaje por hacer. Ganoso de conocer la región sombría, se embarca en el ataúd, y desatando por sí mismo la amarra, empuja con el pie esta barca oscura, a la cual mece desconocido oleaje.

§ VII. Juvenal tiene todo lo que le falta a Lucrecio: pasión, emoción, fiebre, fuego trágico, amor a la honradez, risa vengadora, personalidad, humanidad. Habita un punto de la creación, y se contenta con él encontrando con qué nutrir y llenar su corazón a la par justiciero y colérico. Lucrecio es el Universo y Juvenal es el lugar. ¡Y qué lugar! ¡Roma! A ellos solos pertenece la doble voz que dirige a toda la tierra y a la ciudad. *Urbi et orbi*. Juvenal se remonta sobre el imperio romano y agita enormemente sus alas como un buitre a la vista de un nido de reptiles. Se precipita sobre este hormiguero, llevándose a todos, unos tras otros, en su terrible pico, desde la culebra, que es emperador y se llama Nerón, hasta la lombriz, que es mal poeta y se llama Codro. Cada uno, Isaías y Juvenal, se encara con una prostituta. Hay algo más siniestro que la sombra de Babel, y es el crujir del lecho de los Césares, que Babilonia es menos espantosa que Mesalina. Juvenal es la antigua libre alma de las repúblicas muertas, y lleva en sí una Roma en cuyo bronce se han fundido Atenas y Esparta. Da aquí que en sus versos haya algo de Aristófanes y algo de Licurgo. Cuidado con él, que es severo. Ni una sola cuerda falta en su lira y en su látigo. Es grande, rígido, austero, brillante, violento, grave, justo, inagotablo de imágenes, y cuando quiere ¡también él!, ásperamente gracioso. Su cinismo es la indignación del pudor. Su gracia, aunque es independiente y es la imagen verdadera de la libertad, tiene garras; sin saber cómo, aparece súbitamente derramando alegría en la majestad rectilínea de su hexámetro; parece que se ve al gato de Corinto correr sobra el frontispicio del Partenón. En su sátira hay epopeya. Juvenal empuña el cetro de oro con el que Ulises golpeaba a Tersites. «¡Hinchazón, declamación, exageración, hipérbole!», exclaman los literatos desacreditados, y estas exclamaciones, estúpidamente repetidas por los retóricos, son el ruido de la gloria. «Igual crimen es hacer una cosa que contarla», dicen Tillemont, Marco-Mureto, Garasse, etcétera, necios que, como Marco-Mureto, son a veces chistosos. La invectiva de Juvenal resplandece desde hace dos mil años. ¡Aterrador incendio de poesía que consume Roma en el curso de los siglos! El foco espléndido brilla, y lejos de apagarlo el tiempo, se aviva bajo nubes de humo lúgubre, iluminando la libertad, la probidad y el heroísmo, llegando hasta nuestra actual civilización destellos de su intensísima luz. ¿Qué son Regnier, Aubigné y Corneille sino chispas de Juvenal?

§ VIII. Tácito es el historiador. La libertad encarna en él como en Juvenal; sube, muerto, al tribunal, vistiendo el sudario por toga, y allí cita a la barra a los tiranos. El alma de un pueblo, reducida al alma de un hombre, es Juvenal; eso es también Tácito. Al lado del poeta que condena, levántase el historiador que castiga. Tácito, sentado en la silla curul del genio, emplaza y sorprende *in fraganti* a esos culpables que se llaman Césares. El imperio romano es un continuo crimen. El crimen empieza por cuatro demonios: Tiberio, Calígula, Clandio y Nerón. El primero, Tiberio, es el emperador espía; el ojo que atisba el mundo; el primer dictador que se atreve a interpretar en provecho propio la ley de majestad dictada para el pueblo romano; hombre que sabe el griego, sutil, sagaz, sardónico, elocuente, horrible; amado de sus delatores; asesino de los ciudadanos, de los caballeros, del Senado, de su mujer, de su familia; que más bien que matar a los pueblos, los apuñala: humilde con los bárbaros; traidor con Arquelao, cobarde con Artabanes; ocupando dos tronos, uno en Roma para saciar su ferocidad, otro en Caprea para que sirva de teatro a sus bestialidades; inventando vicios y nombres para estos vicios; viejo que se divierte en un serrallo de niños; flaco, calvo, encorvado, zambo, fétido, comido por la lepra, cubierto de supuraciones, de emplastos y de coronas de laurel: con una úlcera como Job, y por añadidura el cetro; rodando de lúgubre silencio; buscando un sucesor, olfatea a Calígula y lo elige, como la víbora escogería un tigre.

El segundo, Calígula, es el hombre miedoso, el esclavo hecho señor; tímido ante Tiberio y terrible después de Tiberio, convirtiendo el miedo de ayer en atrocidades. Nada iguala a este loco. Equivócase un verdugo matando a un inocente por matar a un criminal; sabedor del hecho, Calígula exclama sonriendo: «Tampoco lo merecía el condenado». Para recrear su vista, hace que los perros devoren viva a una mujer. Se acuesta en público con sus tres hermanas completamente desnudas. Una de ellas, Drusila, muere y ordena: «Que sean decapitados los que no la lloren, porque es mi hermana, y crucificados los que lloren, porque es una diosa». Hace a su caballo pontífice, como después hará Nerón de un mono un dios. Ofrece al Universo un horrible espectáculo: la destrucción del cerebro por el poder absoluto. Prostituido, tramposo en el juego, ladrón, rompiendo los bustos de Homero y Virgilio, adornado de rayos como Apolo y de alas como Mercurio, frenéticamente dueño del mundo, deseando el incesto a su madre, la peste a su imperio, el hambre a su pueblo, la derrota a sus ejércitos, su semejanza a los dioses y una sola cabeza al género humano para poderla cortar de un golpe; tal es Cayo Calígula. Obliga a un hijo a presenciar el suplicio de su padre y a un marido la violación de su mujer, y a que se rían de ello.

El tercero, Claudio, es un bosquejo que reina. Es un casi-hombre hecho tirano. Una cabezota coronada. Se oculta, pero lo descubren y lo arrancan de su escondrijo, arrojándolo aterrorizado sobre el trono. Hecho emperador, tiembla; tiene corona, pero no está seguro de tener cabeza. A cada momento llévase las manos a la cabeza, como si la buscase. En cuanto se tranquiliza, decreta que se añadan tres letras al alfabeto. Este idiota es sabio. Estrangulan a un senador, y dice: «No lo había mandado, pero ya se ha hecho y bien hecho está». Su mujer se prostituye en su presencia; la mira y pregunta: «¿Quién es esa mujer?» Apenas si existe; es una sombra, pero esta sombra aplasta el mundo. Llega por fin la última hora. Su mujer lo envenena y su médico lo remata. Exclama: «¡Me he salvado!», y muere. Muerto, las gentes van a ver su cadáver; en vida vieron su espectro.

El último, Nerón, es la representación más horrorosa del hastío que haya aparecido entre los hombres. El monstruo bostezante, que los antiguos llamaban Livor y que los modernos llaman *Spleen*, nos hace adivinar este enigma: Nerón. Nerón se ocupa en buscar distracciones. Es poeta, cómico, cantor, cochero; agotando la ferocidad para encontrar lo voluptuoso, ensaya el cambio de sexo; esposo del eunuco Esporo y esposa del esclavo Pitágoras, pasea por las calles de Roma entre su mujer y su marido; goza con dos placeres, viendo cómo el pueblo se arroja sobre las monedas de oro, los diamantes y las perlas y viendo cómo los leones se arrojan sobre el pueblo; es incendiario por curiosidad y parricida por ocio.

Tácito dedica a estos cuatro sus cuatro primeros latigazos. Enróllales su reinado a la garganta, poniéndoselo a la manera de argolla. Su libro sobre *Calígula* se ha extraviado. Es fácil comprender por qué se pierden y se olvidan esta clase de libros. El leerlos constituía un crimen. Cómodo hizo arrojar a las fieras a un hombre a quien había sorprendido leyendo la historia de Calígula, por Suetonio. *Feris objici jussit*, dice Lampridio. Aquellos tiempos eran terribles. Las costumbres de las clases altas y de las bajas eran brutales. Puede juzgarse de la crueldad de los romanos por la ferocidad de los galos. Estalla una rebelión en la Galia, y los campesinos arrojan a las damas romanas desnudas y vivas sobre rastrillos, cuyas afiladas puntas se clavan en las carnes; córtanles después los pechos y se los cosen en la boca para que parezca que se los comen. *Vix vindicta est*: «Son apenas represalias», dice el general romano Turpiliano. Estas damas romanas solían, al conversar con sus amantes, clavar alfileres de oro en el seno de las esclavas persas o galas, que les hacían el tocado. Tal era la humanidad de que fue testigo Tácito. Estas escenas lo hacen terrible. Consigna los hechos y os deja razonar. La Putifar, madre de José, sólo se encuentra en Roma. Cuando Agripina, en supremo trance, ve su tumba en los ojos de su hijo y le ofrece su lecho; cuando sus labios buscan los de Nerón, aparece la figura de Tácito que la sigue con la mirada *lasciva oscula et praenuntias flagitii blanditias*, y denuncia al mundo este esfuerzo de la madre monstruosa y cobarde que convierte el parricidio en incesto. Por más que diga Justo Lipsio, aquel que legó su pluma a la santa Virgen, Domiciano desterró a Tácito e hizo bien. Los hombres como Tácito son funestos para la autoridad. Tácito aplica su estilo a las espaldas de un emperador y produce una marca indeleble: abre llagas profundas en donde bien le place. Juvenal, poeta omnipotente, pródigo como el granizo y temible como el látigo, se dispersa, se desparrama, se abre, cae y bota, flagela a diestro y siniestro, dando cien golpes a la vez sobre las leyes, sobre las costumbres, sobre los malos magistrados, sobre los malos versos, sobre los libertinos, sobre los ociosos, sobre el César, sobre el pueblo, y en fin, sobre todo; Tácito, en cambio, tiene la concisión del hierro candente.

§ IX. Juan es el viejo virgen; un visionario en quien está la ardiente savia del hombre convertida en humo y en agitación misteriosa. El sentimiento del amor es necesario en la vida. El amor no satisfecho se transforma al fin de la vida en un siniestro desbordamiento de monstruosidades. La mujer ama al hombre: si no fuera por esto, la poesía humana sería la poesía de los espectros. Los seres que se niegan a cumplir la ley de la germinación universal, llegan a ser víctimas de inspiraciones espantables. El Apocalipsis es la obra maestra, casi insensata, de esta aterradora castidad. Siendo joven, era Juan dulce y feroz a la par. Amó a Jesús, y ya no pudo amar a nadie. Existe una profunda relación entre el Cantar de los Cantares y el Apocalipsis: ambos son explosiones de virginidad concentrada. El corazón hecho volcán se abre, y surge la paloma que se llama el Cantar de los Cantares, o el dragón que se llama el Apocalipsis. Los dos poemas son los polos del éxtasis, el uno la voluptuosidad, el otro el horror. Llegan a los límites extremos del alma; en el primer poema, el éxtasis agota el amor, en el segundo se agota el terror, infundiendo a la agitada humanidad el espanto que produce la contemplación de un abismo sin límites. Hay también cierto parecido, que merece notarse, entre Juan y Daniel. Los que siguen cuidadosamente con la vista el hilo, apenas perceptible, de las afinidades, verán en las profecías hechos humanos comunes y ordinarios; y lejos de desdeñar el problema del milagro, lo considerarán como formando parte del fenómeno permanente. Las religiones pierden con esta observación, pero la ciencia gana. Aún no se ha notado suficientemente que el séptimo capítulo de Daniel contiene en germen el Apocalipsis. Represéntanse allí los imperios por bestias. La leyenda también ha asociado a ambos poetas; según ella, el uno pasa por las leoneras y el otro por una caldera de aceite hirviente. A excepción de la leyenda, la vida de Juan es bella. Vida ejemplar que sufre extrañas expansiones, pasando del Gólgota a Patmos y del suplicio de un Mesías al destierro de un profeta. Después de haber asistido Juan a los suplicios del Cristo, empieza él mismo a sufrir: el recuerdo del sufrimiento visto lo convierte en apóstol, y su resignación en el sufrir, en mago: de la magnitud de la prueba resulta la grandeza de su espíritu. Siendo obispo escribe el Evangelio, y en el destierro escribe al Apocalipsis, obra trágica hecha con vista de águila, como si el poeta hubiera tenido sobre su cabeza una sombría agitación de alas. La Biblia entera está entre dos visionarios: Moisés y Juan. Este poema de los poemas comienza por el caos en el Génesis, y termina en el Apocalipsis por los truenos. Juan fue uno de los grandes errantes de la lengua de fuego. Durante la cena apoyó la cabeza sobre el pecho de Jesús, y pudo decir: «Mis oídos han escuchado los latidos del corazón de Dios». Y fue a contarlo a los hombres. Hablaba un griego bárbaro, mezclado de giros hebreos y de palabras siríacas de un encanto áspero y salvaje. Estuvo en Éfeso, en la Media y en el país de los parthos. Atrevióse a entrar en Tesifón, la ciudad de los parthos, construida para rivalizar con Babilonia. Combatió al ídolo viviente Cobaris, rey, dios y hombre a la vez, eternamente inmóvil sobre su abierto pedestal de jade nefrita que le sirve al mismo tiempo de trono y de letrina. Evangelizó la Persia, que la Escritura llama *Paras*. Cuando apareció en el Concilio de Jerusalén, creyose ver en él la columna de la Iglesia. Contempló con estupor a Cerinto y Ebión, que decían que Jesús no fue más que hombre. Cuando se le interrogaba sobre el misterio, contestaba: «Amaos los unos a los otros». Murió a los noventa y cuatro años, reinando Trajano. Según la tradición, no ha muerto, sino que se conserva vivo en Patmos, como Barbarroja en Kaiserslautern. Hay cavernas que esperan a estos misteriosos vivientes. Juan, como historiador, tiene semejante en Mateo, Lucas y Marcos; mas como visionario es único. Su sueño trasciende de tal manera al porvenir, que no hay ninguno que se le parezca. Sus metáforas salen locas de la eternidad; su poesía tiene la profunda sonrisa de la demencia; le reverberación de Jehová reside en la pupila de este hombre. Es lo sublime en pleno extravío. Los hombres que no le comprenden le desdeñan y se ríen. «Mi querido Thiriot —dice Voltaire—, el Apocalipsis es una porquería». Necesitando las religiones de este libro, lo veneran colocándole en los altares; de lo contrario hubiera sido preciso arrojarlo a un muladar. ¡Qué importa! Juan es un genio. Viendo a Juan de Patmos se comprende que existan comunicaciones entre ciertos genios y el abismo. En otros poetas se adivina esta comunicación; en Juan se ve, en algunos momentos se toca, causando estremecimientos poner la mano sobre la puerta sombría. Por ella se va al lado de Dios. Leyendo el poema de Patmos se os antoja que alguien os empuja por detrás hacia la temerosa abertura que se dibuja confusamente ante vuestra vista. Aunque Juan no produjese más que el espanto y la atracción, sería inmenso.

§ X. Pablo, santo para la Iglesia y grande para la humanidad, representa ese prodigio a la par divino y humano: la conversión. Éste es aquel a quien se le apareció el porvenir: nada tan rudo ni tan majestuoso como aquella faz inalterable del que ha sido vencido por la luz. Pablo, que nació fariseo, fue tejedor de pelo de camello y criado de Gamaliel, uno de los jueces de Jesucristo; después, viéndolo feroz, lo educaron los escribas. Era el hombre del pasado; cuidaba de los mantos de los apedreadores y aspiraba, merced a la enseñanza de los sacerdotes, a ser verdugo. Para conseguirlo, emprende un viaje en el que, de repente, un raudal de luz que sale de las sombras lo arroja de su caballo; desde entonces el género humano cuenta con una cosa admirable: con el camino de Damasco. El día de la metamorfosis de san Pablo es un día grande; conservad en la memoria la fecha que corresponde al 25 de enero de nuestro año gregoriano. El camino de Damasco es necesario a la marcha del progreso. Es ciertamente sublime caer en la verdad y levantarse siendo hombre justo, cuando con la caída se opera una transfiguración. Ésta es la historia de san Pablo, que desde él será la historia de la humanidad. El rayo de luz es más potente que el rayo de la tempestad. El progreso se realiza por una serie de deslumbramientos. La luz de las alturas muestra el genio a Pablo derribado por la fuerza de las nuevas ideas. Ya seguro de sí mismo, vedlo en marcha; ya no se detiene. «¡Adelante!» Éste es su grito. Es cosmopolita. Ama y se consagra a los extranjeros, a quienes el paganismo llama *bárbaros* y el cristianismo *gentiles*. Es el apóstol exterior. Escribe a las naciones epístolas de parte de Dios. Escuchad lo que escribe dirigiéndose a los gálatas:

«¡Oh gálatas insensatos! ¿Cómo podéis volver al yugo que os oprimía? Ya no hay judíos, ni griegos, ni esclavos; no cumpláis con las ceremonias mandadas por vuestras leyes; os declaro que nada de eso tiene valor. Amaos. Se trata de que el hombre sea nueva criatura. Estáis llamados a la libertad».

Todavía se conservan en Atenas, en la colina de Marte, las gradas abiertas en la roca que servían de asiento a los severos jueces ante quienes compareció Orestes y fue juzgado Sócrates. Una noche preséntase Pablo allí; el Aerópago no se reunía más que de noche, y ante el sombrío tribunal exclama: «Vengo a anunciaros el Dios desconocido». Las epístolas de Pablo a los gentiles son sencillas, profundas y sutiles, como para convencer a los salvajes. Hay en estos mensajes resplandores de alucinación: Pablo habla de los Celestes como si los viera con entera claridad. Sus pensamientos, lo mismo que los de Juan (que participa de la vida y de la eternidad), ora se inspiran en el mundo, ora en lo ignorado, como si en ciertos momentos un versículo respondiera a otro saltando sobre el oscuro muro de la tumba. Esta semiposesión de la muerte le da una certeza personal separada y distinta a veces del dogma, y una acentuación tan marcada de sus ideas individuales, que le hace casi un

hereje. Su humildad, fundada en el misterio, es altiva. Pedro
decía: «Es fácil interpretar las palabras de Pablo en mal sentido». El diácono Hilario y los luciferianos aseguran que las
epístolas de Pablo ocasionaron su cisma. Pablo es en el fondo
tan antimonárquico, que el rey Jacobo I, alentado por la orto-
doxa universidad de Oxford, hizo quemar por mano del verdugo la Epístola a los romanos, a pesar de los comentarios de
David Parens. Las más bellas obras de Pablo han sido conde-
nadas canónicamente, entre otras su Epístola a los laodiceos y
su Apocalipsis, que fue borrado por el Concilio de Roma en
tiempo de Gelasio. Sería curioso comparar este Apocalipsis
con el de Juan. Sobre la abertura que Pablo abrió en el cielo, la
Iglesia ha escrito: «Puerta condenada». No por eso deja de ser
santo. Éste es su consuelo oficial. Pablo tiene la inquietud del
pensador; pasa por el texto y la fórmula sin fijar la atención; la
letra muerta, la materia, no le basta. Como todos los hombres
del progreso, habla con reservas acerca de la ley escrita; prefiere, a la ley, la gracia, así como nosotros preferimos la justicia.
¿Que es la gracia? La inspiración que viene de lo alto, el soplo,
fiat ubi vult, la libertad. La gracia en el alma de la ley. El descubrimiento del alma de la ley pertenece a san Pablo; lo que él llama *gracia* desde el punto de vista celeste, lo llamamos nosotros,
desde nuestro punto de vista terrestre, *derecho*. Tal es Pablo. La
dilatación de una inteligencia por la irrupción de la luz; la verdad impuesta violentamente a un alma se muestra en esta gran
figura. He aquí, repetimos, la virtud del camino de Damasco.
En adelante, los que quieran agrandarse seguirán la dirección
que señala el dedo indicador de san Pablo. Los que tengan el
sentimiento de la justicia, los ciegos que deseen ver, las cataratas que quieran curarse, los que busquen convicciones, los
grandes aventureros de la virtud, los servidores de lo bueno en
demanda de lo verdadero, marcharán en esa dirección. La luz
que encuentren a su paso cambiará de naturaleza, porque la luz
es siempre relativa a las tinieblas, pero crecerá en intensidad;
después de haber sido revelación, será racionalismo, mas será

eternamente luz. Voltaire está como san Pablo en camino de Damasco. El camino de Damasco será perpetuamente el paso de los grandes espíritus. Y será también el paso de los pueblos. Porque los pueblos, que son inmensos individuos, tienen como cada uno de nosotros su crisis y su hora. Pablo, después de su caída, se levanta armado contra los antiguos errores con una espada fulgurante, el cristianismo, y dos mil años después, Francia, exuberante de luz, se levantará, ¡ella también!, blandiendo otra flamígera espada, la Revolución.

§ XI. Dante construye el abismo en su espíritu, haciendo la epopeya de los espectros. Vacía la Tierra, y en el terrible agujero que hace en ella, coloca a Satán. Después la empuja por el purgatorio hasta el cielo. Dante empieza en donde todo acaba. Dante trasciende del hombre sin quedar fuera de lo humano. Siendo el alma una prolongación del hombre en lo infinito, la anterior singular afirmación no tiene, sin embargo, nada de contradictoria. Dante tuerce juntamente la sombra y la luz en una monstruosa espiral que sube y baja, formando extraña arquitectura. Distínguese en el umbral la bruma sagrada, y atravesado en la puerta el cadáver de la Esperanza. Lo demás es la noche. La angustia inmensa solloza confusamente en lo invisible. Su poema *Abismo* atrae. ¿Será porque semeja a un cráter? Óyense detonaciones; sale el verso estrecho y lívido como de las fisuras de una solfatara, primero en vapor y después en lava: esta palidez habla, y reconócese entonces que el volcán vislumbrado es el infierno. Aquél no es lugar en que habitan los hombres; es precipicio desconocido. Distínguese en este poema en revuelta confusión lo imponderable con lo ponderable, sometiéndose el primero a la ley del segundo. Confusión parecida a desplomes producidos por los incendios en que el humo, arrastrado por las ruinas, cae envuelto entre escombros para desaparecer bajo maderos y piedras. De aquí que produzca extraños efectos; diríase que el dolor y el castigo no lo sufren los hombres, sino las ideas. La idea hecha hombre para sufrir la expiación es un fantasma que tiene algo de la sombra, impalpable, mas no invisible, apariencia de suficiente realidad para que sienta el castigo; abstracción del delito en forma humana. No solamente el malo, sino el mal se lamenta en este Apocalipsis. Se ven, presas de la desesperación, todas los malas acciones posibles, dando al poema esta espiritualización de la pena un elevadísimo sentido moral. Llegado al fondo del infierno, el Dante lo atraviesa y sube por el otro lado del infinito. A medida que se eleva, se idealiza, abandonando el cuerpo como se abandona una vestidura. De Virgilio pasa a Beatriz: su guía en el infierno es el *poeta*; en el cielo es la *poesía*. La epopeya continua y se agranda, pero el hombre ya no la comprende. El purgatorio y el paraíso son tan extraordinarios como la Gehenna, pero a medida que el lector se eleva, se pierde el interés. Encontrábase uno mejor en el infierno que en el cielo; el hombre entre ángeles está desconocido; no ha sido creado, tal vez, el ojo humano para tanto sol, y por eso cuando el poema entra en la felicidad, fastidia. Así es la historia de todos los seres felices. Casad a los amantes o dad al paraíso las almas, pero no busquéis entonces el drama. Mas ¿qué le importa al Dante que no le sigáis? Continuará sin vosotros. Ese león no necesita de nadie. Su obra es un prodigio. ¡Qué filósofo es este visionario! ¡Qué sabio es este loco! El Dante inspira a Montesquieu: las divisiones penales del *Espíritu de las leyes* están calcadas sobre las clasificaciones infernales de la *Divina Comedia*. Lo que Juvenal hace con la Roma de los césares, lo hace el Dante con la Roma de los papas; pero Dante es justiciero en grado más temible que Juvenal; Juvenal azota con disciplina, y el Dante flagela con llamas; Juvenal condena, y el Dante maldice. ¡Desgraciados de aquellos sobre quienes fije este viajero la inexplicable luz de sus ojos!

§ XII. Rabelais es la Galia, y quien dice la Galia dice la Grecia; porque en el fondo tienen el mismo sabor la sal ática y la chispa gala: salvo los edificios, no hay cosa que más se parezca al Pireo que la Rapea. Rabelais es superior a Aristófanes en la bondad de sus sentimientos; lo supera porque Aristófanes fue malo y Rabelais es bueno: Rabelais hubiera defendido a Sócrates. En el orden de los grandes genios, Rabelais sigue cronológicamente al Dante; tras la frente serena, la cara burlona; Rabelais es la terrible máscara de bronce de la comedia antigua arrancada a la escena griega y convertida en rostro humano vivo y enorme, que viene a reírse de nosotros, con nosotros y entre nosotros. El Dante y Rabelais se educan con los franciscanos, como Voltaire se educó después con los jesuitas. El Dante es el dolor, Rabelais la parodia y Voltaire la ironía: a los tres los crea la Iglesia, y los tres se revuelven contra ella. Cada genio tiene su invención o su descubrimiento; Rabelais dio con un hallazgo, con el vientre. El hombre lleva en sí una culebra que lo tienta, lo traiciona y lo castiga: esta culebra es el intestino. El hombre, ser indiviso como espíritu y complejo como hombre, posee para cumplir su misión en la tierra tres centros, el cerebro, el corazón y el vientre, cada uno de los cuales es augusto para una función determinada: el cerebro para el pensamiento, el corazón para el amor y el vientre para la paternidad y la maternidad. El vientre puede ser trágico. *Feri ventrem*, dijo Agripina. Catalina Sforza, viendo amenazados de muerte a sus hijos cogidos en rehenes, se descubrió hasta al ombligo en una almena de la ciudadela de Rímini, diciendo al enemigo: «Ved de dónde nacen otros». En una de las convulsiones épicas de París, una mujer del pueblo, de pie en una barricada, levantándose las sayas y descubriendo el vientre al ejército gritó: «¡Matad a vuestras madres!», y los soldados la acribillaron a balazos. El vientre tiene su heroísmo, aunque de él nacen también en la vida la corrupción y en el arte la comedia. El pecho, lugar del corazón, termina en la cabeza; el vientre, en el falo. Siendo el centro de la materia, es a la par nuestra satisfacción y nuestro peligro, porque contiene el apetito, la saciedad y la podredumbre. Las abnegaciones y las ternezas que nacen en él mueren pronto transformándose en egoísmo; que las entrañas se convierten fácilmente en intestinos. Si se da el caso triste de que el himno pase a canción de borracho y la estrofa a copla, buscad la causa en el vientre, en la bestia que acompaña al hombre, y encontraréis en él la ley que preside a esta degradación. La escala de la poesía sensual se limita en uno de los extremos por el Cantar de los Cantares, y en otro por la copla licenciosa. El vientre dios es Sileno; el vientre emperador, Vitelio, y el vientre animal, el cerdo. Uno de los horribles Ptolomeos se llamaba el Vientre, *Physcon*. Para la humanidad es el vientre un peso temible, porque rompe a cada instante el equilibrio entre el alma y el cuerpo: el vientre llena la historia. Es responsable de casi todos los crímenes y de casi todos los vicios. De su sensualidad nacen los sultanes y de su embriaguez los zares. Él es quien enseña a Tarquino el lecho de Lucrecia, quien promueve discusión sobre la salsa de un rodaballo en el Senado que esperó a Breno y deslumbró a Yugurta, quien aconseja a César, el libertino arruinado, el paso del Rubicón. ¡El paso del Rubicón perdona las deudas; proporciona mujeres y mucho oro! Los soldados entran después en Roma diciendo: *Urbani, claudite uxores; moechum calvum adducimus.* Cuando el apetito corrompe la inteligencia, el imperio de los sentidos sustituye al de la voluntad. El principio de la orgía tiene algo de noble. No es lo mismo alegrarse que emborracharse. Después la orgía degenera en licenciosa bacanal. Lo que era Salomón es Ramponneau. El hombre es tonel. Sumergiendo el pensamiento en un diluvio de ideas tenebrosas, la ahogada conciencia rompe sus misteriosos hilos con el alma ebria, y se consuma el embrutecimiento, que no es ya sólo cínico, sino vacío y bestial. Cuando desaparece Diógenes, queda el tonel. Si comienza en Alcibíades, termina en Trimalción, completándose la obra. Después no queda nada: ni dignidad, ni pudor, ni honor, ni virtud, ni talento; si algo queda es el brutal placer animal y la desnuda impureza. El pensamiento se disuelve en hartura, el placer de la carne lo absorbe tolo, y desaparece así la criatura soberana en cuyo seno se albergaba el alma; digámoslo de una vez: el vientre devora al hombre. Tal es el término de todas las sociedades en que el ideal se eclipsa. Cuando se llega a él, la prosperidad se llama *redondearse*. Algunas veces los filósofos ayudan irreflexivamente al rebajamiento, ingiriendo en las doctrinas el materialismo que vive en las conciencias. Rebajar el nivel del hombre a la bestia humana es una gran miseria. El primer fruto es la bestialidad de las altas clases sociales visible en todas partes; el juez venal, el sacerdote simoníaco, el soldado rapaz, y leyes y costumbres y creencias hechas podredumbre. *Totus homo fit excrementum.* En el siglo XVI todas las antiguas instituciones son así; Rabelais se apodera de esta situación y la consigna levantando acta del vientre, que para él es el mundo. La civilización es masa, la ciencia materia, la religión engorda, el feudalismo digiere, la monarquía adquiere las formas de la obesidad. Enrique VIII es una panza, Roma una vieja gorda repleta, pero cuya gordura no se sabe a qué atribuir, si a salud o a enfermedad, si a robustez o a hidropesía. Rabelais, que es médico y sacerdote, toma el pulso al pontificado, mueve la cabeza y prorrumpe en una carcajada. ¿Acaso porque ha encontrado la vida? No; porque ha sentido la agonía de la muerte. Aquello se muere, en efecto. En tanto que Lutero reforma, Rabelais se burla. ¿Quién va mas derechamente al fin? Rabelais se burla del fraile, del obispo, del Papa. El cascabel toca a rebato. ¡Ah! Leyendo a Rabelais creía asistir a un banquete, y asisto a una agonía; el hipo tiene a veces diversas apariencias. Riámonos también. Se nos sirve la muerte, y al fin de la comida la última gota brinda por el último suspiro. ¡Magnífico espectáculo el de la agonía en una orgía! El intestino colon es el rey. El antiguo mundo ríe y revienta, y Rabelais entroniza una dinastía de vientres: Grandgousier, Pantagruel y Gargantúa. Rabelais es el Esquilo de la comida, lo cual tiene cierta grandeza cuando se piensa que comer es devorar. El glotón es también abismo. ¡Comed, bebed y concluid, señores de la tierra! La vida es una canción cuyo estribillo es la muerte. Así se cavan calabozos horribles bajo las plantas del corrompido género humano: el subterráneo que hace el gran

Rabelais es bodega. Dante colocaba al Universo en el infierno y Rabelais lo coloca en un tonel. No es otra cosa su libro. La cuba prodigiosa contiene los siete círculos imaginados por Alighieri; mirad al interior y los encontraréis. En Rabelais se llaman la Pereza, el Orgullo, la Envidia, la Avaricia, la Ira, la Lujuria y la Gula; y ¿sabéis adónde os conduce el terrible burlón? Pues os conduce a la Iglesia. El tema del sermón de este sacerdote son los siete pecados. Rabelais es sacerdote, y como la enmienda bien entendida debe empezar por uno mismo, comienza por el clero. En esto se conoce que es de la casa. El pontificado muere de indigestión y el espectáculo sugiere a Rabelais una farsa, un sainete, pero farsa digna del Titán. La alegría pantagruélica tiene tanta grandeza como el gozo de Júpiter. La mandíbula monárquica y sacerdotal come, y la mandíbula de Rabelais se ríe. El que lee a Rabelais tiene para siempre ante sus ojos la máscara de la Comedia mirando fijamente, de hito en hito, a la máscara de la Teocracia.

§ XIII. Cervantes es también una forma de la burla épica. Ya en 1827 el que escribe estas líneas decía* que hay entre la Edad Media y la Moderna, después de la barbarie feudal y colocados en ese punto para dar fin con ella, «dos Homeros bufones: Rabelais y Cervantes». Resumir el horror por la risa es verdaderamente terrible. Eso han hecho Rabelais y Cervantes; pero la burla de Cervantes no se parece a la franca risa de Rabelais; es el buen humor del hidalgo detrás de la jovialidad del cura. Caballeros, yo soy el señor don Miguel de Cervantes Saavedra, poeta de espada, y en prueba de ello manco. No hay en Cervantes alegría grosera; apenas se ve en él un poco de cinismo elegante. El burlón es fino, acerado, culto, delicado, casi galante. Habría corrido el riesgo de achicarse con sus coqueterías si no hubiera tenido el profundo sentido poético del Renacimiento. Por eso su gracia no degenera nunca en desenfado. Cervantes

* Prefacio de *Cromwell*.

padece una obsesión, como Jean Goujon, Jean Cousin, Germain Pilon y Primatrice. De ella surgen todas las grandezas inesperadas de la imaginación; añadid a esto una maravillosa intuición de los hechos íntimos del espíritu y una filosofía inagotable en aspectos que parece poseer un mapa nuevo y completo del corazón humano. Cervantes ve lo interior del hombre. Esta filosofía se combina con el instinto cómico y novelesco, y de esta combinación proviene lo súbito, apareciendo a cada momento en sus personajes, en su acción y en su estilo. Lo imprevisto constituye una magnífica aventura. Es ley de las grandes obras que los personajes estén de acuerdo consigo mismos, pero que los hechos y las ideas se arremolinen a su alrededor, que se renueve perpetuamente la idea madre y que sople sin cesar el viento que produce los relámpagos. Cervantes es un combatiente: apodérase de una tesis y hace un libro social. Los poetas son combatientes del espíritu. ¿Dónde aprenden a luchar? En la lucha misma. Juvenal fue tribuno militar, y Cervantes llega de Lepanto como el Dante de Campalbino y como Esquilo de Salamina. Después pasan a otra prueba. Esquilo, Juvenal y el Dante van al destierro, y Cervantes a la cárcel; así es la justicia con los que sirven a su patria. Cervantes tiene como poeta los tres dones soberanos: la creación, que produce los tipos cubriendo las ideas de carne y hueso; la invención, que hace chocar las pasiones contra los sucesos y al hombre contra el destino, produciendo el drama, y la imaginación, que, siendo el sol, nace el claroscuro en todas partes, produce el relieve y da la vida. La observación, aunque se adquiere, y en tal respecto es más bien una cualidad que un don, va unida a la creación. Si el avaro no hubiese sido observado, no se habría creado Harpagón.

Con Cervantes hace resueltamente su entrada un recién venido, vislumbrado por Rabelais, el buen sentido, el sentido común, el cual se percibe en Panurgo y se ve de lleno en Sancho Panza. Llega como el Sileno de Plauto, pudiendo decir como él: «Soy el dios montado en un asno». La sagacidad aparece muy pronto y la razón muy tarda: así es la historia extraña del

espíritu humano. ¿Hay algo más sabio que las religiones y algo
que sea menos racional? Como morales, son verdaderas; como
dogmas, falsas. En Homero y en Job hay sabiduría, pero la razón, tal como debe de ser para vencer todo género de prejuicios, es decir, completa y armada para el combate, no aparece
sino con Voltaire. El sentido común no es la perspicacia ni la
razón; participa de ambas con cierta mezcla de egoísmo. Cervantes le monta a caballo en la ignorancia, y al heroísmo en la
fatiga, rematando así a un mismo tiempo su profunda ironía,
y mostrando y parodiando, de esta suerte combinados, los dos
perfiles del hombre, sin tener piedad ni de lo sublime ni de lo
grotesco. El hipogrifo se convierte en Rocinante. Detrás del
personaje ecuestre, Cervantes crea y pone en marcha el personaje asnal. El entusiasmo entra en campaña, pero la ironía
detiene sus pasos. El asno, que conoce los molinos, juzga los
famosos hechos de Don Quijote, sus espolazos y sus lanzadas.
La invención de Cervantes es magistral hasta el punto de que
hay adherencia estatuaria entre el hombre tipo y su cuadrúpe-
do complementario; el razonador y el aventurero se identifican
con sus cabalgaduras de tal suerte, que es imposible desmon-
tar a Sancho Panza y a Don Quijote. Cervantes contempla el
ideal como el Dante, pero juzgándolo de imposible realización
se burla de él. Beatriz se convierte en Dulcinea. La burla del
ideal sería grave defecto en Cervantes, pero este detecto no
es más que aparente; observad con atención y veréis que en su
sonrisa hay una lágrima. En realidad, Cervantes simpatiza con
Don Quijote, como Molière con Alcestes. Es preciso saber leer
en estos libros, y en particular en los del siglo XVI: a causa de
las amenazas que pesaban sobre la libertad de pensar, hay en la
mayor parte de ellos un secreto que es necesario abrir con una
llave que se pierde con frecuencia. Rabelais tiene algo que se
sobrentiende; Cervantes tiene un aparte; Maquiavelo un doble
fondo, un triple fondo tal vez. De todos modos, el advenimiento del sentido común es el gran hecho de Cervantes. El sentido
común no es una virtud, es el ojo del interés que hubiera ani-

mado a Temístocles y malaconsejado a Arístides. Ni Leónidas ni Régulo tuvieron sentido común; mas en presencia de monarquías egoístas y feroces que arrastran en provecho propio a la guerra a los pobres pueblos, diezmando las familias, desolando a las madres e incitando a los hombres a matarse con estas altisonantes palabras: *honor militar, gloria guerrera, obediencia a la consigna*, etc., etc., el sentido común es un admirable personaje que se presenta en la escena de repente gritando al género humano: «¡Piensa en tu pellejo!»

§ XIV. Shakespeare, ¿qué es? Casi se podría responder: es la Tierra. Lucrecio es la esfera, Shakespeare el globo. En el globo hay más y hay menos que en la esfera. En la esfera está el Todo, y en el globo el hombre. En éste el misterio exterior, en aquélla el misterio interior. Lucrecio es el ser, Shakespeare la existencia, y por eso hay tantas sombras en Lucrecio y tanta ebullición en Shakespeare. Shakespeare se lanza al espacio, al *azul*, como dicen los alemanes. La Tierra contempla y recorre los cielos, conociéndolos bajo sus dos aspectos, oscuridad y luz, duda y esperanza. La vida se agita en medio de la muerte. Toda la vida es un secreto, una especie de paréntesis enigmático entre el nacimiento y la agonía, entre los ojos que se abren y los ojos que se cierran. El secreto produce impaciencia en Shakespeare. ¡Lucrecio existe, Shakespeare vive! En Shakespeare los pájaros cantan, los arbustos florecen, los corazones aman, las almas sufren, las nubes vagan, siéntese el calor y el frío, la noche cae, el tiempo pasa, los bosques y las muchedumbres hablan, y el vasto y eterno sueño flota. La savia y la sangre, todas las formas del hecho múltiple, las acciones y las ideas, el hombre y la humanidad, los vivos y la vida, las soledades, las ciudades, las religiones, los diamantes, las perlas, los muladares, los osarios, el flujo y reflujo de los seres, los pasos de los que se van y de los que llegan, todo está sobre Shakespeare y en Shakespeare. Los muertos salen de la tierra, o lo que es igual, de este genio. Los espectros visitan algunos lugares siniestros de Shakespeare; Shakespeare es hermano del Dante y ambos se completan. Dante es la encarnación de lo Sobrenatural, y Shakespeare la encarnación de la Naturaleza; y como ambas regiones, Naturaleza y Sobrenatural, son en lo absoluto la misma unidad, bien que apareciendo tan diversas, tocándose por los bordes, Dante y Shakespeare, aunque son tan desemejantes, se adhieren en el fondo. En Alighieri se ve al hombre; en Shakespeare el fantasma. La calavera pasa de manos del Dante a manos de Shakespeare; Ugolino la muerde, y Hamlet la interroga. Tal vez tiene sentido más profundo y enseñanza más alta en el segundo que en el primero. Shakespeare la sacude y hace caer estrellas. La isla de Próspero, el bosque de las Ardenas, el matorral de Armuyr y la explanada de Elsinor, tienen, merced a la sombría reverberación de las hipótesis, tanta luz como los siete círculos de la espiral dantesca. El *¿qué sé yo?* semiquimera y semiverdad se dibuja en el uno y en el otro, dejando entrever ambos el horizonte crepuscular de la conjetura.

En ambos también está lo posible, que es ventana del sueño abierta en lo real. Lo real abunda en Shakespeare; en él la carne vive. Shakespeare tiene la emoción, el instinto, el grito verdadero, el acento justo y el rumor de las multitudes humanas. Su poesía es él, pero al mismo tiempo es lo que sois vosotros. Shakespeare es elemento al igual de Homero. Los genios se reproducen y surgen en todas las crisis decisivas de la humanidad, resumiendo los aspectos y completando las revoluciones. Homero marca en las civilizaciones el fin del Asia y el comienzo de Europa; Shakespeare marca el fin de la Edad Media. También marcan la clausura en la Edad Media Rabelais y Cervantes, los cuales, no siendo más que burlones, ofrecen sólo un aspecto parcial; el genio de Shakespeare es total. Shakespeare es, como Homero, un hombre cíclico. Ambos genios, Homero y Shakespeare, cierran las dos primeras puertas de la barbarie, la puerta antigua y la puerta gótica. Era su misión y la cumplieron, era su obra y la realizaron. La tercera gran crisis humana es la Revolución francesa; en estos momentos se cierra la tercera puerta de la barbarie, la puerta monárquica. El siglo XIX la oye girar sobre sus goznes. Por eso la poesía, el drama y el arte viven en esta era con independencia de Shakespeare y de Homero.

III

Homero. Job, Esquilo, Isaías, Ezequiel, Lucrecio, Juvenal, San Juan, San Pablo, Tácito, Dante, Rabelais, Cervantes y Shakespeare, son inmóviles gigantes que señalan la marcha del espíritu humano.

Los genios constituyen una *dinastía*: la única que existe sobre la tierra. Ciñen sus frentes con todas las coronas, hasta la de espinas. Cada uno representa la suma de absoluto que el hombre puede realizar. Escoger entre estos hombres, preferir uno a otro, señalar el primero entre los primeros, es, lo repetimos, de todo punto imposible. Todos son el Genio.

En rigor, podrían designarse como las más altas de todas estas cimas a Homero, a Esquilo, a Job, a Isaías, a Dante y a Shakespeare; pero habría que admitir reclamaciones muy legítimas. Sabido es que no hablamos aquí sino desde el punto de vista del arte, y desde el punto de vista literario.

En el grupo anterior, Esquilo y Shakespeare representan especialmente el drama. Esquilo, que es digno de señalar un comienzo o un fin en la humanidad, y que por su genio no corresponde a su tiempo en la serie, parece, no el sucesor, sino el antecesor de Homero. Si se recuerda que casi todo Esquilo está sumergido en la noche, cada vez mas oscura, de la memoria humana, que han desaparecido noventa de sus obras y que de este sublime centenar no quedan más que siete dramas, que son a la par siete odas, el alma queda estupefacta de lo que ve en este genio y casi espantada de lo que no ve. ¿Qué fue Esquilo, qué proporciones tuvo y qué formas alcanzó en las sombras? Las cenizas de los siglos cubren a Esquilo hasta los hombros, dejando ver solamente la cabeza; pero al igual del coloso de las soledades, con su cabeza llega a la altura de los dioses que lo rodean erguidos en sus pedestales. La humanidad pasa por delante de este naufrago insumergible, de quien queda lo bastante para constituir una gloria inmensa. Las sombras que lo envuelven añaden a su propia grandeza la grandeza de lo desconocido y lo eterno en su sepultura, de la que saca la frente para contemplar las generaciones.

IV

A los ojos del pensador los genios ocupan los tronos en el ideal.

Hay que añadir a las obras individuales que los hombres nos han legado, las vastas obras colectivas, como por ejemplo, los *Vedas*, el *Ramayana*, el *Mahabbarata*, los *Eddas*, los *Nibelungos*, el *Heldenbuch* y el *Romancero*, algunos de los cuales parecen revelaciones religiosas en que haya intervenido una colaboración desconocida. En particular, los poemas de la India tienen la amplitud siniestra de lo posible, imaginado por la demencia o referido por el sueño. Parece que estas obras, en que domina un horror legendario, están hechas en colaboración con seres a que ya no está acostumbrada nuestra tierra. Léese en la inscripción de Ash Nagar: «Estos libros no han sido compuestos por el hombre solo». Para escribirlos trabajaron los *dijinus*, meditaron los magos políteros, los textos fueron interlineados por manos invisibles, los semidemonios ayudaron a los semidioses, y el elefante que la India llama *el Sabio*, fue consultado. De aquí que tengan una majestad casi terrible. En estos poemas en que se ve la oscura Asia en toda su plenitud, existen los grandes enigmas. Sus prominencias tienen la línea divina y horrorosa del caos, y llenan el horizonte como el Himalaya. Lo lejano de las costumbres, de las creencias, de las ideas, de las acciones y de los personajes, es extraordinario. Al leer estos poemas se baja involuntariamente la cabeza asombrada, pensando en la profunda distancia que media entre el libro y el lector. Ha sido evidentemente mucho más difícil reunir y coordinar esta Escritura Santa de Asia que la nuestra, por su falta absoluta de unidad. Por más que los brahmanes, como nuestros sacerdotes, la hayan reformado con tachaduras y adiciones, en ella están Zoroastro y el Ized Seroch; en ella el Eschem de las tradiciones mazdeas bajo el nombre de Shiva; en ella se distingue claramente el maniqueísmo entre Brahma y Buda. En estos poemas se confunden y desaparecen todo género de huellas y vestigios, quedando tan sólo o la agitación misteriosa de muchedumbre de espíritus que ha trabajado en ellos en la noche de los siglos, o la enorme huella del gigante o la horrible garra de la fantasía. Estos poemas son la pirámide de un hormiguero de pueblos desaparecidos.

Los *Nibelungos*, que es otra pirámide formada por otra muchedumbre de pueblos, tienen la misma grandeza. Lo que las diosas hacen en aquéllos lo hacen los elfos en éstos. Las grandes leyendas épicas, testamento de las edades y señales impresas por las razas en la historia, no tienen otra unidad que la unidad del pueblo. La combinación de lo colectivo y lo sucesivo forma lo uno. *Turba fit mens*. Las narraciones son nieblas alumbradas por prodigiosos relámpagos. El *Romancero*, creando el Cid después de Aquiles, y lo caballeresco tras de lo heroico, os la *Ilíada* de muchos Homeros perdidos. No hay tipo oriental ni helénico que sea superior al conde Julián, al rey Rodrigo, a la Cava, a Bernardo del Carpio, al bastardo Mudarra, a Nuño Salido, a los siete Infantes de Lara y al condestable Álvaro de Luna. El caballo del Campeador tiene tanto valor como el perro de Ulises. Hay que colocar entre Príamo y Lear al viejo de la almena de Zamora que sacrifica a su deber, arrancándoselos del corazón, a sus siete hijos. Eso es lo grande; en presencia de estas sublimidades, el lector sufre una especie de insolación.

Por más que admiremos y coloquemos en la cumbre a estas obras anónimas, preferimos, sin embargo, a ellas, por la

única razón del *homo sum*, las que llevan nombre conocido. El
Ramayana nos interesa mucho menos que Shakespeare, siendo
de igual belleza. El yo de un hombre en más intenso y más profundo que el yo de un pueblo.

Sin embargo, estas mitologías de orden compuesto, y sobre
todo los grandes testamentos de la India, más bien que poemas
son obras llenas de poesía; expresión a la vez sideral y bestial
de las humanidades pasadas, sacan de su misma deformidad
algo de sobrenatural. El yo múltiple que estas mitologías ex-
presan hace de ellas enormidades difusas y maravillosas, pó-
lipos de la poesía. Obsérvanse en ellas las extrañas soldaduras
del boceto antediluviano, como el ictiosauro o el pterodáctilo.
Alguna de estas negras obras maestras dibuja en el horizonte
del arte la sombra de una hidra.

El genio griego no se engañó al aborrecerlas. Apolo las hubiera combatido. Sobre todo estas obras colectivas y anónimas,
salvo el *Romancero*, existen los hombres que acabamos de nombrar, que representan pueblos enteros, mostrando a las naciones y a los siglos el aspecto humano. Representan en el arte a la
Grecia, a la Arabia, a Judea, a Roma pagana, a Italia cristiana, a
España, a Francia y a Inglaterra. Alemania, madre, como Asia,
de razas, de pueblos y de naciones, está representada en el arte
por un hombre sublime, aunque de categoría diferente de todos
los que hemos recordado. Este hombre es Beethoven; Beethoven es el alma alemana.

¡Alemania es una sombra! Dijérase que es la India de Occidente, porque todo vive allí. Imposible imaginar formación
más colosal. En la bruma sagrada en que se mueve el espíritu alemán, Isidoro de Sevilla introduce la teología; Alberto el
Grande, la escolástica; Rabano Mauro, la lingüística; Tritemo,
la astrología; Ottnit, la caballería; Reuchlin, la vasta curiosidad; Tutilo, la universalidad; Estudiano, el método; Lutero,
el examen; Alberto Durero, el arte; Leibniz, la ciencia; Puf-
fendorf, el derecho; Kant, la filosofía; Fichte, la metafísica;
Winckelmann, la arqueología; Herder, la estética; los Vossios,

de los cuales Gerardo Juan pertenecía al Palatinado, la erudición; Euler, el espíritu de integración; Humboldt, el genio de los descubrimientos; Niebuhr, la historia; Gottfried de Estrasburgo, la fábula; Hoffman, el sueño; Hegel, la duda; Ancillon, la obediencia; Werner, el fatalismo; Schiller, el entusiasmo; Goethe, la indiferencia, y Arminio, la libertad. Y Kepler pone allí los astros. Gerardo Groot, el fundador de los *Fratres communis vitae*, presiente en el siglo XIV la fraternidad.

Alemania no es impersonal, a pesar de su afición a la indiferencia de Goethe; es una nación magnánima, para quien Ruckert, el poeta militar, compone los *Sonetos acorazados*, y que se apasiona cuando Koerner lanza el *Grito de la Espada*. La patria Alemania es el gran país amado, *Teutonia mater*. Galgaco ha sido para los germanos lo que Garactaco para los bretones. Alemania lo tiene todo. Comparte a Carlomagno con Francia y a Shakespeare con Inglaterra, porque el elemento sajón está mezclado con el elemento británico. Tiene su Olimpo, la Walhalla. Faltándole una escritura propia, Ulfilas, obispo de Mesia, la inventa, compitiendo desde entonces la caligrafía gótica con la árabe. La mayúscula de un misal compite en fantasía con la firma de un califa. Alemania, como China, ha inventado la imprenta. Sus *burgraves* son para nosotros lo que los titanes son para Esquilo. Al templo de Tafana, destruido por Germánico, sucede la catedral de Colonia. Es la abuela de nuestra historia y de nuestras leyendas.

El cuento, especie de forma de sueño, se introduce en su genio por todas partes, por el Rhin y por el Danubio, por el Alpe Rauhe, por la antigua *Sylva Gabressa*, por la Lorena moselana y la Lorena ripuaria, por el Wigalois y el Wigamur, por Enrique el Pajarero, por Samo, rey de los Vendas; por Rothe, el cronista de Turingia; por Twinger, el cronista de Alsacia, por Gausbein, el cronista de Limburgo, y por todos los antiguos cantores populares, Hans Foltz, Hans Viol, Muscatblüt y por los *minnesinger*, semejantes a los rapsodas. De allí salen al mismo tiempo los idiomas: hacia el Norte el danés y el sueco; hacia el Oeste el holandés y el flamenco, y pasando la Mancha se transforma en el inglés. El genio germánico tiene otras fronteras que las de Alemania en el orden de hechos intelectuales. Hay pueblos que resisten a Alemania y ceden por fin al germanismo. El espíritu alemán se asimila a los griegos por Müller, a los serbios por Gerhard, a los rusos por Goethe y a los magiares por Mailath. Kepler hacía sus *Tablas Rudolfinas* delante de Rodolfo II, con la ayuda de Tycho-Brahe. Las afinidades de Alemania llegan lejos. Al gran centro germánico se unen el genio escandinavo con Oehlenschläger y al genio bátavo con Vondel, sin alterar las autonomías locales y nacionales. Únese a él también la Polonia con todas sus glorias, desde Copérnico hasta Kosciusko y desde Sobieski hasta Mickiewiez. Alemania es el pozo de los pueblos; de ella salen como torrentes y en ella se confunden como en el mar.

Parece que se oye por toda Europa el prodigioso murmullo del bosque de Hercyna. El carácter alemán, profundo y sutil, distinto del carácter europeo, pero de acuerdo con él, se volatiliza y flota sobra las naciones. El espíritu alemán es brumos, luminoso y vago. Es una especie de inmensa nube de almas tachonada de estrellas. La música es tal vez la expresión más alta de Alemania, y por su misma falta de precisión es una cualidad inherente del genio alemán.

Si el genio alemán tuviera en densidad lo que tiene en extensión, es decir, tanta voluntad como facultad, podría en ciertos momentos levantar y salvar el género humano. Tal como es, es sublime.

En poesía no ha dicho la última palabra. Los síntomas son excelentes en los momentos que corren. Obsérvase un generoso despertar, particularmente desde el jubileo del noble Schiller. El gran poeta definitivo de Alemania será necesariamente un poeta de humanidad, de entusiasmo y de libertad. Quizás, ya lo anuncian algunas señales, se le verá bien pronto surgir del grupo de jóvenes escritores alemanes contemporáneos.

La música es, permítasenos la expresión, el vapor del arte. Es a la poesía lo que la visión es al pensamiento, lo que el fluido es al líquido, lo que el océano de las nubes es al océano de las olas. Bajo otro aspecto, es lo indefinido de lo infinito. El mismo aliento la mueve en todas direcciones, llenándola de confusión, de luz y de inefable rumor, y saturándola de electricidad, estalla en descargas de truenos.

La música es el verbo de Alemania. El pueblo alemán, tan comprimido como pueblo y tan emancipado como pensador, canta con sombrío amor. Cantar tiene cierta semejanza con vivir libremente; porque la música expresa lo que no se puede decir y lo que no se puede ocultar. Alemania es la música basta que pueda ser la libertad. Los coros de Lutero tienen algo de *La Marsellesa*. Hay orfeones en todas partes. En Suabia se celebra todos los años la Fiesta del Canto en las orillas del Neckar, en la pradera de Enslingen. La *Liedermusik*, cuya obra maestra es *El rey de los alisos*, de Schubert, forma parte de la vida alemana. Para Alemania el canto es respiración, y por el canto respira y conspira. Alemania se comunica con el género humano mediante la armonía, admirable comienzo de unidad, y mediante la nota, que es la sílaba de la vaga lengua universal. Del mar salen las nubes que derraman la lluvia que fecunda la tierra; de la misma manera de Alemania salen las ideas, que mediante la música penetran en las almas.

Seguramente los mayores poetas de Alemania son los músicos, admirable familia cuyo padre es Beethoven. El gran pelasgo es Homero, el gran heleno es Esquilo, el gran hebreo es Isaías, el gran romano es Juvenal, el gran italiano es el Dante, el gran inglés es Shakespeare y el gran alemán es Beethoven.

V

El ex «buen gusto», otro derecho divino que ha ahogado por mucho tiempo el arte, llegando a suprimir lo *bello* en obsequio de lo *bonito*, y la antigua crítica, todavía no completamente muerta, como no lo está la antigua monarquía, aseguran que todos los genios soberanos que acabamos de nombrar padecen del mismo defecto: de *exageración*. Y en efecto, los genios colman la medida. Esto depende de la cantidad de *infinito* que vive en ellos. Desconocen los límites y contienen algo de lo ignorado.

Los reproches que se les dirigen podrían dirigirse también a las esfinges. A Homero se reprocha la carnicería con que llena su antro, la *Ilíada*; a Esquilo la monstruosidad; a Job, a Isaías, a Ezequiel y a San Pablo, el doble sentido; a Rabelais, la obscena desnudez y la perniciosa ambigüedad; a Cervantes, la pérfida risa; a Shakespeare, la sutileza; a Lucrecio, a Juvenal y a Tácito, la oscuridad, y a Juan de Patmos y a Dante Alighieri, las tinieblas. Ninguno de estos reproches puede dirigirse a otros espíritus muy grandes, pero no tanto como los mencionados. Hesíodo, Esopo, Sófocles, Eurípides, Platón, Tucídides, Anacreonte, Teócrito, Tito Livio, Salustio, Cicerón, Terencio, Virgilio, Horacio, Petrarca, el Tasso, Ariosto, La Fontaine, Beaumarchais y Voltaire, no tienen ni exageración, ni tinieblas, ni oscuridad, ni monstruosidad. ¿Qué les falta? Eso: lo desconocido y lo infinito.

Si Corneille, Milton y Molière tuvieran eso, serían iguales a Esquilo, a Homero y a Shakespeare.

El haber truncado y acortado la antigua tragedia nativa por temor de infringir las reglas es el pecado de Corneille. El haber excluido de su obra la inmensa Naturaleza, el gran Pan, por melancolía puritana, es el defecto de Milton. El haber extinguido demasiado pronto, por miedo a Boileau, el luminoso estilo de *El aturdido* y el haber escrito pocas escenas como la del pobre del *Don Juan*, por miedo al clero, es el vacío de Molière. No dar lugar a censuras es una perfección negativa; en cambio es muy hermoso verse combatido.

Profundizad el sentido de las palabras puestas como máscaras sobre las misteriosas cualidades de los genios. Bajo la oscuridad, la sutileza y las tinieblas, hallaréis la profundidad; bajo la exageración, la imaginación, y bajo la monstruosidad, la grandeza.

En las regiones superiores de la poesía y del pensamiento están, pues, Homero, Job, Isaías, Ezequiel, Lucrecio, Juvenal, Tácito, Juan de Patmos, Pablo de Damasco, el Dante, Rabelais, Cervantes y Shakespeare.

Estos genios supremos no constituyen una serie cerrada. El autor del Todo añade un nombre cuando las necesidades del progreso lo exigen.

Libro III

El arte y la ciencia

I

Hay muchos espíritus adocenados en nuestros días que dicen y repiten: «La poesía se va». Esto es como si dijéramos: «Ya no hay rosas; la primavera ha muerto; ya no sale el sol; recorred todos los prados de la tierra y no encontraréis una sola mariposa; ya no alumbra la luna, ni canta el ruiseñor, ni ruge el león; ni se remonta el águila; ni los Alpes, ni los Pirineos existen; ni hay hermosas muchachas, ni gallardos mancebos; ni nadie piensa en las tumbas; ni la madre ama a sus hijos; ni brilla la luz del cielo; ni vive el corazón humano».

Si fuera dado confundir lo contingente con lo eterno, diríamos que lo contrario es la verdad. Nunca han sido como ahora ni más profundas ni más altas las facultades del alma humana, abierta y enriquecida por el surco misterioso de las revoluciones.

Esperad un poco, dejad que se realice la salud social por la enseñanza gratuita y obligatoria, cuya realización se logrará en un cuarto de siglo, y representaos la incalculable suma de desarrollo intelectual que contiene la frase de «¡Todos saben leer!» La multiplicación de los lectores es la multiplicación de los panes. Cuando Cristo creó este símbolo presintió la imprenta. El prodigio que representa la aparición del libro es su verdadero milagro. Cinco mil almas, cien mil almas, un millón de almas, toda la humanidad puede alimentarse con él. La invención de la imprenta por Gutenberg está contenida en la multiplicación de los panes por Cristo. Una semilla anuncia la otra.

¿Qué es el género humano desde el origen de los siglos? Un lector que ha deletreado durante mucho tiempo y que muy pronto sabrá leer.

El niño de edad de seis mil años ha ido desde los primeros momentos a la escuela de la Naturaleza. No teniendo otro libro, ha deletreado el Universo. Las nubes, el firmamento, los meteoros, las flores, los brutos, los bosques, las estaciones y los fenómenos constituyen su primera enseñanza. El pescador de Jonia estudia la ola, el pastor de Caldea deletrea la estrella. Después, ¡progreso sublime!, vienen los primeros libros. El libro es todavía más grande que el espectáculo del mundo, porque al hecho añade la idea. Si hay algo más grande que Dios visto en el Sol, es Dios visto en Homero.

El Universo sin libro es la ciencia que se bosqueja, y con el libro es la aparición del ideal modificando el fenómeno humano. Donde antes se manifestaba sólo la fuerza, se manifiesta el poder. El ideal aplicado a los hechos reales constituye la civilización. Empieza la obra la poesía escrita y cantada como deducción magnífica y eficaz de la poesía contemplada. Importa consignar este hecho verdaderamente maravilloso: mientras que la ciencia soñaba, la poesía laboraba. El pensador aleja la ferocidad con el sonido de la lira.

Ya hablaremos del poder del libro; no insistamos en este momento. Muchos escritores y pocos lectores; tal ha sido al estado del mundo hasta el día, pero el cambio se anuncia. La enseñanza obligatoria es la luz reclutando almas. El progreso se realizará en lo sucesivo por el aumento de la legión de personas cultas. El diámetro del bien ideal y moral corresponde siempre a la extensión de la inteligencia. El corazón vale lo que vale el cerebro.

El libro es el instrumento de esta transformación. La humanidad necesita vivir de la luz. La lectura es la nutrición. De aquí la importancia de la escuela, que corresponde siempre al grado de civilización. Por fin, el género humano va a abrir el gran libro. La inmensa Biblia humana, hecha por todos los pro-

fetas, todos los poetas, todos los filósofos, va a resplandecer y
a iluminar en el foco de esta enorme lente luminosa: la enseñanza es obligatoria.

La humanidad que lee es la humanidad que sabe. Es, pues,
una insigne tontería el decir: «¡La poesía se va!» Con más verdad podría decirse: «¡La poesía llega!» Decir *poesía* equivale
a decir *filosofía* y *luz*. Ahora empieza el reinado del libro, y la
escuela será su más firme apoyo. Aumentad los lectores y au-
mentaréis los libros. En valor intrínseco son ciertamente lo que
antes eran, pero hasta ahora no se ha sentido la poderosísima
fuerza que empieza ya a notarse convirtiendo las almas en súbditos del bien. Antes eran bellos y ahora son útiles.

¿Cómo negar que extendiendo el círculo de los lectores
crecerá el círculo de los libros leídos? El ansia de la lectura
es como el reguero de pólvora inflamado por la chispa; esto,
combinado con la simplificación del trabajo material mediante las máquinas y el consiguiente aumento de horas de
descanso para el hombre, cuyo cuerpo menos fatigado dará
más libertad a la inteligencia, despertará en todos los cerebros los grandes apetitos del pensamiento: la insaciable sed
de conocer y meditar será la constante preocupación del hombre; los lugares inmundos se abandonarán para frecuentar las
altas regiones, ascensión natural en toda inteligencia que se
desarrolla; se dará al olvido el *Faublas* y se leerá en cambio
la *Orestíada*, y entonces se saboreará lo grande, que nunca sa-
cia; se devorará lo bello, porque la delicadeza de los espíritus
aumenta en proporción a su fuerza, y vendrá el día en que,
alcanzando su plenitud la civilización, las cumbres, casi desiertas durante muchos siglos y visitadas solamente por los
elegidos, Lucrecio, Dante y Shakespeare, se verán pobladas
de almas que vayan a ellas a buscar su alimento.

II

Es imposible que rijan dos leyes; la unidad de la ley resulta de la unidad de la esencia. La Naturaleza y el Arte son las dos vertientes de un mismo hecho. Y en principio, salvo la restricción que indicamos, la ley del uno es la ley de la otra. El ángulo de reflexión es igual al ángulo de incidencia. Siendo todo equidad en el orden moral y equilibrio en el orden material, resulta que todo es ecuación en el orden intelectual. El binomio, maravilla aplicable a todas las cosas, está incluido en la poesía lo mismo que en el álgebra. La Naturaleza más la humanidad, elevadas a la segunda potencia, dan el Arte. Esto es el binomio intelectual. Ahora, sustituid el A + B por la cifra especial correspondiente a cada gran artista y a cada gran poeta, y tendréis en su fisonomía múltiple y en total riguroso cada una de las creaciones del espíritu humano. ¿Hay nada más bello que la variedad de las obras maestras resultando de la unidad de la ley? La poesía, lo mismo que la ciencia, tiene una raíz abstracta; la ciencia sale convertida en obra maestra de metal, o de madera, o de fuego, o de aire, en máquina, en nave, en locomotora y en aeróscafo: la poesía sale convertida en obra maestra de carne y hueso, en la *Ilíada*, en el *Cantar de los Cantares*, en el *Romancero*, en la *Divina Comedia* y en el *Macbeth*. Nada despierta y prolonga tanto la admiración del pensador como estas misteriosas exfoliaciones de la abstracción en realidades de la doble región del pensamiento humano; una exacta y otra infinita. Región doble y que, sin embargo, es una; que lo infinito es evidente exactitud, La palabra profunda *Número* está en la base del pensamiento humano; para nuestra inteligencia es elemento que significa a la par armonía y matemática. El número se revela en el arte por el ritmo, que es el latido del corazón de lo infinito. En el ritmo, ley del orden, se siente a Dios. Un verso es numérico como una muchedumbre; sus pies marchan con la cadencia del paso de una legión. Sin el número, no habría ciencia ni poesía. El número rige a la geometría y a la aritmética y rige también a la estrofa, a la epopeya, al drama, a las tumultuosas palpitaciones del hombre, a la explosión del amor, a los fulgores de la imaginación y a todas las pasiones con sus nubes y sus relámpagos. Son de su dominio las secciones cónicas y el cálculo diferencial e integral, y al mismo tiempo le pertenecen Áyax, Héctor, Hécuba, los siete contra Tebas, Edipo, Ugolino, Mesalina, Lear y Príamo, Romeo, Desdémona, Ricardo III, Pantagruel, el Cid y Alcestes. Comienza en dos y dos son cuatro, y llega hasta las regiones de donde salen los rayos.

Sin embargo, señalemos una diferencia radical que existe entre el arte y la ciencia. La ciencia es perfectible y el arte, no.

¿Por qué?

III

El arte es una excepción singular entre las cosas humanas. La perfectibilidad constituye la mayor belleza de las cosas de este mundo; nada hay en él que no esté dotado de esta propiedad: crecer, aumentar, fortalecer, ganar, adelantar: valer hoy más que ayer, es a la par la gloria y la vida. El no ser susceptible de perfeccionamiento constituye la belleza del arte.

Insistamos sobre estas ideas esenciales, indicadas ya en algunas de las páginas que preceden.

La obra maestra existe de una vez para siempre. El primer poeta que se presenta en escena llega hasta la cúspide. Después, otros alcanzarán la misma altura; pero no más. ¿Te llamas tú el Dante? Sea. Pues éste se llama Homero.

El progreso, que es punto movible y etapa constantemente renovada, tiene cambios de horizonte; el ideal no los tiene. Por eso el progreso es el motor de la ciencia, y el ideal es el generador del arte. Esto explica por qué sí es propiedad de la ciencia el perfeccionamiento y no del arte. Un sabio hace olvidar a otro sabio, y un poeta no hace olvidar jamás a otro poeta. El arte marcha a su manera moviéndose como la ciencia; pero sus creaciones sucesivas subsisten porque contienen algo de lo inmutable, en tanto que las creaciones admirables de la ciencia se abandonan por otras, porque no son ni pueden ser más que combinaciones de lo contingente.

Lo relativo está en la ciencia, y lo definitivo en el arte. La obra maestra de hoy será obra maestra de mañana. Ni Shakespeare hace olvidar a Sófocles, ni Molière eclipsa a Plauto, aun cuando toma de él el *Anfitrión*, ni Fígaro oscurece a Sancho Panza, ni Cordelia suprime a Antígona. Los poetas no siguen huellas trazadas ni suben en hombros de otros. Elévanse solos, sin más apoyo que ellos mismos, y sin pisar a sus compañeros. Los recién venidos respetan a los antiguos, sucediéndose sin sustituirse. Lo bello no eclipsa a lo bello. Ni los lobos ni las obras maestras se comen entre sí. Saint-Simon dice (hago la cita de memoria): «Durante todo el invierno se habló con admiración del libro de M. de Cambrai, cuando de repente apareció el libro de M. de Meaux, que lo mató». Si el libro de Fénelon hubiese sido de Saint-Simon, no habría sido devorado por el libro de Bossuet.

Shakespeare no está sobre el Dante, ni Molière sobre Aristófanes, ni Calderón sobre Eurípides, ni la *Divina Comedia* sobre el Génesis, ni el *Romancero* sobre la *Odisea*, ni Sirio sobre Arturus. La sublimidad es la igualdad.

El espíritu humano es el infinito posible. Las obras maestras, como verdaderos mundos, brotan de él sin cesar y duran eternamente. Ni se atropellan ni retroceden. Cuando hay alguna ocultación es aparente y cesa luego. Los horizontes sin límites admiten todas las creaciones.

El arte, en sí mismo, no camina hacia adelante ni hacia atrás. Las transformaciones de la poesía, útiles al movimiento humano, son ondulaciones de la belleza. El movimiento humano es otro aspecto de la cuestión que examinaremos atentamente más adelante. El arte no es susceptible de progreso intrínseco. De Fidias a Rembrandt hay marcha, mas no progreso. Los frescos de la capilla Sixtina no oscurecen las metopas del Partenón. Retroceded cuanto queréis del palacio de Versalles al *schloss* de Heidelberg, del *schloss* de Heidelberg a Nuestra Señora de París, de Nuestra Señora de París a la Alhambra, de la Alhambra a Santa Sofía, de Santa Sofía al Coliseo, del Coliseo a los propileos, de los propileos a las pirámides, y retrocederéis en los siglos, mas no en el arte. Las pirámides y la *Ilíada* permanecen en primera línea.

Todas las obras maestras tienen el mismo nivel, lo absoluto. En cuanto llegan a lo absoluto concluye el más allá. El ojo no puedo recibir más que una cantidad determinada de luz.

De aquí proviene la certeza de los poetas. Se apoyan en el porvenir con altiva confianza. *Exegi monumentum*, dice Horacio insultando al bronce, y Plauto dice: *Plaudite cives*. Corneille, a la edad de sesenta y cinco años, se hace amar, según la tradición de la familia Esconbleau, de la joven marquesa de Contades prometiéndole la posteridad.

> *En esta raza nueva*
> *en que fama tendré,*
> *pasaréis por hermosa*
> *porque yo lo diré.**

En el poeta y en el artista hay algo de lo infinito: este ingrediente da a los genios su irreductible grandeza.

La cantidad de infinito que hay en el arte es exterior al progreso. Puede tener y tiene para con el progreso ciertos deberes, pero no depende de él, ni de los perfeccionamientos que se realicen en el porvenir, ni de las transformaciones, ni de las desapariciones, ni de los nacimientos de las lenguas. Posee lo inconmensurable y lo innumerable, y no puede, por lo mismo, sufrir ninguna competencia. Tan puro, tan completo, tan sideral y tan divino es en plena barbarie como en plena civilización. Es lo Bello, vario según los genios, pero siempre igual a sí mismo. Es, en suma, lo Supremo.

Tal es la ley, no muy conocida, del arte.

---

* *Chez cette race nouvelle / ou j'aurei quelque crédit / vous ne passerez pour belle / qu'autant que je l'aurai dit.*

IV

La ciencia es diferente.

La rige lo relativo imprimiéndose en ella: la serie de marcas de lo relativo, cada vea más semejantes a lo real, constituye la certeza móvil del hombre.

Algunas cosas han sido en la ciencia obras maestras que ya no lo son; por ejemplo, la máquina de Marly.

La ciencia busca el movimiento continuo y lo ha encontrado: es ella misma. En su obra benéfica la ciencia está en movimiento constante.

Todo en ella muda, cambia y cría nueva epidermis. Todo se niega, se destruye, se crea y se sustituye. Lo que se aceptaba ayer se rechaza hoy. La colosal máquina *ciencia* no descansa ni se satisface jamás. Ignora lo absoluto, pero es insaciable de lo mejor. La vacuna y el pararrayos no son soluciones definitivas. ¿Quién puede asegurar que Jénner y Franklin no se han equivocado? Por tanto, es preciso indagar todavía. ¡Portentosa agitación! La ciencia vive intranquila, y tiene razón. La ciencia desempeña en el progreso la misión de la utilidad. Rindamos nuestro tributo de admiración a esta auxiliar magnífica.

La ciencia hace descubrimientos y el arte hace obras. La ciencia es una adquisición y una escala; los sabios suben buscando apoyo en otros sabios. La poesía es el vuelo. Si se quieren ejemplos, he aquí uno, el primero que se ofrece a nuestro espíritu: Jacobo Metzu, en la ciencia Metius, descubre el telescopio por casualidad, como Newton descubrió la atracción y Cristóbal Colón el Nuevo Mundo. Abramos un paréntesis. No hay casualidad en la creación de la *Orestíada* o de *El Paraíso perdido*, que son hijos de la voluntad. Después de Metzu aparece Galileo, que perfecciona el hallazgo de Metzu, y después Kepler, que mejora el perfeccionamiento de Galileo; después Descartes, el cual, aunque se equivoca adoptando para ocular la lente cóncava en lugar de la convexa, fecunda el adelanto de Kepler; después el capuchino Reita, que rectifica la inversión de los objetos; después Huyghens, que de un gran paso colocando les dos lentes convexas en el foco del objetivo; y en menos de cincuenta años, de 1610 a 1659, en el corto intervalo que separa el *Nuncius Sidereus* de Galileo del *Oculus Eliae Enoch* del padre Reita, desaparece Metzu el inventor.

El hecho se repite en toda la ciencia.

Vegecio era conde de Constantinopla, y así y todo se ha olvidado su táctica, como se ha olvidado la estrategia de Polibio y de Folard. La Cabeza de Cerdo de la falange y el Orden agudo de la legión reaparecieron hace doscientos años en la Cuña de Gustavo Adolfo; pero en el día ya no existen los piqueros del siglo IV, ni los lansquenetes del siglo XVII; el pesado ataque triangular que constituyó en otro tiempo el fondo de la táctica ha sido reemplazado por la carga a la bayoneta de los zuavos. Vendrá día, tal vez antes de lo que algunos piensan, en que la carga a la bayoneta se sustituya por la paz, que será primeramente europea y después universal, desapareciendo así toda una ciencia, la ciencia militar. El perfeccionamiento de esta ciencia consistirá en su completa desaparición.

La ciencia se tacha a sí misma sin cesar. ¡Qué fecundos son estos tachones! ¿Quién sabe ahora lo que es la *Homoemeria* de Anaxímenes o tal vez de Anaxágoras? La cosmografía se ha corregido radicalmente desde la época en que el mismo Anaxágoras aseguraba a Pericles que el sol era casi tan grande como el Peloponeso. Se han descubierto muchos planetas y muchos satélites de planetas desde el tiempo de los Cuatro Astros de Médicis. La entomología ha hecho algunos adelantos desde que se afirmaba que el escarabajo era casi dios y primo del sol, en primer lugar por los treinta dedos de sus patas, que corresponden a los treinta días del mes solar, y en segundo porque el escarabajo, como el sol, no tiene hembra, y desde que san Clemente de Alejandría, en un elogio de Plutarco, hace notar que el escarabajo, de la misma manera que el sol, está seis meses sobre la tierra y otros seis bajo ella. El que dude que consulte los *Estrómatos*, párrafo IV. La misma quimérica escolástica ol-

vida el *Prado Espiritual* de Moschus, suprime la *Escala Santa* de
Juan Clímaco y se avergüenza del siglo en que san Bernardo,
atizando la hoguera que querían apagar los vizcondes de Campania, llamaba a Arnoldo de Brescia «el hombre de cabeza de
paloma y cola de escorpión». Han desaparecido ya para siempre las *Steyardes* del gran Arnoldo y las leyes antropológicas de
las *Cualidades cardinales*. La meteorología, aunque no bien constituida, no se preocupa como en el siglo II de si la lluvia que
salva a un ejército sediento es debida a las oraciones cristianas
de la legión Melitina o a la intervención pagana de Júpiter Plu-
vioso. El astrólogo Marciano Postumo se decidía por Júpiter,
Tertuliano por la legión Melitina y ninguno por las nubes y el
viento. La locomoción ha adelantado bastante desde el antiguo
carro de Layo hasta el ferrocarril, pasando por el patache, el
coche, la galera, la diligencia y la silla de postas: pasaron los
tiempos del famoso viaje de Dijon a París hecho en un mes, y
sería hoy difícil comprender la extrañeza de Enrique IV, que
preguntaba a Josef Scalígero: «¿Es verdad, M. l'Escale, que
habéis ido de París a Dijon sin hacer del cuerpo?» La micro-
grafía actual es superior a la de Leuwenhoeck Swammerdam.
Ved el grado de desarrollo a que han llegado la espermatología
y la ovología, y recordad los cargos que hizo Mariana a Arnoldo de Villanueva, el que encontró el alcohol y el aceite de
trementina, por haber ensayado la generación humana en una
calabaza. Grandjean de Fouchy, el secretario perpetuo de la
Academia de Ciencias, hubiera tenido compasión del que le hubiese dicho que del espectro solar se pasaría al espectro ígneo,
y después al espectro estelar, y que con la ayuda de ambos se
descubrirían nuevas formas de agrupación de astros y lo que
merece llamarse constelaciones químicas. Nuestros mecánicos
desdeñarían a Orffyreus, a aquel que prefirió romper su máquina a permitir que viera el interior el landgrave de Hesse; a
Orffyreus, a aquel que causó la admiración de S'Gravegande,
el antor de *Matheseos Universalis Elementa*. Un veterinario de
aldea no aplicaría a los caballos el remedio que Galeno propi-

naba para regularizar las digestiones de Marco Aurelio. ¿Qué piensan los eminentes especialistas modernos, empezando por Desmarres, de los descubrimientos hechos en las fosas nasales por el obispo de Titiópolis en el siglo XVII? Las momias han adelantado; Mr. Gannal las hace quizás con más perfección que los contemparáncos de Heródoto, que los Tarikeutas que lavaban los cadáveres, que los Paraskitos que los abrían y que los Colkitos que los embalsamaban. Quinientos años antes de Jesucristo era perfectamente científico que un rey de Mesopotamia mandase a Tebas por un dios que curase a su hija, poseída del diablo; ahora se apela a otros recursos para curar la epilepsia. Tampoco se acude ya a los reyes de Francia para que curen los lamparones.

En 871, reinando Valente, hijo de Graciano el Cordelero, los jueces hicieron comparecer en la barra a un velador acusado de sortilegio. Este velador tenía un cómplice llamado Hilario, el cual confesó el crimen. Ammiano Marcelino nos ha conservado su confesión, anotada por Zósimo, conde y abogado del fisco, que dice así: *Construximus, magnifici judices ad cortinae similitudinem Delphinae infaustam hanc mensulam quam videtis; movimus tandem.* Hilario fue decapitado. ¿Quién lo sentenció? Un sabio geómetra mágico, que aconsejó a Valente que decapitase a todos aquellos cuyo nombre empezase por *Theod*. En nuestros días podemos llamarnos Theodoro y hacer girar un velador sin que un geómetra nos separe la cabeza del tronco.

Admiraría grandemente a Solón, hijo de Excestidas, el saber que la luna no regula el año, y a Zenón, el estoico, que no se ha probado que el alma esté dividida en ocho partes, y a Antipater, que el cielo no está formado por cinco círculos, y a Eudoxio, que no es cierto que de los egipcios que embalsaman los cadáveres, los romanos que los queman y los peonías que los arrojan a los estanques, sean éstos los únicos que tengan razón, y a Lysis de Tarento, que no es exacto que la vista sea un vapor caliente, y a Cebes, que es falso que el principio de los elementos sean el triángulo oblongo y el triángulo isósceles, y a Menedemo, que no es verdad que para conocer las malas intenciones secretas de los hombres baste llevar un sombrero arcadio con los doce signos del zodíaco, y a Platón, que el agua del mar no cura todas las enfermedades, y a Epicuro, que la materia es divisible hasta el infinito, y a Aristóteles, que el quinto elemento no tiene movimiento orbicular, por la sencilla razón de que no existe quinto elemento, y a Epiménides, que no desaparece infaliblemente la peste dejando libres algunas ovejas negras y blancas, y sacrificándolas a los desconocidos dioses ocultos en los mismos sitios en que se detengan aquéllas.

Si quisierais persuadir a Pitágoras de que es poco probable que él mismo haya sido herido doscientos siete años antes de su nacimiento por Menelao en el sitio de Troya, os respondería que el hecho es incontestable, y que la prueba está en que reconoce perfectamente el escudo de Menelao por haberlo visto antes suspendido debajo de la estatua de Apolo en Bránquides, y que está todo carcomido, a excepción de la cara de marfil; que en el sitio de Troya se llamó Euforbo; que antes de ser Euforbo había sido Atalides, hijo de Mercurio, y que después de haber sido Euforbo fue Hermotimo, y después Pirro, pescador de Delos, y por último Pitágoras, y que todo eso es tan claro y tan evidente como es evidente y claro que estuvo en un mismo día y en un mismo minuto simultáneamente en Metaponte y en Crotona, y como lo es también que escribiendo con sangre en un espejo a la luz de la luna, se ve en ella lo que se escribe en el espejo; y que, en fin, él es Pitágoras, habitante de Metapanto, calle de las Musas, el autor de las tablas de multiplicación y del cuadrado de la hipotenusa, el más grande de los matemáticos, el padre de la ciencia exacta, y que tú, que no crees en nada de eso, eres un imbécil.

Chrysipo de Tarso, que vivió hacia la ciento treinta olimpíada, es una fecha en la ciencia. Este filósofo, que murió de risa, y tómese esta palabra al pie de la letra, viendo a un burro comer higos en una bandeja de plata, lo estudió y lo profundizó todo en setecientos cinco volúmenes, de los cuales consagró trescientos once a la dialéctica, sin dedicar uno solo a ningún rey, cosa que deja estupefacto a Diógenes Laercio. Llegó a reunir en su cerebro todos los conocimientos humanos; sus contemporáneos lo llamaban *Luz*. Y como la significación de Chrysipo equivale a *caballo de oro*, se le suponía desenganchado del carro del Sol. Su divisa era Mío. Sabía multitud de cosas, como, por ejemplo, las siguientes: Que la tierra es plana; que el universo es redondo y finito; que el mejor alimento para el hombre es la carne humana; que la comunidad de mujeres es la base del orden social; que el padre debe casarse con su hija; que hay una palabra que mata las serpientes, otra que domestica los osos, otra que detiene el vuelo de las águilas y otra que aleja a los bueyes de los campos sembrados de habas; que pronunciando los tres nombres de la trinidad egipcia, *Amon-Mouth-Khons*, Andrón de Argos pudo atravesar sin beber los desiertos de la Libia; que no se deben hacer las ataúdes de ciprés, porque el cetro de Júpiter es de esa madera; que Temistoclea, sacerdotisa de Delfos, fue virgen después de tener hijos; que a Júpiter corresponde el nombre de *Jurador*, porque solamente los justos pueden jurar; que el fénix de la Arabia vive en el fuego; que la Tierra camina por los aires como un carro; que el Sol bebe en el océano y la Luna en los ríos, etc., etc. Por eso los atenienses le erigieron una estatua en la plaza Cerámica con esta inscripción al pie: *A Chrysipo, que lo sabía todo*.

Por entonces escribió Sófocles el *Edipo Rey*. Aristóteles creía en el viaje de Andrón de Argos, y Platón en el principio social de la comunidad de las mujeres, y Gorgisipo en la tierra plana, y Epicuro que la tierra era conducida por los aires, y Hermodamantes en las palabras mágicas que influyen en los bueyes, en las águilas, en los osos y en las serpientes, y Echecrates en la maternidad inmaculada de Temistoclea, y Pitágoras en el cetro de madera de ciprés de Júpiter, y Posidonio en el océano que apaga la sed del Sol y en los ríos que apagan la sed de la Luna, y Pirrón en los seres que viven en el fuego. Pirrón, sin embargo, era escéptico y se vengaba creyendo en eso, dudando de todo lo demás.

La ciencia es toda esa larga serie de tanteos. Cuvier se equivocó ayer, Lagrange anteayer, Leibniz antes que Lagrange, Gassendi antes que Leibniz, Cardano antes que Gassendi, Cornelio Agrippa antes que Cardano, Averroes antes que Agrippa, Plotino antes que Averroes, Artemidoro Daldieno antes que Plotino, Posidonio antes que Artemidoro, Demócrito antes que Posidonio, Empédocles antes que Demócrito, Cardeades antes que Empédocles, Platón antes que Carneades, Ferécides antes que Platón, Pitaco antes que Ferécides, Tales antes que Pitaco, y antes que Tales Zoroastro, Sanchoniathon y Hermes. ¡Hermes, que significa la *ciencia* como Orfeo significa el *arte*! ¡Ah! ¡Y pensar que este hervidero de ensueños engendra la realidad! ¡Benditos sean los errores sagrados, porque son las madres ciegas y santas de la Verdad!

Algunos sabios, pocos en número, como Kepler, Euler, Geoffrey Saint-Hilaire y Arago no han traído a la ciencia más que luz.

Algunas veces la ciencia se contrapone a la ciencia, y los sabios tienen miedo al estudio. Plinio, escandalizado de Hiparco porque con la ayuda de un descomunal astrolabio intenta contar y poner nombres a las estrellas, dice que semejante trabajo es impío. *Ausus rem Deo improbam.*

Contar las estrellas es hacer una mala obra a Dios. La requisitoria empezada por Plinio contra Hiparco se continuó después por la Inquisición contra Campanella.

La ciencia es la asíntota de la verdad, siempre próxima a ella y sin llegar a tocarla nunca. Pero por lo demás, tiene todas las grandezas. Tiene la voluntad, la precisión, el entusiasmo, la atención profunda, la penetración, la delicadeza, la fuerza, la paciencia en el encadenamiento, el acecho permanente del fenómeno, el ardor del progreso y en ciertos momentos accesos de bravura. Testigos La Perouse, Pilastre de Rosiers, Franklin, Victor Jacquemont, Livingstone, Mazet y en nuestros días Nadar.

La ciencia es la serie. Unos experimentos se superponen a otros, elevándose lentamente en oscura confusión hasta el nivel de lo verdadero. No ocurre eso en el arte. El arte no es lo sucesivo; todo el arte es el conjunto.

Resumamos ya lo dicho.

Hipócrates, Arquímedes, Arato, Avicena, Paracelso, Nicolás Flamel, Ambrosio Paré, Vesalio, Copérnico, Galileo, Newton, Clairant, Lavoisier, Montgolfier y Laplace, han sido excedidos por otros. Píndaro y Fidias, no.

Pascal, sabio, ha sido sobrepujado; Pascal, escritor, no.

Ya no se enseña la astronomía de Ptolómeo ni la geometría de Estrabón, ni la climatología de Cleostrato, ni la zoología de Plinio, ni el álgebra de Diofantes, ni la medicina de Tribunus, ni la cirugía de Ronsil, ni la dialéctica de Sphoerus, ni la mitología de Estenón, ni la uranología de Tacio, ni la estenografía de Trithemo, ni la piscicultura de Sebastián de Médicis, ni la aritmética de Stifels, ni la geometría de Tartaglia, ni la cronología de Scalígero, ni la meteorología de Stoffler, ni la anatomía de Gassendi, ni la patología de Fernel, ni la jurisprudencia de Robert Barnme, ni la agronomía de Quesnay, ni la hidrografía de Bouger, ni la náutica de Bourdé de Villehuet, ni la balística de Gribeauval, ni la hipiátrica de Garsault, ni la arquitectónica de Desgodets, ni la botánica de Tournefort, ni la escolástica de Abelardo, ni la política de Platón, ni la mecánica de Aristóteles, ni la física de Descartes, ni la teología de Stillingfleet. En cambio, ayer, hoy, mañana y siempre se enseñará el *Canta, diosa, la cólera de Aquiles.*

La poesía vive de vida virtual. Las ciencias pueden extender su esfera, mas no aumentar su poder. Las tempestades de Homero no tenían más que cuatro vientos: las de Virgilio, que tienen doce, y las del Dante, que tienen veinticuatro, y las de Milton, que tienen treinta y dos, no son por eso mas hermosas. Y aun las mismas tempestades de Orfeo, que no tenían mas que dos vientos para agitar las olas, son tan grandes como las de Homero. Digamos, de paso, que estos dos vientos eran el Fenicio y el Aparctias, o viento Norte y viento Sur, muchas veces confundidos con el Argestes, Occidente de estío, y el Libs, Occidente de invierno.

Las religiones mueren, y al morir entregan a las que les suceden un gran artista. Serpión construye para la Venus Pluviosa de Atenas un vaso sagrado, que pasa después a poder de la Santísima Virgen, sirviendo hoy de baptisterio en Nuestra Señora de Gaeta.

¡Oh, eternidad del arte!

Sale del fondo del pasado en la oscuridad de los siglos un hombre, un cadáver, una sombra, y se apodera de vosotros.

Recuerdo que un día, siendo yo adolescente, y viviendo en Romorantin, en una mala casucha que poseía mi familia, bajo un emparrado inundado de aire y de luz, distinguí sobre un estante el único libro que había en la casa: *De Rerum Natura*, por Lucrecio. Mis profesores de Retórica me habían hablado muy mal de él, y esto avivó mi interés. Serían próximamente las doce del día cuando abrí el libro y empecé a leer los siguientes poderosos y serenos versos:*

«La religión no consiste en mirar incesantemente a la piedra velada, ni en aproximarse a los altares, ni en prosternarse humillado hasta el suelo, ni en levantar las manos ante las mansiones de los dioses, ni en verter en el templo mucha sangre de animales, ni en acumular votos sobre votos, sino en contemplarlo todo con el alma tranquila».

Me detuve a meditar, y continué la lectura. Algunos instantes después ya no vi ni oí nada a mi alrededor; hallábame sumergido en el poeta. Llegó la hora de comer e hice una señal con la cabeza indicando que no tenía ganas; y cuando el sol llegaba a su ocaso y los rebaños se retiraban a los establos, todavía permanecía en el mismo sitio leyendo el libro inmenso, y a mi lado, indulgente por mi prolongada lectura, se hallaba mi padre, de cabellos blancos, apoyado en el dintel de la

---

* *...Nec pietas ullast velatum saepe videri / vertier ad lapidem atque omnis accedere ad aras / nec procumbere humi prostratum et pandere palmas / ante deum delubra nec aras sanguine multo / spargere quadrupedum nec votis nectere vota, / sed mage pacata posse omnia mente tueri.*

puerta que daba a la sala baja, en donde pendiente de un clavo colgaba su espada, llamando dulcemente a los carneros que iban uno tras otro a comer el puñado de sal que les ofrecía en la palma de la mano.

V

La poesía no puede decrecer porque no puede crecer.

Las palabras *decadencia*, *renacimiento*, empleadas aún por los mismos hombres cultos, prueban hasta qué punto se ignora la esencia del arte. Las inteligencias superficiales, en general pedantes, estiman como renacimiento o decadencia lo que son efectos de yuxtaposición, los espejismos, las mudanzas de las lenguas, el flujo y reflujo de las ideas y todo el inmenso movimiento creador del pensamiento, del cual resulta el arte universal. Este movimiento es la obra misma del infinito a través del cerebro humano.

Los fenómenos han de ser observados desde los puntos culminantes, y desde estos puntos de vista la poesía es inmanente. En el arte no hay alza ni baja. El genio está eternamente en su plenitud; todas las lluvias del cielo no añaden una gota de agua al océano; las mareas son ilusiones y las aguas que bajan en una costa suben en otra. Se confunden los decrecimientos con las oscilaciones, y decir «ya no habrá más poetas», es lo mismo que decir «ya no habrá más mareas». La poesía es elemento irreductible, incorruptible y refractario. Manifiesta su esencia de una vez como el océano, y después vuelve a empezar con tranquila majestad y con la inagotable variedad exclusivamente propia de la unidad. Lo vario en lo monótono es el prodigio de la inmensidad.

Siempre lo mismo, la ola tras la ola, la espuma tras la espuma y el movimiento tras al movimiento. Se aleja la *Ilíada* y llega el *Romancero*; se olvida la Biblia y surge el Corán; desaparece el aquilón Píndaro y llega el huracán Dante. ¿Se repite acaso la eterna poesía? De ningún modo. Permanece siendo la misma y distinta. Lo que hay es el mismo soplo y diferente ruido.

¿Puede ser considerado el Cid como un plagiario de Áyax, y Carlomagno como un imitador de Agamenón? «Nada hay nuevo bajo el sol; lo nuevo es el renacimiento de lo antiguo», etcétera, dice la crítica con extraña ligereza. ¡El arte no será, pues, más que una serie de falsificaciones! Thersitos tiene un ladrón, Falstaff; Orestes un mono, Hamlet, y el Hipogrifo es el grajo del Pegaso. Los poetas se roban y se despojan mutuamente. Lo que pasa por inspiración es puro fraude. Cervantes roba a Apuleyo, Alcestes estafa a Timón de Atenas. El bosque de Sminthea es el bosque de Bondy. Shakespeare mete mano en el bolsillo de Esquilo.

¡Ab! No, no hay decadencia, ni renacimientos, ni plagios, ni repeticiones. Lo que hay es identidad de corazón y diferencia de genio. Ya lo hemos dicho: cada gran artista crea el arte a su imagen. Hamlet es Orestes con la efigie de Shakespeare; Fígaro es Scapin con la efigie de Beaumarchais y Grandgousier es Sileno con la efigie de Rabelais. Todo reaparece con un nuevo poeta, sin que se vea la menor interrupción. Cada nuevo genio es un abismo, y sin embargo, tiene tradición, pero la tradición del abismo al abismo en el arte es, como en el firmamento, un misterio: los genios, a la manera de los astros, se comunican por medio de sus efluvios. ¿Qué tienen de común? Todo y nada.

Del pozo Ezequiel al precipicio Juvenal, no hay para el pensador solución de continuidad. El mismo vértigo produce el anatema de uno y la sátira del otro. Suponed el Apocalipsis reverberándose en los mares helados del Polo, y resultará la aurora boreal, los *Nibelungos*. Los *Eddas* contestan a los *Vedas*.

Llegamos, pues, a la afirmación que ha sido nuestro punto de partida: el arte no es perfectible. No hay aumento ni disminución posible en poesía. Se pierde el tiempo diciendo: *Nescio quid majus nascitur Iliade*. El arte no es objeto que crezca y decrezca. Tiene sus estaciones, sus nubes, sus eclipses, tal vez sus manchas, pero manchas esplendorosas; sus interposiciones, que producen opacidades de las que no se le puede hacer responsable; pero siempre luce con igual intensidad en el alma humana. Del mismo foco sale siempre la misma aurora. Homero no se enfría.

Estimulemos a los poetas, que el estímulo de las inteligencias es la vida de lo bello. El primer puesto está siempre vacante. Descartemos lo que pueda desconcertar o acortar el vuelo de los que tienen audacia; el arte es también una especie de valor. Negar que los genios de ahora puedan llegar a la altura de genios anteriores sería negar el poder continuo de Dios.

Insistamos una y otra, y mil veces, en este punto: el estímulo es necesario porque es casi creación. A los genios que no se les supera, se les iguala. ¿Y cómo? Siendo otros como ellos.

Libro IV

El antiguo Shakespeare

I

El antiguo Shakespeare es Esquilo, del cual es necesario volver a hablar, por ser el abuelo del teatro.

Sería incompleto el presente libro si no tuviese en él Esquilo capítulo aparte.

El marqués de Mirabeau, tan mal filántropo como buen pensador, a quien no se sabe si colocar fuera, detrás o delante de su siglo, tenía una biblioteca, en cuyos dos ángulos mandó poner la escultura de un perro en memoria de Sócrates, que juraba por el perro, y la de una cabra en memoria de Zenón, que acostumbraba a jurar por un alcaparro. La biblioteca ofrecía la particularidad de tener en un lado a Hesíodo, Sófocles, Eurípides, Platón, Heródoto, Tucídides, Píndaro, Teócrito, Anacreonte, Teofrasto, Demóstenes, Plutarco, Cicerón, Tito Livio, Séneca, Persio, Lucano, Terencio, Horacio, Ovidio, Propercio, Tíbulo y Virgilio, y debajo, grabada en letras de oro, la palabra Amo; en el otro lado estaba Esquilo, solo, y debajo esta otra: Timeo.

Esquilo es ciertamente temible. El aproximarse a él causa miedo. Tiene la masa y el misterio. La retórica oficial lo ha sentenciado diciendo que es bárbaro, extravagante, enfático, antitético, ampuloso y absurdo; pero esta retórica cambiará. Esquilo es de aquellos hombres que producen risa o desdén en el crítico superficial y que el verdadero crítico aborda con cierto temor sagrado. Temer al genio es comenzar a tener gusto.

En el verdadero crítico hay siempre un poeta, siquiera sea en estado latente. El que no comprende a Esquilo es irremisiblemente una medianía. Esquilo es una gran piedra de toque para las inteligencias.

El drama es una extraña forma del arte. Alcanza su diámetro desde *Los siete contra Tebas* basta el *Filósofo sin saberlo*, y desde Brid'oison hasta Edipo, comprendiendo a Thiestes y a Turcaret. Si queréis definirlo, incluid en la definición a Electra y a Martón.

El drama que alcanza a todos los horizontes (¡¡júzguese cuál será su extensión!) desconcierta y extravía a los débiles, sin duda a causa de su ubicuidad. Fúndese la epopeya en el drama, y produce como resultado una maravillosa novedad literaria, y al mismo tiempo una gran fuerza social: la novela.

Lo épico, lo lírico y lo dramático amalgamados producen un bronce: el *Don Quijote*, que es a la vez Ilíada, oda y comedia.

¡Tal es el poder de dilatación que tiene el drama!

El drama es el más vasto recipiente del arte: Dios y Satán se mezclan en él; y si no, véase Job.

Desde el punto de vista del arte absoluto, se puede decir que la epopeya es la grandeza y el drama la inmensidad. Lo inmenso difiere de lo grande en que excluye, cuando quiere, la dimensión, en que «colma la medida», como se dice vulgarmente, y en que puede perder la proporción sin perder la belleza. Es armonioso como la Vía Láctea. Hace cuatro mil años empieza el drama por la inmensidad con Job, como hemos visto, y con Esquilo hace dos mil quinientos, y continúa siendo inmenso con Shakespeare. Los personajes de Esquilo son ya los volcanes (una de las tragedias perdidas se llamaba *El Etna*); ya las montañas, el Cáucaso con Prometeo; ya el mar, el océano sobre el dragón; las olas, las Oceánidas; o el inmenso Oriente, *Los Persas*; o las tinieblas sin fondo, *Las Euménides*. Esquilo pone a prueba al hombre valiéndose de los gigantes. El drama con Shakespeare se aproxima a la humanidad, pero sigue siendo colosal. Macbeth parece un Átrida polar. Ya lo veis; el drama descubre la Naturaleza, y después el alma, cuyos horizontes no tienen límites. El drama es la vida y la vida lo es todo. La epopeya puede ser tan sólo grande; el drama tiene por fuerza que ser inmenso. Esta inmensidad es todo Esquilo y todo Shakespeare.

Lo inmenso en Esquilo es voluntad y temperamento. Inventa el coturno que agranda al hombre, y la máscara que abronca la voz. Sus metáforas son enormes. Llama a Jerjes «el hombre de ojos de dragón». El mar, que para todos los poetas es una llanura, es para Esquilo «una selva». Las grandes figuras que sólo pertenecen a los poetas supremos son en el fondo verdaderas, con la verdad del sueño. Esquilo conmueve hasta producir convulsiones. Los efectos trágicos son realidades para los espectadores. Cuando salen las furias de Esquilo, abortan las mujeres. Pollux, el lexicógrafo, afirma que aquellos horribles rostros de serpiente y las teas agitadas ocasionaban la muerte de los niños víctimas de epilepsia. Evidentemente esto «pasa de la raya». Hasta la misma extraña y soberana gracia de Esquilo, de que ya hemos hablado, tiene algo de ciclópea. Tal es la sonrisa de Polifemo. A veces la sonrisa aterra porque parece ocultar la mal comprimida cólera. Poned, por ejemplo, enfrente de Helena a Homero y Esquilo. Homero se rinde, pero admira, y en su admiración perdona. Esquilo se conmueve, permaneciendo sombrío. Llama a Helena *flor fatal*, y después añade: *Alma serena como la mar tranquila*. Llegará día en que Shakespeare diga: *Pérfida como la ola*.

II

El teatro es el crisol de la civilización y el punto en que comulgan las inteligencias. Merecen ser estudiadas todas sus fases, porque en él se forma el alma pública.

Ya hemos visto lo que era el teatro en los tiempos de Shakespeare y de Molière. ¿Se desea saber lo que era en tiempos de Esquilo? Vamos al espectáculo.

Ya no se ve la carreta de Thespis, ni el tablado de Susarión, ni el circo de madera de Corilo: Atenas, presintiendo a Esquilo, a Sófocles y a Eurípides, hace los teatros de piedra. A cielo abierto, el firmamento por techo, por Lucerna el sol, una extensa plataforma llena de puertas y gradas junto al muro, los actores moviéndose libremente en esta plataforma, que es la escena en donde se representa la obra; en el centro, en el punto en que hoy se coloca la concha del apuntador, la *timelea*, pequeño altar de Baco; frente a la plataforma un ancho hemiciclo de gradas de piedra en donde toman asiento confusamente cinco o seis mil hombres; tal es el laboratorio, que transforma las masas de gente del Pireo en Atenas, la *muchedumbre* en *público*, el cual aguarda su vez para convertirse en *pueblo*. Allí se ve la multitud, pero toda la multitud, incluyendo a las mujeres, los niños y los esclavos, y a Platón frunciendo el entrecejo.

Si se celebra fiesta, si asistimos a las Panateneas, a las Lenenses o a las grandes Dionisíacas, veremos a los magistrados; los proedros, los epístatos y los pritanos tienen asiento de honor. Cuando la trilogía se convierte en tetralogía, y la representación termina con una sátira; cuando los faunos, los egipanos, las bacantes, los sátiros y los evantes concluyen la función con una farsa; cuando entre los cómicos, los casi sacerdotes, a quienes se les llama «los hombres de Baco», está el actor favorito que sobresale en las dos distintas maneras de declamar, en la paralogía y en la paracatología; cuando el amor que se profesa al poeta llega hasta el punto de ver figurar en los coros a hombres célebres, tales como Eupolis, Cratino y el mismo Aristófanes, *Eupolis atque Cratinus, Aristophanesque poetae*, que dice Horacio; cuando se representa una obra por mujeres, siquiera sea la antigua *Alcestes* de Thespis, se ve el teatro de bote en bote ocupado por la multitud. La multitud es para Esquilo lo que será después para Plauto (véase el prólogo de las *Bacchides*): «un conjunto de hombres sentados en bancos que tosen, gargajean, estornudan, que hacen ruidos y gestos, *ore comprepario*, que se pasan la mano por la frente y que hablan de sus negocios»: es decir, lo mismo que hoy.

Los estudiantes, bien por admiración o bien por ironía, emborronan las paredes escribiendo con carbón versos conocidos, como el singularísimo verso yámbico de una sola palabra, de Frinico: *Archaiomelesidonofrunicherata*, que ha pretendido imitar uno de nuestros trágicos del siglo XVI, con el famoso verso alejandrino de dos palabras: *Metamorphoserait Nabuchodonosor*.

No hay como los estudiantes y los viejos para hacer ruido. En *Las avispas*, de Aristófanes, los viejos son los que más alborotan. Preséntanse en escena dos escuelas, una representada por Thespis, Susarión, Pratinas de Flionte, Epígenes de Sicione, Theomis, Auleas, Corilo, Frinico y el mismo Mines: otra representada por el joven Esquilo, que a la sazón cuenta veintiocho años. Compone entonces su trilogía de los Prometeos: *Prometeo encendiendo el fuego, Prometeo encadenado* y *Prometeo libertado*, que concluye con una sátira, probablemente *Los Argivos*, de la que Macrobio ha conservado un fragmento. Estalla la antigua cuestión entre las dos edades; discuten y disputan barbas grises y cabellos negros, poniéndose los viejos de parte de los antiguos y los jóvenes de parte de Maquilo. La juventud defiende a Esquilo contra Thespis, como defenderá siglos después a Corneille contra Garnier.

Los viejos se indignan. Escuchad la murmuración de los nestores. «¿Qué es la tragedia? —dicen—. El canto del macho cabrío. ¿Dónde está el macho cabrío, en el *Prometeo encadenado?* Decididamente el arte está en plena decadencia». Y repiten la célebre objeción: *Quid pro Baccho?* (¿Qué hay aquí para Baco?) Los más severos, los puristas, no admiten siquiera a Thespis, recordando que Solón lo amenazó con un palo y lo llamó *embustero* por haber olvidado en una obra un episodio de la vida de Baco, la historia de Penteo. Detestan al innovador Esquilo y condenan todas las invenciones que tienden a aproximar el drama a la Naturaleza, que sustituyen el anapesto por el coro, el yambo por el diálogo y el troqueo por la pasión, como se ha condenado en Shakespeare el tránsito de la poesía a la prosa y en el teatro del siglo XIX el empleo del verso llamado *roto*.*

Efectivamente, esas son novedades insufribles. Y como si esto no fuera bastante, la flauta produce sonidos demasiado agudos y el letracordio los produce demasiado bajos, y por último se altera la antigua división sagrada de las tragedias en monodias, estasimas y éxodos. En las obras de Thespis no declamaba nunca más que un actor; en las obras de Esquilo declaman dos. Muy luego llegan a tres con Sófocles. ¿Adónde vamos a parar con estas impiedades? ¿Qué significa el atrevimiento de Esquilo llamando a Júpiter el *prítano de los inmortales*? ¡Hacer descender al dios Júpiter basta el nivel de los magistrados! Pues ¿y convertir el timelo, el antiguo altar destinado a los sacrificios, en sitio del corifeo? El coro debería limitarse a ejecutar la estrofa, o la vuelta a la derecha, después la antiestrofa, o la vuelta a la izquierda, y por último, el epodo, o el descanso. Y ¿qué significa ver llegar al coro en un carro alado, y a un tábano persiguiendo a Ío, y al Océano montado en un dragón? Eso es espectáculo y no poesía. ¿Qué es de la antigua sencillez? Vuestro Esquilo es un pintor, un decorador, un hombre que produce estrépitos, un charlatán y un maquinista. Todo para los ojos y nada para el pensamiento. ¡Al fuego sus obras! Contentémonos con recitar los antiguos péanes de Tinico. Pero el responsable es Corilo, que inició el mal en su tetralogía los *Curetos*. Y ¿qué son los curetos más que dioses herreros? Era preciso poner en escena las cinco familias trabajando; los Dáctilos encontrando el metal, los Cabiros inventando la fragua, los Coribantos haciendo la espada y la reja del arado, los Curatos fabricando los escudos y los Telchinos cincelando las joyas. Eso era suficiente para interesar. Todo se ha perdido desde el momento en que se permitió a los poetas

---

* *Brisé* dice el original, palabra que en el caso presente no tiene traducción exacta en castellano. Entiéndese por *vers brisé* en francés aquellos que leídos en distinto orden del en que han sido colocados alteran radicalmente su sentido. (*N. del T.*)

introducir aventuras como la de Plexipo y Toxea. ¿Cómo es posible que una sociedad resista a tales excesos? Eso es abominable. Esquilo debía comparecer ante la justicia y ser condenado a beber la cicuta como el viejo y miserable Sócrates. Ya veréis; se contentarán con expatriarlo. ¡Todo degenera!

Los jóvenes se ríen a carcajadas. También critican, pero critican otra cosa. ¡El bruto de Solón, que instituye el arconte epónimo! ¿Para que sirve el arconte que se entretiene en bautizar el año con su nombre? ¡Fuera! ¡Fuera el arconte epónimo que elige últimamente diez generales para coronar a un poeta, en lugar de elegir diez hombres del pueblo! Verdad es que uno de los generales era Cimón; circunstancia atenuante para unos, porque Cimón venció a los fenicios, y agravante para otros, porque este mismo Cimón, para libertarse de la prisión por deudas, vendió su hermana Elfini y además su mujer a Calias. Si Esquilo es un temerario que merece ser acusado ante el Areópago, ¿por qué no ha de ser juzgado y sentenciado Frinico, que en la *Toma de Mileto* presenta en escena a los griegos vencidos por los persas? ¿Cuándo se dejara a los poetas en completa libertad? ¡Viva la libertad de Pericles, y abajo la censura de Solón! ¿Para qué se promulga la ley que manda reducir el coro de cincuenta coristas a quince? ¿Cómo se representará las *Danaides*, sin burlas del verso de Esquilo, que dice: *Egipto, padre de cincuenta hijos*, y sin convertir los cincuenta en quince? La magistratura es inepta. Sus leyes producen murmullos y disputas. Éste prefiere a Frinico, aquél a Esquilo, otro no prefiere a ninguno, pero prefiere el vino endulzado con benjuí. Las bocinas de los actores dominan si pueden el ruido, interrumpido de vez en cuando por el áspero grito de las vendedoras ambulantes de *falos* y de agua. Tal es el tumulto ateniense, durante el cual se representa la obra de un autor contemporáneo. El tumulto es de derecho. Cuando muere Esquilo o lo destierran, impera el silencio. Ante un dios es preciso callar: *Aequum est* —lo dice Plauto— *vos deo facere silentium*.

III

Un genio es siempre un acusado.

Esquilo, en vida, fue combatido. Primero se le combatió, después se le persiguió: ésta es la progresión natural. Siguiendo la costumbre ateniense, se penetró en su vida privada, manchándole y calumniándole. Una mujer a quien él amó, Planesia, hermana de Crisila, la que fue amante de Pericles, queda deshonrada ante la historia por las injurias que dirigió a Esquilo en público. Se le imputaron amores contra naturaleza, asegurando que, como Shakespeare, tuvo su lord Southampton. Estos ataques destruyeron su popularidad. Todo en él era criminal, hasta las simpatías con que acogía a los poetas jóvenes, que le ofrecían respetuosamente sus primeras coronas. Es curioso el observar cómo se repiten en todos tiempos las mismas injurias, Pezay y Saint-Lambert dicen en el siglo XVIII:

> *¿Por qué, Voltaire, a todos los poetas*
> *que aduladores versos te dirigen*
> *contestas con elogios excesivos*
> *en las cartas que luego les escribes?**

Esquilo, en vida, fue el blanco de todos los odios. Cuando era joven, el público mostró predilección por los antiguos Thespis y Frinico, y cuando llegó a viejo prefirió a sus obras las de los nuevos Sófocles y Eurípides. Por último, le hicieron comparecer ante el Areópago porque, según Suidas, se había desplomado el teatro durante la representación de una de sus tragedias, y según Eliano porque había blasfemado, o lo que es lo mismo, porque había referido los arcanos de Eleusis. Fue desterrado y murió en el destierro.

Entonces el orador Licurgo, exclamó:

---

* *Pourquoi Voltaire, à ces auteurs / qui t'a adressent des vers flatteurs, / repondre, en toutes tes missives / par de louanges excessives?*

«Es preciso levantar a Esquilo una estatua de bronce».

Atenas, que había expulsado al hombre, erigió la estatua.

Shakespeare, muerto, entra en el olvido. Esquilo en la gloria. Esta gloria, que había de tener en el transcurso de los siglos sus fases, sus eclipses, sus desapariciones y reapariciones, fue deslumbradora. Grecia recordó a Salamina, en donde combatió Esquilo. El mismo Areópago se avergonzó de la ingratitud cometida con el hombre que en la *Orestíada* honra al tribunal hasta el punto de hacer comparecer ante él a Minerva y Apolo. Esquilo llegó a ser sagrado. Todas las fratrías adquirieron su busto, al que adornaron primero con cintas y después coronaron de laureles. Aristófanes en *Las ranas* le hace decir: «Yo he muerto, pero mi poesía vive». En la celebración de las fiestas de Eleusis, el heraldo del Areópago tocó la trompeta trirrena en honor de Esquilo. La República costeó un ejemplar oficial de sus noventa y siete dramas, el cual fue puesto bajo la custodia del notario de Atenas. Impúsose a los actores que representaban sus obras la obligación de aprender sus papeles en este completo y único ejemplar. Hicieron de Esquilo un segundo Homero, y también él tuvo rapsodas que cantaban sus versos con un ramo de mirto en la mano.

El gran hombre insultado tuvo razón, pues, al escribir al frente de sus poemas esta altiva y sombría dedicatoria:

Al Tiempo

Diéronse al olvido las blasfemias que lo condenaron a morir en el destierro; nadie se acordó más de ellas. Hay que decir de paso que no se encuentran tales blasfemias. Palingenes las busca en una *Asterope* que nosotros consideramos imaginaria. Musgrave, con mas razón, las busca en las *Euménides*, porque siendo esta obra de carácter religioso, es fácil que los sacerdotes la eligieran para acusarle de impiedad.

Señalemos una extraña coincidencia. Dícese que los dos hijos de Esquilo, Euforión y Bión, refundieron la *Orestíada*, esto es, que hicieron exactamente lo mismo que hace Davenant, el bastardo de Shakespeare, dos mil trescientos años después con el *Macbeth*. Pero ante el universal respeto que se tributa a Esquilo después de su muerte, hay que decir que son imposibles esos retoques y que lo que es verdad en Davenant es evidentemente inexacto en Bión y Euforión.

La fama de Esquilo llenó el mundo. El Egipto vio en él un coloso, algo egipcio, y lo llamó *Pimander*, que significa «Inteligencia superior». En Sicilia, punto de su destierro, sacrificaban cabras ante su tumba, y llegó a ser casi un dios del Olimpo. Después para los cristianos llegó a ser casi un profeta por la predicción de Prometeo, en quien vieron la persona de Jesús.

Esta gloria, ¡cosa extraña!, ha hecho desaparecer la obra de Esquilo. Hablamos del naufragio material, porque, ya lo hemos dicho, el inmenso nombre de Esquilo flotará eternamente.

La desaparición de los poemas es todo un drama, pero drama verdaderamente extraordinario. Un rey ha sido el que ha robado brutalmente al espíritu humano.

Refiramos el robo.

IV

Narremos los hechos, o al menos la leyenda, porque a la distancia en que estamos y en aquel crepúsculo, la historia es legendaria.

Había un rey en Egipto llamado Ptolomeo Evergetes, cuñado de Antíoco el dios.

Digamos de pasada que todas aquellas buenas gentes eran dioses. Diosea soteros, dioses evergetas, dioses epífanos, dioses filometores, dioses filadelfos, dioses filopatores, que significa: dioses salvadores, dioses bienhechores, dioses ilustres, dioses amantes de su madre, dioses amantes de sus hermanos y dioses amantes de su padre. Cleopatra era diosa soter. Los sacerdotes y sacerdotisas de Ptolomeo Soter estaban en Ptolemaida.

Ptolomeo VI se llamaba dios amante de su madre, *Filometor*, porque odiaba a su madre Cleopatra; Ptolomeo IV se llamaba dios amante de su padre, *Filopator*, porque envenenó a su padre; Ptolomeo II se llamaba dios amante de sus hermanos, *Filadelfo*, porque mató a los dos que tenía.

Pero volvamos a Ptolomeo Evergetes. Era hijo del Filadelfo, el que entregaba coronas de oro a los embajadores romanos, y aquél a quien el seudo Aristeo atribuye sin ninguna razón la traducción de los Setenta. Este Filadelfo aumentó considerablemente la biblioteca de Alejandría, que llegó a tener en su tiempo cien mil volúmenes, y en el siglo VI, según cuentan, la increíble cantidad de cien mil manuscritos. Este caudal de conocimientos humanos, reunido bajo la dirección de Euclides y merced a los cuidados de Calímaco, de Diodoro Cronos, de Teodoro el Ateo, de Filetas, de Apolonio, de Acato, del sacerdote egipcio Manethon, de Licofrón y de Teócrito, tuvo por primer bibliotecario, según unos, a Zenodoto de Éfeso, y según otros, a Demetrio Faléreo, a quien Atenas erigió trescientas setenta estatuas, que se hicieron en un año y se derribaron en un día. Pues bien: esta biblioteca no tenía ningún ejemplar de Esquilo. El griego Demetrio dijo un día a Evergetes: *El Faraón no tiene a Esquilo*, exactamente lo mismo que Leidrade, arzobispo de Lyon y bibliotecario de Carlomagno, dijo muchos años después a éste: *El emperador no tiene a Saeva Memor*.

Queriendo completar Ptolomeo Evergetes la obra de su padre Filadelfo, determinó regalar a la biblioteca de Alejandría las obras de Esquilo, declarando que mandaría copiarlas. Envió una embajada a pedir a los atenienses el ejemplar único y sagrado conservado por el notario de la República. Poco aficionada Atenas a préstamos, dudó primero, pero consintió al cabo mediante la garantía de una fianza. El rey de Egipto ofreció quince talentos de plata. Para formar idea de lo que eran quince talentos, bastará decir que equivalían a las tres cuartas partes del tributo anual que por indemnización pagaba la Judea a Egipto, que ascendía a veinte talentos.

Pesaba de tal manera este tributo sobre el pueblo judío, que el gran sacerdote Onías II, fundador del templo de Onión, se negó a pagarlo, aun a riesgo de ocasionar una guerra. Atenas aceptó el contrato, depositándose en consecuencia los quince talentos. Esquilo completo fue enviado al rey de Egipto, que abandonó los quince talentos y conservó el libro. Atenas, indignada, quiso declarar la guerra a Egipto. La reconquista de Esquilo era tan grande como la reconquista de Helena. ¡Magnífica empresa la de reproducir la guerra de Troya para recuperar a Homero! Se reflexionó mucho porque Ptolomeo era temible. Había recobrado del Asia, por la fuerza, los dos mil quinientos dioses de oro y plata que se llevó Cambises, y había además conquistado la Cilicia y la Siria y todo el territorio que existe entre el Éufrates y el Tigris. Por otra parte, habían pasado para Atenas los tiempos en que improvisaba una flota de doscientos barcos contra Artajerjes. En suma, que quedó Esquilo prisionero de Egipto.

Era un dios prisionero (aquí es propia la palabra *dios*). Tributáronse a Esquilo honras inusitadas. El rey, según se dice, se obstinó en no permitir que se copiase, enorgulleciéndose estúpidamente de poseer el único ejemplar.

Cuando la biblioteca de Alejandría, enriquecida con la biblioteca de Pérgamo, que Antonio regaló a Cleopatra, se traslado al templo de Júpiter Serapis, se ejerció la más escrupulosa vigilancia sobre el manuscrito. A este templo fue san Jerónimo a leer en el texto ateniense el famoso pasaje del *Prometeo*, en que se profetiza al Cristo:

«Ve y di a Júpiter que por nada del mundo revelaré al que le ha de destronar».

Algunos otros doctores de la Iglesia copiaron la misma cita. Siempre las afirmaciones ortodoxas han sido mezcladas con lo que se ha dado en llamar *testimonios del politeísmo*, esforzandose en hacer decir a los paganos cosas cristianas. *Teste David cum Sibylla*. Venían en peregrinación los cristianos a consultar el *Prometeo*. Sin duda, esta asiduidad en frecuentar la biblioteca de Alejandría es lo que engañó al emperador Adriano, el cual escribía al cónsul Serviano estas palabras: «Los que adoran a Serapis son cristianos; y los que se llaman obispos del Cristo son al mismo tiempo devotos de Serapis».

La biblioteca de Alejandría perteneció al emperador durante la dominación romana. El Egipto era propiedad del César, *Augustus* —dice Tácito— *seposuit Aegiptum.* El Egipto era territorio cerrado y no viajaba por él quien quería; y aun a los mismos caballeros y senadores romanos no les era permitido obtener fácilmente permiso.

Durante ese período fue consultado y hojeado el ejemplar completo de Esquilo por Timocharis, Aristarco, Ateneo, Stobeo, Diodoro de Sicilia, Macrobio, Plotino, Jámblico, Sopatro, Clemente de Alejandría, Nepociano de África, Valero Máximo, Justino el Mártir y por el mismo Eliano, aunque éste se ausentó pocas veces de Italia.

En el siglo VII, un hombre montado en un camello y acurrucado entre dos sacos, uno de higos y otro de trigo, entró en Alejandría. Estos dos sacos, y por añadidura un plato de madera, constituían todas sus riquezas. Este hombre no se sentaba en ninguna parte sino en el suelo, y no se alimentaba más que de pan y agua. Había conquistado la mitad del Asia y de África; había asaltado o quemado treinta y seis mil ciudades, aldeas, fortalezas y castillos; había destruido cuatro mil templos paganos o cristianos; había levantado mil cuatrocientas mezquitas; había vencido a Izdeger, rey de Persia, y a Heraclio, emperador de Oriente. Este hombre, que se llamaba Omar, quemó la biblioteca de Alejandría.

Omar es célebre por esa hazaña: con notoria injusticia Luis, llamado el Grande, no tiene la misma celebridad, siendo así que él también quemó la biblioteca Rupertina de Heidelberg.

V

Como se ve, la aventura es un drama completo que podría titularse *Esquilo perdido*. Nada falta: ni exposición, ni nudo, ni desenlace. Después de Evergetes, Omar. La acción empieza por un ladrón y concluye por un incendiario.

El Evergetes robó por amor y esto le excusa. Inconvenientes de la admiración de un imbécil. Pero Omar es el fanático. Digamos de paso que en nuestros días se han intentado extrañas rehabilitaciones históricas. No hablemos de Nerón, que esta de moda. Se ha intentado la rehabilitación de Omar y la justificación de Pío V. Pío V, que es santo, personifica la Inquisición. Sin duda, bastaba con canonizarlo; ¿para qué necesita también la ejecutoria de inocente? No nos agradan estos indultos en causas sentenciadas, ni estos servicios que se prestan al fanatismo, llámese califa o Papa, ya queme libros o queme hombres. Mucho se ha discutido sobre Omar. Cierta clase de historiadores y de críticos biógrafos se apiada fácilmente de los pobres y calumniados sables. ¿Qué sentimiento de ternura podrá causar una cimitarra? La cimitarra es el sable ideal, porque es más que brutal, es turco. Hasta donde ha sido posible se ha quitado la mancha de Omar. Quién dice que hubo antes un incendio en el barrio Bruchión, en donde estaba la biblioteca alejandrina, para probar así la facilidad con que ocurren estos accidentes; quién hace responsable a otro sable, a Julio César; y no falta, por último, quien asegura que hubo un segundo incendio parcial en el Serapeum para tener motivo de acusar a los demagogos de entonces, a los cristianos. Si el incendio del Serapeum hubiera destruido la biblioteca alejandrina en el siglo IV, no hubiese podido Hipatia, en el siglo V, explicar en la misma biblioteca las lecciones de filosofía que la condenaron a morir a cacharrazos. En lo que hace referencia a Omar, creemos lo que dicen los árabes. Abd-Allatif vio en Alejandría hacia el ano de 1220 «los pilares que sostenían una cúpula», y dice: «Aquí estuvo la biblioteca que quemó Amru-ben-Alas por orden de Omar». Abulfaradj, en 1260, en su *Historia dinástica*, refiere en iguales términos que por orden de Omar se quitaron los libros de la biblioteca, con los cuales se calentaron durante seis meses los baños de Alejandría. Dice Gibbon que había en Alejandría cuatro mil baños. Ebn-Khaldun, en sus *Prolegómenos históricos*, refiere otra destrucción, la de la biblioteca de los medos por Saad, teniente de Omar. Es lógico pensar que Omar, que hace quemar la biblioteca médica en Persia por Saad, haya hecho quemar también en Egipto la biblioteca egipto-griega por Amru. Sus tenientes han conservado la orden, que dice así: «Al fuego esos libros si contienen mentiras, y al fuego también si contienen verdades, porque para verdades tenemos el Corán.»

Sustituid el Coran por la Biblia, los Vedas, el Edda, el Zend-Avesta, el Toldos Jeschut, el Talmud y el Evangelio, y tendréis la fórmula imperturbable y universal de todos los fanatismos. Dicho esto, no tenemos razones para revocar el veredicto de la historia y adjudicamos al califa el humo de los setecientos mil volúmenes de Alejandría, incluso los de Esquilo, y mantenemos a Omar en posesión de su incendio.

Evergetes nos ha despojado de Esquilo por querer ser exclusivo en sus goces y por estimar una biblioteca como se estima un serrallo. El desdén imbécil suele tener las mismas consecuencias que la adoración estúpida. En poco ha estado que Shakespeare corriera la misma suerte que Esquilo. También él ha tenido su incendio. La inmediata posteridad de Shakespeare, tan indiferente como inepta, cuidose tan poco de imprimir sus obras, que en 1666 no había más que una edición de trescientos ejemplares del poeta de Stratford-upon-Avon, la edición tirada por Hemynge y Condell. Con esta mezquina edición, que esperaba en vano un público, era Shakespeare una especie de vergonzante pordiosero de gloria. Casi todos los trescientos ejemplares yacían en un rincón de Londres, cuando ocurrió el gran incendio en 1666, que consumió la ciudad y que por poco consume a Shakespeare. Toda la edición de Hemynge y Condell desapareció, a excepción de cuarenta y ocho ejemplares, que tardaron cincuenta años en venderse. Los cuarenta y ocho compradores han salvado la vida a la obra de Shakespeare.

VI

¡La desaparición de Esquilo! Extended, siquiera sea en hipótesis, igual catástrofe a otros nombres, y parecerá que sentís hacerse el vacío en el espíritu humano.

Por su extensión, era seguramente la obra de Esquilo la más grande de toda la antigüedad. Podremos formar idea de lo que fue aquel universo por las siete obras que se han conservado.

Indiquemos lo que es el *Esquilo perdido*.

Catorce trilogías: *Los Prometeos*, de los cuales formaba parte *Prometeo encadenado*; *Los siete contra Tebas*, de que sólo conservamos una parte; *La Danaide*, que comprendía *Las suplicantes*, escritas en Sicilia y con el carácter del sicilianismo de Esquilo; el *Layo*, que comprendía el Edipo; al *Athamas*, que terminaba por *Los istmiastas*; *Perseo*, cuyo nudo eran *Los forcides*; *Etna*, con un prólogo titulado *Las mujeres etnenses*; *Ifigenia*, que se desenlazaba con la tragedia *Las sacerdotisas*; *La Etiópida*, cuyos títulos no han podido ser averiguados; *Penteo*, con *Los hidróforos*; *Teucer*, que empezaba por *El juicio de las armas*; *Niobe*, que empezaba por *Las nodrizas* y concluía por *La comitiva del séquito*; una trilogía en honor de Aquiles, *La Ilíada trágica*, compuesta de *Los mirmidones*, *Las nereidas* y *Los frigios*; una de ellas en honor de Baco, *La licurgia*, compuesta de *Los edones*, *Los basáridos* y *Los mancebos*.

Estas catorce trilogías componían un total de cincuenta y seis obras. Hay que tener en cuenta que la mayor parte eran tetralogías o dramas cuádruples que terminaban por una sátira. Así, la *Orestíada* tenía por sátira final el *Proteo*, y *Los siete sobre Tebas*, *La esfinge*. Añadid a estas cincuenta y seis obras la trilogía, probablemente suya, *Las labdácidas*; las tragedias *Los egipcios*, *El rescate de Héctor* y *Memnón*, unidas tal vez a trilogías; las satirás *Sísifo tránsfuga*, *Los heraldos*, *El león*, *Los argivos*, *Amymone*, *Circeo*, *Cerción*, *Glauco marino*, que eran las comedias en donde se reía aquel genio feroz, y tendréis todo lo que nos falta.

Todo eso nos han arrebatado Evergetes y Omar.

Es difícil precisar con exactitud el número total de las obras de Esquilo. La cifra varía. El biógrafo anónimo dice setenta y cinco; Suidas, noventa; Jean Deslyons, noventa y siete, y Meursius, ciento. Meursius registra más de cien títulos, pero probablemente algunos son dobles. El doctor de la Sorbona Jean Deslyons, teólogo de Senlis, autor del *Discurso eclesiástico contra el paganismo del rey*, publicó en el siglo XVII un escrito contra la costumbre de colocar los ataúdes unos sobre otros en las fosas de los cementerios, apoyándose en el canon XXV del concilio de Auxerre, que dice: *Non licet mortuum super mortuum mitti*. Deslyons, en una nota de ese escrito, muy raro por cierto, que estuvo en poder de Charles Nodier, si no nos es infiel la memoria, cita un pasaje del gran anticuario y numismático de Venloo, Hubert Goltzius, en que con motivo de los embalsamamientos menciona *Los egipcios*, de Esquilo, y la *Apoteosis de Orfeo*, título omitido en la enumeración de Meursius. Goltzius añade que se recitaba la *Apoteosis de Orfeo* en los misterios de los Licómidas.

El título *Apoteosis de Orfeo* hace meditar. ¿Hay algo tan hermoso como Esquilo hablando de Orfeo, como el titán midiendo el hecatonquero y como un dios interpretando a otro dios? ¡Cuánto daríamos por leer esa obra! El Dante, hablando de Virgilio y llamándole su maestro, no puede llenar aquel vacío, porque Virgilio, noble poeta, pero sin invención, es inferior al Dante. Solamente entre iguales, de genio a genio, de soberano a soberano, pueden ser magníficos los elogios. Esquilo, levantando a Orfeo un templo cuyo altar podría él ocupar, es sublime.

VII

Esquilo es desproporcionado. Tiene en sí algo de la India. La colosal majestad de su talla trae a la memoria los inmensos poemas del Ganges que marchan por las regiones del arte a pasos de mammuts y que entre las ilíadas y las odiseas se asemejan a hipopótamos entre leones. Esquilo, que es admirablemente griego, es, sin embargo, algo más que griego, porque tiene lo desmesurado de los orientales.

Saumaise declara que abunda en hebraísmos y sirianismos, *hebraismis et syrianismis*. Esquilo supone conducido el trono de Júpiter por los vientos, como la Biblia el trono de Jehová por los querubines, y el Rig Veda el trono de Indra por los marutas. Los vientos, los querubines y los marutas son los *soplos*, y por tanto los mismos seres. Saumaise tiene razón, porque los juegos de palabras tan frecuentes en la lengua fenicia abundan en el lenguaje de Esquilo. Hablando, por ejemplo, de Júpiter y de Europa, emplea la palabra fenicia *ilfa*, que tiene la doble significación de «navío» y «toro». Gústale por extremo la lengua de Tiro y de Sidón, llegando algunas veces a apropiarse los extraños resplandores de su estilo; la metáfora «Jerjes, el de los ojos de dragón», parece inspirada en el dialecto ninivita, en el cual la palabra *draka* significa a la par «dragón» y «previsor». Tiene también sus herejías fenicias, como por ejemplo, su becerra, que es la vaca Isis; cree, como los sacerdotes de Sidón, que el templo de Delfos fue construido por Apolo con cera y alas de abejas. Durante su destierro en Sicilia iba con frecuencia a beber religiosamente en la fuente Aretusa, a la que no conocía por este nombre, según los pastores que le observaban, sino por el misterioso nombre de *Alphaga*, palabra siriaca que significa «manantial rodeado de sauces».

Esquilo es el único ejemplo en la literatura helénica de un alma ateniense con mezcla de lo egipcio y lo asiático. Estas profundidades repugnaban a la luz griega. Corinto, Epidauro, Odepso, Githium, Queronea, en donde nació Plutarco, Tebas, en donde estaba la casa de Píndaro, Mantinea, que tenía la gloria de Epaminondas, todas estas doradas ciudades rechazaban al Desconocido que se vislumbraba como una cube detrás del Cáucaso. El sol griego que iluminaba el Partenón no había sido creado para los bosques diluvianos de la Gran Tartaria, llenos de la gigantesca vegetación fungosa de los monocotiledones y de los altos helechos de cien codos de elevación, en donde germinaban los primitivos y horribles modelos de la Naturaleza, y en que existían, como entre sombras, las deformes ciudades, tales como la fabulosa Anarodgurro, que permaneció ignorada hasta que envió una embajada a Claudio. Los horribles nombres de Gagasmira, Sambulaca, Maliarfa, Barygaza, Caveripatnan, Sochoth-Benoth, Teglath-Falazar y Tana-Serim, asustaron a Grecia cuando se importaron por los aventureros de Jasón primeramente y después por los de Alejandro. Esquilo no se horrorizaba, antes bien, amaba al Cáucaso, porque allí fue donde conoció a Prometeo. Leyendo a Esquilo se le ve visitar los inmensos primitivos matorrales, convertidos hoy en hulleras, trepando con paso seguro por las raíces reptiles y semivivas de los antiguos monstruos vegetales. Esquilo es entre las genios una especie de Behemoth.

Hay que reconocerlo a pesar de todo: el parentesco de Grecia con el Oriente, tan odiado por los griegos, era real. Las letras del alfabeto griego son las mismas del alfabeto fenicio, invertidas. Y Esquilo era algo más que griego, por lo mismo que era algo fenicio. Este poderoso espíritu, en ocasiones informe por causa de su misma grandeza, tiene una alegría y una afabilidad titánicas. Hace juegos de palabras con Prometeo, Polinices, Helena, Apolo, Ilión, el gallo y el sol, imitando así a Homero, el cual, por haber variado el sentido de la palabra *oliva*, movió a Diógenes a arrojar un plato de aceitunas y comer en su lugar una torta.

El padre de Esquilo, Euforión, era discípulo de Pitágoras. Diríase que el alma de Pitágoras, el filósofo semimago y semibrahma, había penetrado en Esquilo, pasando antes por Euforión. Ya lo hemos dicho: en la profunda y misteriosa batalla librada entre los dioses celestes y los terrestres, guerra intestina del paganismo, Esquilo pertenecía a los últimos y militaba en el bando de los dioses de la tierra. Rechazaba a los cíclopes que habían ayudado a Júpiter y simpatizaba con los cabiros, del mismo modo que rechazaríamos nosotros a los obreros que fueran traidores a su causa. Adoraba a Ceres, «¡Oh, tú, Ceres, nodriza de mi alma», y Ceres es Deméter, *Ge meter*, la madre Tierra. De ahí nace su veneración al Asia, porque entonces la Tierra debía estar en Asia y no en otra parte. El Asia es, efectivamente, comparada con Europa, una especie de masa, sin cabos y sin golfos, en que no penetra el mar. La Minerva de Esquilo dice: «La grande Asia». El coro de las oceánidas canta: «El suelo sagrado del Asia». Dice en el epitafio hecho por él mismo y grabado sobre su tumba en Gela: «El medo de larga caballera». Elogia en un coro «a Sucicanes y Pegastagón, hijos del Egipto, y al jefe de Menfis, la ciudad sagrada». Llama a Minerva *Oncea*, nombre usado por los fenicios. En el *Etna* celebra los discursos sicilianos y los Pálicos, dioses hermanos, cuyo culto originario del Asia había venido por Sarepta y Tiro, llamándolos «los Pálicos venerables». Tres de sus trilogías tienen por título *Los persas*, *La Etiópida* y *Los egipcios*. En su geografía, el Egipto y la Arabia pertenecían al Asia. Prometeo dice: «La flor de la Arabia, y los héroes del Cáucaso». Esquilo era en geografía un singular especialista. Imaginábase en Asia una ciudad gorgocia, Cístenes, y un río, el Plutón, de arenas de oro, defendido por hombres que sólo tenían un ojo, los arimaspos. Los piratas a que alude en una de sus obras son sin duda los piratas angrias, que vivían en los escollos de Vizindruk. Distinguía claramente más allá del Paso del Nilo, en las montañas Biblos, las fuentes de ese río, que aún no han sido descubiertas. Sabía el punto exacto en donde Prometeo descubrió el fuego, y aseguraba que el monte Mosiclo estaba en las cercanías de Lemnos.

Esta geografía es exacta como un itinerario que dejase a un lado las regiones de la fantasía. Así es verdadera, pero inconmensurable. Es de una sorprendente realidad la grandiosa transmisión de la noticia anunciando la toma de Troya en una noche por medio de fanales encendidos, comunicándose de montaña a montaña, del monte Idda al promontorio de Hermes; del promontorio de Hermes al monte Atos; del monte Atos al monte Macispo; del monte Macispo al Mesapio; del Mesapio, atravesando el río Asopo, al monte Citerón; del monte Citerón, atravesando el pantano Gorgopis, al monte Egiplaneto; del monte Egiplaneto al cabo Sarónico (después Espireo); del cabo Sarónico el monte Arachuco, y del monte Arachuco a Argos. Seguid en el mapa esta línea de luces anunciando Agamenón a Clitemnestra. Mézclase esta vertiginosa geografía con una tragedia extraordinaria en que se ven diálogos más que humanos, como el siguiente: «PROMETEO: ¡Ah! —MERCURIO: Esa exclamación no es de Júpiter». En la tragedia, Geronte es el Océano. «Parecer loco —dice el Océano a Prometeo— es el secreto del sabio». Frase tan profunda como el mar, porque ¿quién sabe los pensamientos que oculta la tempestad? Y la Potencia exclama: «¡Sólo hay un dios libre, que es Júpiter!»

Esquilo, que tiene su geografía, tiene también su fauna. Esta fauna, que parece fabulosa, es más bien enigmática que quimérica. El que esto escribe ha visto en La Haya, en uno de los escaparates del museo japonés, la imposible serpiente de la *Orestíada*, que tiene una cabeza en cada una de sus extremidades. En aquel escaparate había, sea dicho de paso, varios ejemplares de una animalidad que parecía de otro mundo por lo extraña e inexplicable, porque no podemos suponer que los japoneses sean confeccionadores de monstruos.

La Naturaleza aparece por momentos a Esquilo con simplificaciones llenas de desdén misterioso. En esto desaparece el pitagórico y aparece el mago. Para él todos los animales son el animal, el perro, que parece resumirlos todos. El glifo es «un perro mudo», y el águila «un perro alado». *El perro alado de Júpiter*, dice Prometeo.

Acabamos de pronunciar la palabra *mago*: en ciertos momentos este poeta, como Job, oficia. Parece que ejerce sobre la Naturaleza, sobre los pueblos y hasta sobre los dioses cierta especie de magia. Reprocha a las fieras su voracidad. El buitre que coge entre sus garras a una fugitiva liebre preñada «se come una raza completa detenida en su huida». Interpela al polvo y al humo llamando al primero «hermano sediento del lodo», y al segundo «negro hermano del fuego». Insulta a la peligrosa bahía de Salmideso calificándola de «madrastra de los barcos». Reduce a proporciones pequeñas a los griegos que vencen a Troya por traición, mostrándolos arrollados por las armas y llamándolos «hijuelos de un caballo». Hablando de los dioses funde a Apolo con Júpiter, llamando magníficamente a Apolo la «conciencia de Júpiter».

El signo de su soberanía se muestra en su audaz familiaridad. Ifigenia es cogida por su sacrificador «como una cabra». A su juicio, una reina, mujer fiel, es «la buena perra de la casa». Hablando de Orestes, dice que lo conoció pequeño, «cuando mojaba los pañales, *humectatio ex urina*. Dice más que en esta frase latina: la expresión exacta está en los *Litigantes* (acto III, escena III). Si deseáis ver la palabra que no nos atrevemos a escribir, consultad a Racine.

El conjunto es al mismo tiempo inmenso y lúgubre, porque Esquilo manifiesta la profunda desesperación del destino. Muestra en terribles versos «la impotencia que sujeta, como en un sueño, a los vivos ciegos». Su tragedia es el antiguo ditirambo órfico, que se lamenta y llora por el hombre.

VIII

Aristófanes amaba a Esquilo por virtud de la ley de afinidad que hacía a Marivaux amar a Racine. La comedia y la tragedia fueron hechas para entenderse. Esquilo y Aristófanes tienen el mismo loco y poderoso estímulo: ambos parecen inspirados por la máscara antigua. Aristófanes, que no había sido todavía bien comprendido, sentía admiración por los misterios, por la poesía cecropia, por Eleusis, por Dodona, por el crepúsculo asiático, y en suma, por todo lo que era profundo sueño del pensamiento. Este sueño, que produjo el arte de Egina, estaba en el umbral de la filosofía jónica con Tales y en el de la filosofía itálica con Pitágoras, como esfinge puesta para impedir la entrada.

La esfinge, para Aristófanes, es la gran musa pontificial y lasciva del apetito universal. Esta esfinge inspiraba a Esquilo la tragedia y a Aristófanes la comedia. Tenía algo de Cibeles. Muéstrase en Aristófanes el antiguo impudor sagrado. A veces tiene a Baco en sus labios espumosos y surge de las Dionisíacas, de la Ascosia o de la gran Orgía trietérica como una furia surgiría de los misterios. Aseméjense sus vacilantes versos a una basárida que saltara con un solo pie por entre vejigas infladas de aire. Aristófanes tiene la obscenidad sacerdotal, prefiriendo la desnudez al amor. Denuncia las Fedras y las Estenobeas, escribiendo la *Lisístrata*. Esto era la religión; un cínico era un austero. Los gimnosofistas eran el punto de intersección de la lubricidad y el pensamiento. El macho cabrío con barba de filósofo pertenecía a esta secta. El sombrío Ortinte, extático y bestial, vive todavía en el santón, en el derviche y en el fakir. Los coribantos eran una especie de fakires griegos. Aristófanes, y lo mismo Diógenes, pertenecían a esta familia. Esquilo, en su aspecto oriental, confinaba con ellos, pero conservando la castidad trágica.

Este misterioso naturalismo era el antiguo Genio de Grecia que se ha llamado Poesía y Filosofía. Hallábase a sus pies el grupo de los siete sabios, uno de los cuales, Periandro, había sido tirano. Con la doctrina de Sócrates se introdujo cierto espíritu mesócrata y de término medio, que era la sagacidad poniendo en claro la sabiduría. La operación consistió en reducir a verdad inmediata a Tales y Pitágoras con una especie de filtro que, depurando y disminuyendo, convertía gota a gota, al pasar por el tamiz, la antigua doctrina divina en doctrina humana. Estas simplificaciones desagradan a los fanatismos, que no gustan jamás de ver sus dogmas tamizados. Mejorar una religión es atentar contra ella. Ofrecer el progreso sus servicios a la fe es inferir a ésta una ofensa. La fe es una ignorancia que cree saber, y que en ciertos casos sabe quizá más que la ciencia. Sócrates tenía, frente a las altivas afirmaciones de los creyentes, una semisonrisa molesta. Sócrates tiene algo de Voltaire. Decía que toda la filosofía eleusíaca era ininteligible e incomprensible, y declaraba a Eurípides que para comprender a Heráclito y a los antiguos filósofos *era preciso ser un nadador de Delos,* es decir, un nadador capaz de llegar a la isla que se aleja continuamente. Esto era impío y sacrílego para el antiguo naturalismo helénico.

Tal era la causa de la inquina de Aristófanes contra Sócrates. La antipatía fue horrible, pareciendo el poeta un perseguidor que se une a los opresores contra los oprimidos: sus comedias son verdaderos crímenes. Aristófanes, ¡sombría expiación!, ha pasado a la posteridad como un genio del mal. Tiene, sin embargo, una circunstancia atenuante, y es que ha admirado con éxtasis al poeta de Prometeo; y admirarlo es defenderlo. Aristófanes hizo cuanto pudo por impedir su destierro, y si hay algo que mitigue la indignación que produce la lectura de *Las Nubes,* cebándose en Sócrates, es el ver en las sombras la mano de Aristófanes deteniendo por el manto a Esquilo que se va.

También Esquilo tiene una comedia gemela de la farsa inmensa de Aristófanes, Ya hemos hablado de su buen humor, que se manifiesta con exceso en *Los Argivos,* que iguala al de Aristófanes y que sobrepuja al de nuestros martes de Carnaval. Escuchad: «Me arroja a las narices una bacinilla, rompiéndose sobre mi cabeza y exhalando un olor que no es el de un perfume». ¿Quién dice eso? Esquilo. Shakespeare, por su parte, dice por boca de Falstaff: «Vierte el orinal». *Empty the jordan.* ¿Que le hemos de hacer? Tratamos con salvajes.

Molière es también uno de estos salvajes. Leed desde el principio hasta el fin *El enfermo imaginario*. Racine también tiene sus ribetes. Leed *Los litigantes* ya citados. El abate Camus era un obispo de talento, cosa rara en todo tiempo, y lo que es más, un buen hombre. Hubiera merecido de otro obispo, contemporáneo nuestro, el denuesto de ser «bueno hasta parecer tonto». Esto depende de que tenía talento. Repartía a los pobres toda la renta de su obispado de Belley. Era adversario de las canonizaciones, y él fue quien dijo: «La caza es para los perros viejos, y las urnas para los santos viejos» (*Il n'est chasse que de vieux chiens et châsse que de vieux saints*), y aunque no era partidario de los recién venidos a los honores de santidad, era amigo de san Francisco de Sales, con cuyo consejo hizo algunas novelas. En una de sus cartas cuenta que Francisco de Sales le dijo un día: «La Iglesia se ríe de ganas».

También el arte *se ríe de ganas*. El arte, que es un templo, tiene su risa. ¿De dónde procede la hilaridad? En medio de las obras maestras, de serena faz, surge de repente un bufón que es también una obra maestra. Sancho Panza da con el codo a Agamenón. La ironía viene a complicar y completar las maravillas del pensamiento. Es un verdadero enigma. El arte, el gran arte, se ve acometido de un acceso de alegría. Su problema, que es la miseria, le divierte. La forma y la deforma en combinaciones para producir la belleza, y se divierte extrayendo de ella la fealdad. Parece que olvida su responsabilidad, y no se exacto, porque detrás de un gesto aparece de repente la filosofía, pero una filosofía risueña, menos sideral, más terrena y tan misteriosa como la filosofía triste. Se confrontan lo desconocido del hombre y lo desconocido de las cosas, y al encontrarse frente a frente los dos augures, la Naturaleza y el Destino, no pueden permanecer serios. La poesía, abrumada por la ansiedad, se ríe de sí misma. De lo incomprensible surge un gozo que no es la serenidad, como si en las sombras humanas centellearan siniestras alegrías. Las oscuridades amontonadas en nuestro rededor juegan con nuestra alma. ¡Temerosa expansión de lo desconocido! Lo que nos produce risa sale del abismo. Esta risa alarmante del arte se llama en la antigüedad Aristófanes y en los tiempos modernos Rabelais.

Cuando Pratinas, el dórico, inventó la pieza satírica, es decir, cuando apareció la comedia frente a la tragedia, la risa al lado del dolor, y se vio que los dos géneros tendían a unirse, se produjo gran escándalo. Agathon, el amigo de Eurípides, fue a Dudona a consultar a Loxias. Loxias es Apolo. *Loxias* significa «tortuoso», y se le llamaba Apolo *el Tortuoso* a causa de sus oráculos llenos de indirectas, sinuosidades y repliegues. Agathon preguntó a Apolo si el nuevo género era impío, y si la comedia podía existir con tanto derecho como la tragedia. Loxias respondió: *La poesía tiene dos oídos.*

Esta contestación, que a juicio de Aristóteles es muy oscura, es, a nuestro entender, muy clara, porque resume la ley absoluta del arte. Existen, en efecto, dos problemas antitéticos. Uno en plena luz, el problema candente, tumultuoso, tempestuoso, atronador, la inmensa encrucijada de la vida, todas las direcciones abiertas a los pies del hombre, las bocas que se contradicen, las luchas, las pasiones con sus *por qués*, el mal de donde arranca el dolor, porque ser el mal es peor que producirlo, las penas, los sufrimientos, las lágrimas, las angustias y los rumores; y otro en las sombras, el problema mudo, el inmenso silencio, cuyo sentido es inexplicable y terrible. Por eso la poesía tiene dos oídos, uno atento a la vida, otro atento a la muerte.

IX

Aun viendo la Francia de nuestros días, asombra el contemplar la prodigiosa extensión de luz que irradiaba Grecia. Grecia no colonizaba sin civilizar. Esto puede servir de ejemplo a más de una nación moderna. No se reduce todo a comprar y vender.

Tiro, Beritos, Sidón y Sarepta solamente vendían y compraban. ¿Y qué ha sido de estas ciudades? Atenas enseñaba. Por eso

Atenas, en la hora que corre, es una de las capitales del pensamiento humano.

La hierba crece en los seis peldaños de la tribuna en que habló Demóstones; la plaza Cerámica es un barranco medio lleno del polvo de mármol del palacio de Cecrops; el Odeón de Herodes Ático, al pie de la Acrópolis, no es ya más que ruinas sobre las cuales se destaca en ciertas horas del día la mutilada sombra del Partenón; el templo de Teseo pertenece a las golondrinas: las cabras saltan en al Pnyx; pero vive la idea griega y Grecia continúa siendo reina y diosa. Las factorías pasan, pero las escuelas quedan.

Causa maravilla hoy el saber que hace veintidós siglos, aun las más pequeñas aldeas situadas en los más apartados rincones del mundo conocido tenían sus teatros. En materia de civilización, Grecia se ponía en marcha construyendo una academia, un pórtico o un logeum. Quien hubiese visto casi en la misma época la fundación en Umbría de la ciudad de los galos, Sens, hoy día Senigaglia, y no muy lejos, cerca del Vesubio, la ciudad helénica Parthenopea, hoy Nápoles, habría reconocido a la Galia en la gran piedra enhiesta y tinta en sangre, y a la Grecia en el teatro.

Era tal la fuerza que prestaban a esta civilización la poesía y el arte, que llegaba a dominar a la misma guerra. Cuenta Plutarco, con motivo de Nicias, que los sicilianos ponían en libertad a los prisioneros griegos que cantaban versos de Eurípides.

Indiquemos algunos hechos muy poco conocidos, pero muy singulares. La colonia mesenia Zancle en Sicilia, la colonia corintia Corciro, distinta de la Corciro de las islas absirtidas. la colonia cicladia, Cirene en Libia y las tres colonias focias, Helea en Lucania, Palanio en Córcega y Marsella en Francia, tenían sus teatros. Habiendo sido perseguida Ío por un tábano a lo largo del golfo Adriático, el mar Jónico, llegó hasta el puerto Véneto, y Tregestes, que hoy es Trieste, tuvo su teatro. Teatro en Salpé en Apulia; teatro en Squillacium en Calabria; teatro en Therno en Livadia; teatro de Lisimaquia, fundada por Lisímaco, teniente de Alejandro; teatro en Scapta-Hyla, en donde Tucídides poseía minas de oro; teatro en Bizia, en donde vivió Teseo; teatro en Chaonia, en Buthrotum, en donde representaron los equilibristas del monte Quimera, admirados por Apuleyo en el Pecilo; teatro en Panomia, en Buda, donde estaban los Metanastos, en decir, *los Trasplantados*. Muchas de estas lejanas colonias se hallaban muy expuestas. Calaris, hoy Cagliari, en la isla de Cerdeña, conocida por los griegos con el nombre de Ichnusa, a causa de su semejanza con la planta del pie, en cierto modo estaba bajo la garra púnica; Cibalis en Misia amenazada por los tribalos; Aspalaton por los ilirios; Tomis, tumba futura de Ovidio, por los escordiscos; Mileto, en Anatolia, por los masagetos; Denia, en España, por los cántabros; Salmideso por los molosos; Carsino por los tauroscitas; Gelono por los sármatas arinfeos, que se alimentaban con bellotas; Apolonia por los hamaxobienos nómadas en sus carretas; Abdera, patria de Demócrito, por los tracios, los hombres pintados. Todas estas ciudades tenían al lado de la ciudadela el teatro. Y ¿por qué? Porque el teatro mantenía vivo el fuego de la patria. Estando los bárbaros a las puertas era preciso ser griegos, que no hay muralla tan fuerte como la del patriotismo.

El drama griego era profundamente lírico: algunas veces era más bien un ditirambo que una tragedia, que tenía ciertas estrofas altivas como la espada. Se presentaba en escena, cubierto con casco, y entonces era una verdadera oda armada para la guerra. Nadie ignora el influjo que ejerce una *Marsellesa*.

Algunos de estos teatros eran de granito, otros de ladrillo. El de Apolonia era de mármol. El de Salmideso era un teatro ambulante, inmenso tablado que se transportaba por medio de ruedas cilíndricas, ya a la plaza Dórica, ya a la plaza Epifana, semejante a las torres de madera con que se combatía a las torres de piedra de las ciudades sitiadas.

Y ¿cuál era el poeta preferido en estos teatros? Esquilo. Esquilo era para Grecia el poeta autóctono; porque era más que griego, era pelasgo. Habla nacido en Eleusis, y no era solamente eleusio, sino eleusiaca, es decir, creyente. Es lo mismo que inglés y anglicano. El elemento asiático, deformación grandiosa de este genio, aumentaba el respeto. Decíase que el gran Dionisio, el Baco común a Occidente y Oriente, se le aparecía en sueños para dictarle sus tragedias. Aquí encontráis de nuevo «el caminante» que inspiraba a Shakespeare.

Esquilo, eupátrida y eginético, parecía a los griegos más griego que ellos mismos: en aquellos tiempos en que códigos y dogmas estaban confundidos, ser sacerdote era el mejor título para ser gran patriota. Cincuenta y dos de sus tragedias fueron coronadas. Al salir de las representaciones de las obras de Esquilo, los hombres golpeaban sobre los escudos suspendidos en las puertas de los templos exclamando: «¡Patria! ¡Patria!» Digamos también que el ser *hierático* no impedía ser *demótico*. Esquilo amaba al pueblo, y el pueblo adoraba en él. La grandeza tiene dos aspectos: el uno es la majestad y el otro la familiaridad. Esquilo era familiar con la inquieta y generosa muchedumbre de Atenas. Con frecuencia encargaba a la multitud sus mejores papeles. Ved en la *Orestíada* al coro, que es el pueblo, acogiendo con ternura a Casandra. El coro trata de calmar a la esclava a quien maltrata e irrita la reina; Esquilo introdujo el pueblo en sus obras magistrales, como se ve en *Pentea*, en la tragedia *Las cardadoras de lana*, en *Niobe*, en la tragedia *Las nodrizas*, en *Athamas*, en la tragedia *Los tiradores de redes*, y en *Ifigenia*, en la tragedia *Las que hacen las camas*. En su misterioso drama *El peso de las almas* (la *Psicostasia*), la balanza se inclina del lado del pueblo. Por esto fue elegido Esquilo para conservar el fuego sagrado.

Representábanse en todas las colonias griegas la *Orestíada* y *Los Persas*. La patria estaba dondequiera que estaba Esquilo. Los magistrados mandaban representar estas obras semirreligiosas. Parecía que el gigantesco teatro de Esquilo tenía la misión de velar por la infancia de las colonias, encerrándolas dentro del espíritu de Grecia. Separándolas así de las malas vecindades, de las posibles tentaciones de emancipación y del contacto bárbaro, las conservaba en el círculo helénico. Esquilo era el centinela a quien se confiaban todas las pequeñas Grecias.

En la India hay la costumbre de confiar los niños al cuidado de los elefantes. Estas enormes encarnaciones de la bondad velan por los pequeñuelos. Un grupo de cabecitas rubias canta, ríe y juega bajo los árboles. La confiada madre se ocupa en las tareas domésticas. Sin embargo, los alegres niños suelen estar en peligro, porque los hermosos árboles son traidores que ocultan espinas, garras y dientes. Entre ellos se eriza el cactus, vaga el lince y rastrea la víbora. Es preciso que los pequeñuelos no se alejen, porque más allá de cierto límite se verían perdidos. Ellos, con todo, van y vienen, gritan, saltan, se arrastran, algunos tartamudean y ninguno apenas puede tenerse de pie. Suele ocurrir que alguno se aleja demasiado, y entonces una tromba formidable coge al pequeñuelo, trayéndole dulcemente al regazo.

X

Existían varias copias más o menos completas de Esquilo.

Además de los ejemplares de las colonias, limitados a un corto número de obras, se sacaron copias parciales del ejemplar de Atenas por los críticos y escoliastas alejandrinos, los cuales nos han conservado diversos fragmentos, entre otros el fragmento cómico de *Los Argivos*, el fragmento báquico de *Los Edones*, los versos citados por Estobeo y hasta los versos probablemente apócrifos que cita Justino el Mártir.

Estas copias ocultas, pero no destruidas tal vez, han alimentado la persistente esperanza de los investigadores, señaladamente de Le Clerc, que publicó en Holanda, en 1709, los fragmentos hallados de Menandro. Pierre Pelhestre de Rouen, el hombre que lo había leído todo, lo cual le valió una reprensión del meticuloso arzobispo Perefixe, aseguraba que se hallarían la mayor parte de los poemas de Esquilo en las bibliotecas de los monasterios del monte Athos, como se habían encontrado los cinco libros de los *Anales* de Tácito en el convento de Corwey, en Alemania, y las *Instituciones* de Quintiliano en una antigua torre de la abadía de Saint-Gall. Una tradición, de dudoso fundamento, supone que Evergetes II restituyó a Atenas no el ejemplar original de Esquilo, sino una copia, dejando por vía de indemnización los quince talentos. Aparte del hecho atribuido a Evergetes y Omar, el cual, aunque real en el fondo, es tal vez legendario en algún detalle, la pérdida de tantas obras de inestimable valor en la antigüedad se explica por el corto número de ejemplares. El Egipto, en particular, lo copiaba todo en papiro, y como el papiro era muy caro, escaseaba mucho. Algunos se vieron obligados a escribir en cacharros. Romper una vasija era romper un libro. Por la época en que pintaban a Jesucristo en las paredes de Roma con patas de asno y esta inscripción: *El Dios de los cristianos tiene cascos de burro*, en el siglo III, fue preciso, para que se hiciesen diez copias de Tácito cada año, o como decimos hoy, para que se hiciese una tirada de diez ejemplares, que un César se llamase Tácito y se creyese sobrino del historiador. Y aun así, Tácito está casi perdido. De los veintiocho años que comprende su *Historia de los Césares*, desde el año 69 hasta el 96, sólo tenemos uno completo, el 69, y un fragmento de otro del año 70. Evergetes prohibió la exportación del papiro, y de esta prohibición nació el empleo del pergamino. El precio del papiro llegó a ser tal, que Firmio el Cíclope, fabricante de papiro, ganó con esta industria en el ano 270 bastante dinero para levantar ejércitos, hacer la guerra a Aureliano y declararse emperador.

Gutenberg es un redentor. Las submersiones de las obras del pensamiento, inevitables antes de la invención de la imprenta, son imposibles ahora. La imprenta es el descubrimiento de lo inagotable; en la ciencia social es el movimiento continuo. De vez en cuando aparece un déspota que trata de detenerlo, o disminuirlo, pero el rodamiento lo gasta. El resultado de la imprenta es el pensamiento sin ligaduras, el progreso en constante movimiento y el libro imperdible. Antes de que la imprenta fuese inventada, la civilización estaba sujeta a pérdidas de substancia. A lo mejor desaparecían las ideas de un filósofo o de un poeta esenciales al progreso, rasgándose de esta suerte una página del libro humano. Una estupidez de un copista o un capricho de un tirano bastaba para desheredar a la humanidad de todos los grandes testamentos de los genios. Todos esos peligros han desaparecido ahora. De hoy en adelante reina lo que no se puede aprisionar. Nadie será capaz de sujetar por el cuerpo al pensamiento, porque ha dejado de tener cuerpo. El manuscrito era el cuerpo de la obra maestra, y cuando desaparecía, desaparecía con él el alma, la obra. La obra, convertida hoy en pliego impreso, es libre, porque ya es alma. ¡Matad si podéis a esta substancia inmortal! Gracias a Gutenberg, el ejemplar es inagotable. El ejemplar es germen que contiene en sí su propio renacimiento, que puede alcanzar a miles de ediciones; la unidad está llena de lo innumerable. Este prodigio ha salvado la inteligencia universal. Gutenberg sale en el siglo XV de una oscuridad terrible, arrancando de ella al cautivo espíritu humano. Desde entonces Gutenberg es el auxiliar de la vida y el colaborador permanente de la civilización en actividad. Nada se hace sin él. Si intentarais separarlo de la civilización, nos convertiríamos en un Egipto. Estad seguros de que si sujetáis la libertad de imprenta, disminuís la elevación de un pueblo. Uno de los grandes aspectos de la libertad humana conseguida mediante la imprenta es la conservación indefinida de los poetas y de los filósofos. Gutenberg es como un segundo padre de las creaciones del espíritu. Antes de que existiera él, las obras maestras morían.

Es triste decirlo: Grecia y Roma han dejado ruinas de libros. La antigüedad se reduce a toda una fachada del espíritu humano medio cuarteada. Aquí las ruinas de una epopeya, allá, una tragedia desmantelada, magníficos versos medio borrados, enterrados y desfigurados, frontispicios de ideas casi totalmente derruidos, los genios truncados como las columnas, palacios de pensamiento sin techo y sin puertas, osamentas de poemas, un cráneo que ha sido una estrofa, y en suma, la inmortalidad en escombros. La vista de este espectáculo hace meditar siniestramente. El olvido, esta araña, teje la tela entre el drama de Esquilo y la historia de Tácito.

¿En donde está Esquilo? En pedazos en todas partes. Esquilo está esparcido en veinte textos. Sus ruinas están en multitud de lugares diferentes que es preciso buscar. Ateneo es quien cita la dedicatoria *Al tiempo*, Macrobio el fragmento de *El Etna* y el tributo a los dioses Pálicos, Pausanias el epitafio, el biógrafo anónimo Goltzius y Meursius, los títulos de las obras perdidas.

Sabemos por Cicerón en *Los Tusculanos* que Esquilo era pitagórico, por Heródoto que fue un valiente en Maratón, por Diodoro de Sicilia que su hermano Aminias fue bravo en Platea y por Justino que su otro hermano Cinegiro fue un héroe en Salamina. Sabemos por las didascalias que *Los persas* fueron representados en el arcontado de Menón, que *Los siete contra Tebas* lo fueron en el arcontado de Teagénides y que *La Orestíada* lo fue siendo arconte Filocles: sabemos por Aristóteles que Esquilo fue el primero que se atrevió a poner en escena dos personajes que hablasen a la vez en diálogo; por Platón que los esclavos concurrían a oír sus obras; por Horacio que él fue el inventor de la careta y del coturno; por Pólux que las mujeres embarazadas abortaban cuando salían las Furias; por Filóstrato que abrevió las monodias; por Suidas que su teatro se desplomó bajo el peso de la multitud; por Elieno que blasfemó; por Plutarco que fue desterrado; por Valerio Máximo que murió del golpe en la cabeza de una tortuga soltada por un águila; por Quintiliano que sus obras fueron retocadas; por Fabricio que sus hijos fueron acusados de este delito de lesa paternidad, y por los mármoles de Arundel la fecha de su nacimiento y la de su muerte, ocurrida a la edad de sesenta y nueve años.

Ahora, quitad del drama el Oriente y poned el Norte, quitad la Grecia y poned Inglaterra, quitad la India y poned la

Alemania, la otra madre inmensa, *All-men, Todos los hombres*; quitad a Pericles y poned a Isabel, quitad el Partenón y poned la Torre de Londres, quitad la plebe y poned el mob, quitad la fatalidad y poned la melancolía, quitad la gorgona y poned la bruja, quitad el águila y poned la nube, quitad el Sol y poned la Luna apareciendo lívidamente por entre las ramas de los árboles agitadas por el viento, y tendréis a Shakespeare.

Dadas la dinastía de los genios y la absoluta y particularísima originalidad de cada uno, el poeta de la formación carlovingia sucediendo al poeta de la formación jupiteriana y la bruma gótica al misterio antiguo, Shakespeare será Esquilo II.

Queda el derecho de la Revolución francesa, creadora del tercer mundo, a tener representación en el arte. El arte es una inmensa abertura en la que cabe todo lo posible.

Libro V

Las almas

I

La producción de las almas es el secreto del abismo. ¡Lo innato! ¡Qué sombra! ¿Qué es la condensación de lo desconocido hecha en las tinieblas de donde surge bruscamente por encanto una luz, un genio? ¿Cual es la ley, ¡oh amor!, que preside a tales advenimientos? Maravilla el pensar que el corazón humano cumpla su destino en la tierra. ¿Qué será la incomprensible fusión de la sublimación material y la sublimación moral en el átomo, indivisible bajo el punto de vista de la vida e incorruptible bajo el punta de vista de la muerte? ¡El átomo! ¡Qué maravilla! ¡Ni dimensión, ni extensión, ni altura, ni longitud, ni latitud, ni medida, en fin! ¡Y todo en esa nada! Para el álgebra, punto geométrico, y para la filosofía, alma. Como punto geométrico, base de la ciencia, y como alma, base de la fe. Eso es el átomo. Dos urnas, los sexos, sacan la vida de lo infinito, y vertiéndose una en otra, se produce el ser. Esta es la norma para todos, lo mismo para el animal que para el hombre. Pero el hombre más que hombre, ¿de dónde viene?

¿Cuál en la fuerza que evoca, incorpora y reduce a la condición humana las supremas inteligencias, es decir, los grandes hombres? ¿Qué participación tienen la carne y la sangre en ese prodigio? ¿Por qué ciertas chispas terrestres van al encuentro de ciertas obispas celestes? ¿En dónde se ocultan esas chispas? ¿Adónde van y cómo se adhieren? ¿Qué don es ese que tiene el hombre de encender lo desconocido? ¿Hay algo mas potente que esta mina, lo infinito, y esta extracción, un genio? ¿Por qué en un momento determinado éste y no aquél? Ahora, como siempre, aparece y desaparece la incalculable ley de las afinidades. Se vislumbra, mas no se distingue. ¡Oh! ¿Dónde estás, cíclope del abismo?

Las cualidades mas diversas, más complejas y más opuestas en apariencia entran en la composición de las almas. Los contrarios no se excluyen, antes bien, se completan. El profeta contiene al escoliasta, el mago al filólogo. La inspiración sabe su oficio. Todos los poetas son críticos: sirva de ejemplo la excelente crítica teatral que Shakespeare pone en labios de Hamlet. El visionario es al mismo tiempo exacto, como el Dante que escribe una retórica y una gramática. El exacto es al mismo tiempo visionario, como Newton, que comenta el Apocalipsis, o como Leibniz, que demuestra *nova inventa logica*, la Santísima Trinidad. El Dante conoce la distinción de las tres clases de palabras; *parola piana, parola sdrucciola* y *parola tronca*; sabe que la *piana* es un troqueo, la *sdrucciola* un dáctilo y la *tronca* un yambo. Newton está persuadido de que el Papa es el Anticristo. El Dante combina y calcula, y Newton sueña.

En esta oscuridad ninguna ley es inteligible, ningún sistema posible. Las adherencias y las cohesiones confunden sus corrientes. La imaginación cree sorprender en ciertos momentos el fenómeno de la idea, viendo claramente una mano que arranca al que se va la antorcha para entregarla al que llega. El año de 1642, por ejemplo, es un año singular. En él muere Galileo y nace Newton. Ved allí un hilo: intentad anudarlo, y de seguro que se rompe en seguida. Fijad los ojos en esta desaparición: el 23 de abril de 1616, el mismo día y casi en el mismo momento, mueren Shakespeare y Cervantes. ¿Por qué se apagan las dos llamas en un mismo instante? No hay lógica conocida para tales hechos, que ocurren como un torbellino durante la noche.

Enigmas a cada instante. ¿Por qué Cómodo sale de Marco Aurelio? Estos problemas mortificaban a Jerónimo en el desierto, a aquel hombre de los antros, al Isaías del Nuevo Testamento: interrumpía sus preocupaciones sobre la eternidad y su atención a los sonidos de la trompeta del arcángel para meditar sobre el alma de un pagano que le interesaba: hacía cálculos sobre la edad de Persio, afanándose por encontrar un motivo, siquiera fuese remoto, que persuadiera al cenobita de que el poeta se había salvado merced a su austeridad. Es sorprendente el ver a este pensador feroz, semidesnudo como Job, en su lecho de paja, disputando sobre esta cuestión, frívola en apariencia, con Rufino y Teófilo de Alejandría, y cómo Rufino hace observar que está equivocado en sus cálculos, porque habiendo nacido Persio durante el consulado de Fabio Pérsico y Vitelio y habiendo muerto durante el de Publio Mario y Asinio Galo, no corresponden estas épocas rigurosamente con el año II de la 203 olimpíada y el año II de la 210 fijada por Jerónimo. ¡De tal modo solicita el misterio a los pensadores! Estos cálculos semisalvajes de Jerónimo han tenido imitadores. No encontrar nunca el punto de llegada, pasar, como Arquímedes, de una espiral a otra, o como Alighieri, de una zona a otra zona y caer revoloteando en el pozo circular, es la eterna aventura del pensador. Tropieza contra el rígido muro sobre el cual se proyecta un pálido rayo de luz. A veces halla que la certeza es obstáculo y la evidencia temor, y sin embargo, avanza. Es el pájaro bajo la bóveda; es la angustia; mas no importa, medita y sueña.

Soñar es pensar en todo. *Passim*. ¿Qué significará el nacimiento de Eurípides durante la batalla de Salamina, en el momento en que Sófocles, adolescente, ora, y en que Esquilo, hombre, combate? ¿Qué significación tendrá el nacimiento de Alejandro ocurrido en la misma noche en que se incendia el templo de Éfeso? ¿Qué lazo habrá entre el templo y el hombre? ¿Será acaso que el espíritu conquistador y brillante de Europa, destruido en la forma de obra de arte, reaparece en forma de héroe? Porque es preciso no olvidar que Ctesifón es el arquitecto griego del templo de Éfeso. Hace un momento señalábamos la desaparición simultánea de Shakespeare y Cervantes. Citemos otra también sorprendente: el mismo día en que muere Diógenes en Corinto, muere Alejandro en Babilonia. Estos dos cínicos, uno del harapo y otro de la espada, se van juntos; y Diógenes, ávido de gozar de la inmensa luz desconocida, dice al morir, dirigiéndose a Alejandro: *Apártate de mi sol.*

¿Qué significan ciertas concordancias de mitos representados por los hombres divinos? ¿Qué significa la analogía de Hércules y Jesús, que ya atraía la atención de los Padres de la Iglesia, que indignaba a Sorel y consolaba a Du Parron, y que hace de Alcides una especie de espejo material de Cristo? ¿Habrá tal vez comunidad de alma, y sin saberlo, comunicación íntima entre el legislador griego y el legislador hebreo, que crean, en un mismo momento, sin conocerse y siquiera sin sospechar su existencia, el uno el Areópago y el otro el Sanhedrín? ¡Pasmosa semejanza la que existe entre el jubileo de Moisés y el de Licurgo! ¿Qué serán las paternidades dobles, paternidad de cuerpo y alma, como la de David engendrando a Salomón? ¡Vértigos, escarpaduras, precipicios!

Quien mira durante largo tiempo hacia este sagrado horror siente la inmensidad subírsele a la cabeza. ¿Que os diría la sonda arrojada en este misterio? ¿Qué veríais? Las conjeturas tiemblan, las doctrinas se estremecen y vagan las hipótesis: toda la filosofía humana vacila ante esta abertura a impulsos de un soplo sombrío.

Tenéis, en cierto modo, delante de los ojos la extensión de lo posible. El sueño que se siente en el interior del alma, se ve en el exterior, en el mundo. ¡Todo es indistinto! Muévense en el fondo confusas blancuras. ¿Serán acaso las almas? Distínguense en las profundidades arcángeles indefinidos. ¿Llegarán a ser algún día criaturas humanas? Esforzándoos en ver y en saber, os cogéis la cabeza con las manos. Os asomáis a la ventana de lo desconocido. Surgen de todas partes las nieblas de los efectos y las causas, las cuales, amontonándose unas sobre otras, os envuelven como en una bruma. El hombre que no medita vive en la ceguedad, pero el hombre que medita vive en la oscuridad. Se os da a escoger lo negro. En lo negro, que constituye hasta ahora casi toda nuestra ciencia, la experiencia camina a tientas, la observación acecha y la suposición vaga. Si miráis frecuentemente, os convertís en vates. Apodérase de vosotros inmensa meditación religiosa.

Todo hombre tiene su Patmos. Es libre de ir o no ir a la temerosa cima del pensamiento, desde donde se distinguen las tinieblas. Si no va, permanece en la vida ordinaria, en la conciencia ordinaria, en la virtud ordinaria, en la fe ordinaria y en la duda ordinaria. Para la tranquilidad interior, semejante estado es evidentemente cómodo. Pero si va a la cima está cogido y se le aparecen las profundas olas del prodigio. Nadie ve impunemente ese océano. El pensamiento se dilata y se agranda, pero flota; es decir, el que sube a la cúspide se hace soñador, tocando por un lado con el poeta, y por el otro con el profeta. En tal caso, parte de su realidad pertenece a la sombra. Lo ilimitado entra en su vida, en su conciencia, en su virtud y en su filosofía. Es extraordinario para los demás hombres, porque no se mide como ellos; tiene deberes que ellos no tienen. Vive en la oración difusa, aproximándose, ¡cosa extraña!, a una certeza indeterminada, a la cual llama Dios. Distingue en este crepúsculo lo bastante de la vida anterior y lo bastante de la vida ulterior, para coger los dos extremos del hilo sombrío y anudar a él su alma. El que ha bebido beberá, el que ha soñado soñará. Obstínase en permanecer junto al abismo que lo atrae, junto a lo inexplorado, siente desinterés por la tierra y por la vida, contempla la entrada que conduce a lo prohibido, esfuérzase en palpar lo impalpable, en ver lo invisible, va y viene, se inclina, se abalanza, da un paso, después dos, y así penetra en lo impenetrable y en las dilataciones sin límites de la meditación infinita.

El que llega hasta allí es Kant, el que cae es Swedenborg. Es grande el que conserva en esta dilatación el libre arbitrio. Pero por grande que sea no resuelve los problemas. Del abismo surgen cuestiones, pero nada más. Las respuestas están allí, pero mezcladas con sombras. Algunas veces aparecen las enormes líneas de las verdades, mas se pierden al punto en el seco de lo absoluto. De todas las cuestiones, la que más atormenta la inteligencia y más oprime el corazón es la cuestión del alma.

¿Existe el alma? Primera cuestión. La persistencia del yo es la sed del hombre. Sin el yo persistente, la creación no sería más que esta pregunta: ¿Para qué? Escuchad la afirmación que estalla como el rayo en todas las conciencias. Toda la suma de Dios que existe en la tierra se condensa en un solo grito para afirmar la existencia del alma. Y luego, segunda cuestión: ¿Existen grandes almas?

Es imposible la duda. ¿Por qué no ha de haber grandes almas en la humanidad, como hay grandes árboles en el bosque y grandes cimas en el horizonte? Se ven las almas como se ven las grandes montañas; luego existen. Pero llegados a este punto, la ansiosa interrogación insiste: ¿De dónde vienen? ¿Qué son? ¿Quiénes son? ¿Hay átomos más divinos que otros?

El átomo, que será foco de luz aquí abajo en la tierra, como por ejemplo, Tales, Esquilo, Platón, Ezequiel, Macabeo, Apolonio de Tiana, Tertuliano, Epicteto, Marco Aurelio, Nestorio, Pelagio, Gama, Copérnico, Jan Huss, Descartes, Vicente Paul, Piranesi, Washington, Beethoven, Garibaldi, John Brown y tantos otros átomos, almas que ejercen función sublime entre los hombres, ¿han estado en otros universos de donde traen su esencia a nuestra tierra? ¿Quién envía los espíritus jefes, las inteligencias guías? ¿Quién determina su aparición? ¿Quién es el juez de las necesidades actuales de la humanidad? ¿Quién elige las almas? ¿Quién evoca los átomos? ¿Quién ordena las salidas y quién premedita las llegadas? ¿Existe el átomo, punto de unión universal y lazo de los mismos? ¿Será ese átomo la gran alma?

Completar un universo con otro, vaciando lo más de lo uno en lo menos de lo otro, aumentar aquí la libertad, allí la ciencia, acullá el ideal, dotar a los inferiores con los moldes de la belleza superior, cambiar los efluvios, traer el fuego central al planeta, armonizar los diversos mundos de un mismo sistema, empujar a los que se detienen, desarrollar las creaciones, ¿no son acaso funciones misteriosas que tienen propia existencia?

¿No se cumplen estas funciones por ciertos predestinados durante su paso por la tierra, aun ignorándolas en parte ellos mismos? ¿No es función del átomo, motor divino llamado alma, el hacer nacer y morir entre los hombres terrenos al hombre solar? ¿Por qué no ha de existir el átomo estelar si existe el átomo floral? El hombre solar es el sabio, el visionario, el pensador, el taumaturgo, el navegante, el arquitecto, el mago, el legislador, el filósofo, el profeta, el héroe, el poeta. La vida de la humanidad se realiza mediante ellos, y misión de ellos es conducir la civilización. Estos espíritus son los que arrastran el enorme carro. Desenganchado uno, seguirá el otro. Las terminaciones de los siglos son etapas que no tienen solución de continuidad. Lo que un espíritu bosqueja, lo termina otro, ligando el fenómeno al fenómeno, algunas veces sin sospechar siquiera la soldadura. A cada revolución en los hechos corresponde una revolución proporcionada en las ideas, y recíprocamente. Es imposible dilatar el horizonte por la derecha sin que se dilate al mismo tiempo por la izquierda. Los hombres más diversos, y algunas veces los más contrarios, se adhieren por aspectos imprevistos, y de estas adherencias estalla la imperiosa lógica del progreso. Orfeo, Buda, Confucio, Zoroastro, Pitágoras, Moisés, Manú, Mahoma y tantos otros, son eslabones de la misma cadena. A Gutenberg, descubriendo un nuevo procedimiento para arrojar la semilla de la civilización, sigue Cristóbal Colón, descubriendo un nuevo campo. A Cristóbal Colón descubriendo un nuevo mundo, sigue Lutero descubriendo una libertad. Y a Lutero, reformador del dogma, sigue Shakespeare, reformador del arte. Un genio completa a otro.

Mas no en la misma región. El astrónomo se une al filósofo; el legislador es el ejecutor de la voluntad del poeta; el libertador soldado ayuda al libertador pensador; el poeta confirma al hombre de Estado; Newton es el apéndice de Bacon; Danton deriva de Diderot; Milton sanciona a Cromwell; Byron apoya a Botzaris; Esquilo antes ayudó a Milciades. La obra es misteriosa aun para los mismos que la realizan. Unos tienen conciencia de ella, otros no. Las correlaciones se manifiestan súbitamente a distancias enormes y por intervalos de siglos, la dulzura de las costumbres humanas comentada por el revelador religioso concluye por el razonador filósofo, de tal suerte que Voltaire es la continuación de Jesús. La obra realizada por ellos concuerda y coincide. Si estas concordancias dependiesen de su voluntad, seguramente que la rechazarían ambos, el hombre divino indignado en su martirio y el hombre humano humillado en su ironía; pero las concordancias son evidentes. Alguno que está muy alto lo dispone así.

¡Sí! Meditemos sobre estas vastas oscuridades. La meditación es una mirada que, sostenida con insistencia, tiene la propiedad de hacer brotar luz de las sombras.

La civilización no es más que el desarrollo de la humanidad del interior al exterior. La inteligencia humana se elabora por irradiación y paso a paso gana, conquista y humaniza la materia. ¡Sublime domesticación! Mas este trabajo tiene fases, que al marcar una nueva edad en el progreso, se abren o cierran con uno de los seres a quienes llamamos *genios*. ¿Traerán los espíritus misioneros, los delegados de Dios, alguna especie de solución parcial a la abstrusa cuestión del libre albedrío? El apostolado, como acto emanado de la voluntad, parece derivarse de la libertad, y como misión parece conducir por la predestinación a la fatalidad. Lo voluntario necesario: tal es el mesías, tal es el genio.

Volvamos ahora (porque todas las cuestiones que se refieren al misterio constituyen un círculo del cual es difícil salir), volvamos a nuestro punto de partida y a nuestra primera interrogación: ¿Qué es un genio? ¿Será acaso un alma cósmica? ¿Será un alma penetrada de un rayo de lo desconocido? ¿En qué profundidades se preparan esta clase de almas? ¿En qué estaciones se detienen? ¿Qué medios atraviesan? ¿Cuál será la germinación que preceda al nacimiento? ¿Cuál es el misterio del prenacimiento? ¿En dónde estaba ese átomo? El átomo parece el punto de intersección de todas las fuerzas. ¿Cómo vendrán a converger y a anudarse todos los poderes en indivisible unidad en una inteligencia soberana? ¿Quién ha incubado esa águila? ¡El abismo incubando al genio! ¿Existe mayor enigma? ¿Habrán visto otros mundos las grandes almas que se adaptan transitoriamente a la tierra? ¿Llegarán algunos por eso con tantas intuiciones? En verdad, algunas parece como que rebosan sueños de mundos anteriores. ¿Será ésa la causa del pavor que en algunas se nota, de la inspiración de sus maravillosas frases, de las extrañas turbaciones que en ellas se advierten y de las alucinaciones que les hacen ver y palpar seres y cosas imaginarios? Moisés tenía su zarza ardiente, Sócrates su demonio, Mahoma su paloma, Lutero su duende que se divertía en jugar con su pluma, y al cual decía: «¡Haya paz!» Pascal, su precipicio abierto, que ocultaba con un biombo.

Muchas de estas almas majestuosas tienen evidentemente la preocupación de que vienen al mundo con una misión que cumplir, porque viven como si la conocieran y como si tuviesen una confusa certeza. Y la tienen para el misterioso conjunto y aun para los detalles. Jan Huss, al morir, predijo a Lutero exclamando: «Quemáis el ganso (*bus*), pero vendrá el cisne». ¿Quién envía esas almas? ¿Quién las suscita? ¿Cuál es la ley de su formación superior y anterior a la vida? ¿Quién las dota de fuerza, de paciencia, de fecundidad, de voluntad y de ira? ¿De qué urna de bondad sacan su rigidez? ¿De qué región de los rayos han sacado el amor? Estas grandes almas renuevan la filosofía, el arte, la ciencia y la poesía, reconstruyendo estos mundos a su imagen. Vienen como impregnadas del poder de crear. A veces despréndese de estas almas una verdad que ilumina los problemas. Tales hay que parecen astros que gotean luz. ¿De qué fuente prodigiosa salen, pues, si son todas distintas? Porque las unas no so derivan de las otras. Lo único común que nos traen es lo infinito. ¡Cuestiones son éstas inconmensurables e insolubles! Esto no obsta para que los pedantes y los hueros exclamen, señalando a la cúspide de la civilización en que habita el grupo sideral de los genios: «Ya no habrá hombres como esos. Nadie los igualará porque no los hay. Declarémoslo: la tierra ha agotado su contingente de grandes inteligencias. Ahora toca decadencia y clausura. Es precisa que nos decidamos. Ya no habrá más genios». ¡Oh! ¿Habéis visto, los que tal decís, el fondo de lo insondable?

II

¡No! Tú no eres finito. No tienes fin, ni límites, ni término, ni fronteras. Tú no tienes, como el invierno el verano, como el pájaro el cansancio, como el torrente el precipicio, como el océano la costa y como el hombre el sepulcro. El término no existe para ti. «El no mas allá» no se te impone, te lo impones Tú. No devanas una madeja que va disminuyendo y cuyo hilo al cabo se rompe. Tú no te quedas corto, tu cantidad no decrece, ni tu densidad disminuye, ni tu facultad aborta, ni es cierto que a través de tu omnipotencia se vislumbre la transparencia que anuncia el fin a otra cosa que no seas Tú mismo. Pero si hay otra cosa es el obstáculo. ¿El obstáculo a qué? ¿A la creación, a lo inmanente, a lo necesario? Sólo el pensarlo es locura.

Se oye decir: «Hasta aquí llega el poder de Dios. No le pidáis ya más. Comienza aquí y se detiene allí. Creando a Homero, a Aristóteles y a Newton ha dado todo lo que tenía. Dejadle, pues, tranquilo, porque está agotado. Dios no repite sus obras; las ha hecho una vez, pero no las hará dos. Se ha agotado completamente con la producción de un hombre como los citados, y ya no queda bastante Dios para crearlos iguales». Cuando oyes decir eso a los hombres, si fueras como ellos, seguramente que te sonreirías en tu terrible profundidad. Pero no te sonríes, porque no estás en la profundidad terrible; eres la bondad y no puedes sonreír. La sonrisa es una amiga fugitiva que desconoce lo absoluto.

¿Tú enfriarte, Tú cesar, Tú interrumpirte, Tú decir: «¡Alto!»? ¡Imposible! ¡Tú obligado a tomar aliento después de crear un hombre! Sea quien sea el hombre, Tú el que lo creas, Tú eres Dios. ¡Oh! Si algo puede maravillar y asombrar a la pálida multitud de los vivientes no es ver secarse la savia generadora y esterilizarse los nacimientos, pero sí, ¡oh Dios!, contemplar el eterno desencadenamiento de los prodigios. El huracán de los milagros sopla constantemente. Noche y día surgen en nuestro derredor los fenómenos en tumulto, sin turbar, ¡oh maravilla!, la majestuosa tranquilidad del Ser. Ese tumulto es la armonía.

Las enormes ondas concéntricas de la vida universal no tienen límites. El cielo estrellado que estudiamos no es más que una aparición parcial. Apenas si alcanzamos a coger algunas mallas de la red del Ser. La complicación del fenómeno que no puede ser comprendida por los sentidos, y sí sólo por la contemplación o el éxtasis, produce vértigos en el espíritu. El pensador que llega hasta ahí es para los demás hombres un visionario. La necesaria amalgama de lo perceptible con lo imperceptible llena de estupor al filósofo. Esta plenitud nace de la voluntad de tu omnipotencia, que no admite vacíos. La penetración de los universos en los universos forma parte de tu infinitud. Entendemos por la palabra *universo* un orden de hechos que no ha alcanzado a comprender ninguna astronomía. En el cosmos que expía la visión y que es extraño a los órganos de la carne, las esferas entran en las esferas sin deformarse, siendo diferente la densidad de las creaciones; de tal suerte que, según todas las apariencias, nuestro mundo está inconcebiblemente amalgamado con otro mundo, el cual es invisible para nosotros como el nuestro lo es para él.

¿Y Tú, centro y espacio de las cosas, Tú, el Ser, habías de quedar agotado? ¡Podrían en ciertos momentos sentirse temerosas las serenidades absolutas por la falta de medios del infinito! ¿Llegará día en que no puedas derramar las luces que necesita la humanidad? Tú, que eres mecánicamente infatigable, ¿puedes extinguir tus fuerzas en el orden intelectual y moral?

¿Es posible que se pueda decir: «Bajo tal aspecto, Dios ya no existe»? ¡No, Padre! No, y mil veces no.

Fidias no te impide crear a Miguel Ángel, ni Miguel Ángel a Rembrandt. El Dante no te extingue. La creación de Homero no te agota, como no te agota la creación de un astro. Las auroras al lado de las auroras, la renovación indefinida de los meteoros, los mundos flotando sobre los mundos, el prodigioso paso de las estrellas a incendiadas llamadas cometas, los genios, y otra vez los genios, y Orfeo, y Moisés, e Isaías, y Esquilo, y Lucrecio, y Tácito, y Juvenal, y Cervantes, y Rabelais, y Shakespeare, y Molière, y Voltaire, y los que han sido y los que serán, no son capaces de detener tu obra.

¡En esta confusión de constelaciones siempre queda un espacio en tu inmensidad!

Segunda parte

Libro I

Shakespeare. Su genio

I

«Shakespeare —dice Forbes— carece del talento trágico y del talento cómico. Su tragedia es artificiosa y su comedia no es más que instintiva.»

Johnson confirma el veredicto: *Su tragedia es producto del artificio y su comedia producto del instinto.* No contento con que Forbes y Green le nieguen el drama, Green le niega originalidad. Shakespeare es «un plagiario»; Shakespeare es «un copista»; Shakespeare «no ha inventado nada»; es «un grajo adornado con plumas ajenas»; toma de Esquilo, de Bocaccio, de Bandello, de Hollinshed, de Belleforest, de Benoist de Saint-Maur, de Layamon, de Robert de Glocester, de Robert Wace, de Peter Langtoft, de Robert Manning, de John de Mandeville, de Sackville, de Spencer, de la *Arcadia* de Sidney, de la obra anónima *The True Chronicle of King Leir*; toma de *The troublesome reign of King John* (1591), de Rowley, el carácter del bastardo Falconbridge. Shakespeare copia a Thomas Greene, a Dekk, a Chettel. Ni el *Hamlet*, ni el *Otelo*, ni el *Timón de Atenas*, ni nada, en suma, es suyo. Según Greene, Shakespeare es no solamente «un poeta de versos libres hinchados» y un «revuelve escenas» (*Shake-scene*) y un *Johannes factotum* (alusión a en oficio de traspunte y de figurante), sino que es además una bestia feroz. El calificativo de *grajo* no basta y se le promueve hasta la categoría de *tigre*. El texto lo dice: *Tyger's heart wrapt in a player's hyde*, «Corazón de tigre bajo piel de cómico» (*A Groatsworth of wit*, 1592.)

Thomas Rhymer, juzgando el *Otelo*, dice: «La moral de esta fábula es seguramente muy instructiva. Redúcese a aconsejar a las mujeres hacendosas que cuiden bien de la ropa blanca». Pero el mismo Rhymer abandona la ironía por el tono serio, diciendo: «...¿Qué impresión edificante y útil puede producir en el auditorio semejante poesía? ¿Para qué sirve una poesía que extravía el buen sentido, que desordena los pensamientos, que turba el cerebro, que pervierte los instintos, que subleva la imaginación, que corrompe el gusto y que nos llena la cabeza de vanidad, de confusión, de desorden y de galimatías?» Esto se imprime ochenta años después de ocurrida la muerte de Shakespeare, en 1693. Todos los críticos y todos los inteligentes estaban de acuerdo con esta opinión.

He aquí ahora algunos de los reproches dirigidos unánimemente a Shakespeare: conceptos alambicados, juegos de palabras, equívocos; inverosimilitud, extravagancia, absurdos; obscenidad; puerilidad; hinchazón, énfasis, exageración; altisonancia, palabrería hueca; dificultad en las ideas, afectación en el estilo; abuso del contraste y de la metáfora; sutileza; inmoralidad; escritor del vulgo, escritor de la canalla; complacerse en lo horrible; carecer de gracia; carecer de encanto; traspasar los límites; tener demasiado talento; tener poco talento; hacer efecto.

Este Shakespeare es un espíritu grosero y bárbaro, dice lord Shaftesbury, y Dryden añade: *Shakespeare es ininteligible*. Mistress Lennox le cuelga un sambenito, diciendo: *Este poeta altera la verdad histórica*. Un crítico alemán del año 1680, Bentheim, dice la última palabra con esta frase: *Shakespeare es una cabeza llena de locuras*. Ben Jonson, el protegido de Shakespeare, cuenta lo siguiente (IX, 175. Ed. Gifford): «Recuerdo que cuando los cómicos decían en son de alabanza que Shakespeare no borraba nunca ni una línea de sus manuscritos, yo respondía: *¡Ojalá hubiese borrado mil!*» El deseo fue atendido por los editores de 1623, Blount y Jaggard. Solamente en el *Hamlet* suprimieron doscientas líneas y doscientas veinte en *El Rey Lear*. Garrick representaba en Drury-Lane *El Rey Lear* de Nahum Tate. Pero escuchemos a Rhymer: «El *Otelo* es una farsa sangrienta y sin gracia». Jonson añade: «*Julio César* es una tragedia fría que no conmueve». «Creo —dice Warburton en una carta dirigida al decano de Saint-Asaph— que Swift tiene más talento que Shakespeare, y que lo cómico, que en Shakespeare es rastrero, es muy inferior al de Shadwell.» Forbes, el crítico del siglo XVII, dice que «no se puede dar nada más ridículo que las brujas del *Macbeth*». Un crítico del siglo XIX ha repetido las mismas palabras. Samuel Foote, el autor del *Joven hipócrita*, hace esta declaración: «Lo cómico en Shakespeare excede los límites y no hace reír. *Es la bufonería sin talento*». Y por último, Pope, en 1725, halla la razón que movió a Shakespeare a escribir sus dramas, y exclama: *¡Era preciso comer!*

Después de estas palabras de Pope no se comprende cómo Voltaire, aturdido por Shakespeare, escriba: «Shakespeare, *a quien los ingleses toman por un Sófocles*, floreció casi por el mismo tiempo que *Lúpez* (Lope, si no lo tomáis a mal, Voltaire) de Vega.» Y añade: «Ya sabéis que en el *Hamlet*, los sepultureros cavan una fosa bebiendo y cantando, y que la vista de una calavera les hace decir chistes propios de la gente de su ralea». Para terminar califica de esta manera la escena: «¡Qué tonterías!» Juzga las obras de Shakespeare con esta frase: «Farsas monstruosas llamadas tragedias», y completa la sentencia declarando que «Shakespeare ha perdido el teatro inglés».

Un día fue Marmontel a visitar a Voltaire a su casa de Ferney. Hallábase Voltaire con un libro en las manos echado en su cama. Da repente arroja el libro, saca de la cama las enjutas piernas, e incorporándose dice a Marmontel: «Vuestro Shakespeare es un hurón». «Shakespeare no es mío; no lo quiero», respondió Marmontel.

Shakespeare fue para Voltaire una excelente ocasión de demostrar su puntería en los agudos dardos que disparaba. Rara vez erró el blanco. Voltaire disparaba contra Shakespeare como los campesinos tiran a los gansos. Voltaire fue el primero que rompió en Francia el fuego contra el bárbaro. Lo llamaba el

San Cristóbal de los trágicos. Dirigiéndose a Madama Graffigny decía: *Shakespeare hace reír,* y al cardenal de Bernis: «Haced
buenos versos, monseñor, libertándonos de las plagas, de los
welches, de la academia del rey de Prusia, de la bula *Unigenitus,*
de los constitucionales y de los convulsionarios y del tonto de
Shakespeare! *Libera nos Domine».* La actitud de Freron con Voltaire tiene a los ojos de la posteridad la circunstancia atenuante
de la actitud de Voltaire con Shakespeare. Pero por lo demás,
durante todo el siglo XVIII Voltaire es la ley. Desde que Voltaire empieza a burlarse de Shakespeare, los ingleses de talento,
como milord Marechal, se burlan también. Johnson muestra *la
ignorancia y la vulgaridad* de Shakespeare. Federico II confirma
este juicio, escribiendo a Voltaire a propósito del *Julio César:*
«Habéis hecho perfectamente en refundir la obra informe de
este inglés». Tal era Shakespeare en el siglo pasado, Voltaire
le insulta y La Harpe le protege: «Shakespeare, aunque muy
grosero, no dejaba de tener instrucción y conocimientos» (La
Harpe, *Introducción al curso de literatura.*)

Aún en nuestros días no ha desaparecido por completo la
raza de críticos de los cuales hemos presentado algunos ejemplares. Hablando Coleridge de *Medida por medida* dice: «Comedia fastidiosa», y «escandalosa», añade M. Knight, y «repug-
nante», insiste M. Hunter.

En 1804, el autor de una de esas estúpidas *Biografías Univer-
sales* en que se encuentra el medio de referir la historia de Calas
sin pronunciar el nombre de Voltaire, y a quien los gobiernos, sabiendo lo que hacen, protegen y subvencionan, un tal Delandine
juzga a Shakespeare, y después de decir que «Shakespeare, que
se pronuncia *Chekspir,* había robado en su juventud la caza perteneciente a un señor», añade: «La Naturaleza había reunido en
la cabeza de ese poeta lo que puede imaginarse de más grande
junto a la mas torpe y baja grosería». No hace mucho tiempo,
un pedante que vive todavía y que ha alcanzado cierta importancia, decía: «Los autores adocenados y los poetas inferiores
como Shakespeare», etc.

II

Decir *poeta* es decir al mismo tiempo necesariamente *historiador* y *filósofo*. Homero contiene a Heródoto y a Tales. De la misma manera, Shakespeare es el hombre triple. Es además pintor, y ¡qué pintor!, el pintor colosal. El poeta no se limita a referir, sino que también muestra. Los poetas tienen un reflector, la observación, y un condensador, la emoción; de ahí los grandes espectros luminosos que surgen de su cerebro y que iluminan por siempre los tenebrosos límites de la humanidad. Esos fantasmas existen. Seguramente, Alejandro cambiaría su existencia por la de Aquiles. Shakespeare es la tragedia, la comedia, el cuento de hadas, el himno, el sainete, la carcajada divina, el terror y el horror, y para decirlo de una vez, es el drama. Llega a los dos polos, por uno al Olimpo, por otro al teatrillo de feria. No le falta ninguna posibilidad.

Cuando se apodera de vosotros, os amarra. No esperéis misericordia de él, porque no la tiene. Su crueldad es patética. Os pinta una madre, Constancia, madre de Arturo, y cuando os enternece, hasta el punto de identificar vuestro corazón con el suyo, mata a su hijo; en horrores va mas allá que la misma historia, lo cual es difícil; no contento con malar a Rutland y con desesperar a York, empapa un pañuelo de sangre del hijo, con el que seca las lágrimas del padre. Ahoga la elegía por el drama, a Desdémona por Otelo. No busquéis atenuación a la angustia. El genio es inexorable; tiene su ley y la sigue. El espíritu tiene también sus planos inclinados y las vertientes determinan la dirección, Shakespeare se inclina hacia lo terrible. Shakespeare, Esquilo y el Dante son grandes torrentes de emoción humana, que derraman en el rondo del antro la urna de sus lágrimas.

El poeta no tiene más límites que los de su propósito, que consiste en la realización del pensamiento, ni reconoce más soberanía ni más necesidad que la idea, porque el arte procede de lo absoluto. Y en lo absoluto y en el arte, el fin justifica los medios. Ésta es, dicho sea de paso, una de las desviaciones de la ley ordinaria terrestre, que obliga a meditar y a reflexionar a la alta crítica, revelando el lado misterioso del arte. En el arte es donde se manifiesta el *quid divinum*. Muévese el poeta en su obra como la Providencia en la suya; conmueve, consterna, asombra y excita o abate, algunas veces al revés de como esperáis, partiendo vuestro corazón con la sorpresa. Meditad ahora. El arte tiene, como el infinito, un *porqué* superior a todos los *porqués*. Preguntad al gran lírico, al Océano, el por qué de una tempestad. Lo que os parece odioso o extraño tiene su razón de ser. Preguntad a Job por qué se limpiaba el pus de sus úlceras con un pedazo de tiesto, y al Dante por qué cose con un alambre los párpados de las larvas del Purgatorio, haciendo brotar de estas costuras aterradores lloros. Por toda contestación, Job continuará limpiándose sus úlceras con el pedazo de tiesto y limpiando el tiesto con el estiércol, y el Dante proseguirá su camino. Lo mismo veréis en Shakespeare.

Sus soberanos horrores reinan y se imponen. Cuando quiere mezcla el encanto; pero el encanto augusto de los fuertes, tan superior a la débil dulzura, al frío atractivo, al encanto de Ovidio o de Tíbulo, como la Venus de Milo a la Venus de Médicis. Las cosas de lo desconocido, los problemas metafísicos retrocediendo ante la sonda, los enigmas del alma y de la Naturaleza, que también es un alma, las lejanas intuiciones de lo eventual incluido en el destino, las amalgamas de las ideas y los hechos, pueden traducirse en delicadísimas figuras y llenar la poesía de tipos misteriosos y exquisitos, seductores porque sufren, medio adheridos a lo invisible, pero al mismo tiempo reales, preocupados con las sombras que los rodean, y sin embargo, esforzándose en deleitaros. No hay duda: la gracia profunda existe.

Lo bonito grande es posible: se ve en Homero, y Astianax es un tipo de ello; pero la gracia profunda de que acabamos de hablar es algo más que la delicadeza épica. Complícase con cierta turbación, y hace adivinar el infinito. Es una especie de radiación con claroscuro. Solamente los genios modernos poseen esta profundidad de la sonrisa que, a la vez que una elegancia, descubre un abismo.

Shakespeare tiene esta gracia, que es lo contrario de la gracia raquítica, aunque algo semejante a ella, porque también proviene de la tumba. El dolor, el gran dolor del drama, que no es más que la condición humana traída al arte, envuelve la gracia y el horror.

La duda, Hamlet, vive en el centro de la obra de Shakespeare y en ambos extremos el amor: Romeo y Otelo son todo el corazón. Hay algo de luz en los pliegues del sudario de Julieta; pero en Ofelia despreciada y en Desdémona espiada, no hay más que sombras. Imposible hallar consuelo para estas dos inocencias con quienes el amor es infiel. Desdémona canta la canción del sauce bajo el cual corre el agua que arrastra a Ofelia. Son hermanas sin conocerse, pareciéndose por el alma, aunque cada una tenga su drama propio. El sauce, estremeciéndose, cubre a ambas. En el misterioso canto de la calumniada, que se dispone a morir, flota con el cabello suelto, apenas visible, la infeliz ahogada.

En filosofía Shakespeare va algunas veces más allá que Homero: Lear es más que Príamo; llorar la ingratitud es peor que llorar la muerte. Homero golpea al envidioso con el cetro, y Shakespeare entrega el cetro al envidioso, haciendo de Tersites Ricardo II; por lo mismo que la envidia viste la púrpura, se complace en desnudarla: su razón de ser está en ella misma. ¿Hay nada tan sorprendente como ver un trono envidioso?

No basta a este filósofo la deformidad del tirano; necesita también la deformidad del lacayo, y crea a Falstaff. La dinastía del sentido común, inaugurada por Panurgo y continuada en Sancho Panza, se pierde y aborta en Falstaff. El escollo de esta sabiduría es sin duda la bajeza; Sancho Panza, adherido al asno, forma cuerpo con la ignorancia; Falstaff, glotón, cobarde, feroz, inmundo, rostro y vientre humanos terminados en bruto, camina sobre los cuatro pies de la ignominia; Falstaff es el centauro del cerdo.

Shakespeare es, ante todo, imaginación. Que la imaginación es profundidad es una verdad que ya hemos indicado y que los pensadores saben. Ninguna facultad ahonda tanto como la imaginación; en este sentido en el gran buzo. La ciencia se encuentra con ella cuando llega a los últimos abismos. En las secciones cónicas, en los logaritmos, en el cálculo diferencial e integral, en el cálculo de probabilidades, en el cálculo infinitesimal, en el cálculo de las ondas sonoras, en la aplicación del álgebra a la geometría, la imaginación es el coeficiente del cálculo y las matemáticas se convierten en poesía. No creo en la ciencia de los sabios bestias.

El poeta filosofa porque imagina. Esta es la razón por que Shakespeare posee el soberano manejo de la realidad y porque la trata a su capricho. Y este capricho es una variedad de lo verdadero que necesita ser meditada. ¿A qué se parece el destino humano sino a una obra de la fantasía? Porque en la apariencia, nada hay más incoherente, ni peor adherido, ni más ilógico. ¿Por qué coronar al monstruo Juan? ¿Por qué matar al niño Arturo? ¿Por qué se quema a Juana de Arco? ¿Por qué triunfa Monk? ¿Por qué Luis XV es dichoso? ¿Por qué se castiga a Luis XVI? ¡Dejad pasar la lógica de Dios! En esa lógica se inspira la fantasía del poeta. La comedia brota de las lágrimas, el hipo nace de la risa, las figuras se mezclan, chocan entre sí, pasan lentamente las formas macizas casi brutales y vagan las larvas que son mujeres o tal vez humo; y las almas, libélulas de la sombra, verdaderas moscas crepusculares, se estremecen en todos esos cañaverales que llamamos pasiones y acontecimientos. En uno de los polos, lady Macbeth, en otro, Titania. Un pensamiento colosal y un capricho inmenso.

¿Qué son *La Tempestad*, *Troilo y Crésida*, *Los hidalgos de Verona*, *Las alegres comadres de Windsor*, *El sueño de una noche de verano* y *El cuento de invierno*, sino arabescos y puros juegos de la imaginación? Los arabescos son en el arte lo que la vegetación en la Naturaleza. Los arabescos brotan, crecen, se exfolian, se multiplican, verdecen y florecen enroscándose a todos los sueños.

El arabesco es inconmensurable; tiene un poder inusitado en extensión y desarrollo; llena unos horizontes y abre otros; cubre los fondos laminosos con innumerables ramificaciones, y si mezcláis con esto la figura humana os parece el conjunto vertiginoso y os asombra. Detrás del arabesco, se distingue a media luz toda la filosofía, la vegetación vive, el hombre *se patentiza*, únese a lo finito determinada combinación de infinito, y el alma humana, ante una obra en que lo imposible se junta a lo verdadero, tiembla poseída de oscurísima y suprema emoción.

Pero conviene impedir las invasiones de los edificios por la vegetación y del drama por el arabesco.

Uno de los caracteres del genio consiste en la singular compenetración de las más opuestas facultades. Quien dibuja un astrágalo como Ariosto y después ahonda el escalpelo en las almas como Pascal es un verdadero poeta. El fuero interno del hombre pertenece a Shakespeare; a cada instante os fascina con una sorpresa, arrancando a la conciencia todo lo que tiene de imprevisto. Pocos poetas le superan en investigaciones psíquicas. Hace notar las más extrañas particularidades del alma humana. Observa con discreción admirable la simplicidad del hecho metafísico a través de la complicación del hecho dramático. Aquello de que uno no sabe darse cuenta, lo oscuro que empieza por ser temido y concluye por ser deseado, es el punto de unión, el vértice en que se encuentran el corazón de las vírgenes y el corazón de los asesinos, el alma de Julieta y el alma de Macbeth; el amor produce miedo y apetito en la inocente, exactamente lo mismo que en el malvado ambicioso. ¿Pueden darse furtivamente besos más peligrosos a un fantasma que es unas veces esplendoroso y otras feroz?

Agregad a estas profusiones de análisis, síntesis, creaciones de carne y hueso, ensueños, imágenes, ciencia y metafísica, la historia de los historiadores y la historia de la fábula. Hay ejemplares de todo: del traidor, desde Macbeth, asesino de su huésped, hasta Coriolano, asesino de la patria; del tirano, desde el tirano cerebro, como César, hasta el tirano vientre, como Enrique VIII; del sanguinario, desde el león hasta el usurero. Siéntese uno con ganas de decir a Shylock: «¡Bien mordido, judío!» Y en el fondo de este drama prodigioso se levantan como envueltos en las sombras del crepúsculo tres espectros, en los cuales Hesíodo reconocería a las Parcas ofreciendo coronas a los asesinos. Nada falta a este genio, ni la fuerza incontrastable, ni el encanto delicado, ni la ferocidad épica, ni la piedad, ni la facultad creadora, ni la alegría, la suprema alegría ininteligible para los entendimientos estrechos, ni el sarcasmo, ni las crueles flagelaciones contra los malvados, ni la grandeza sideral, ni la tenuidad microscópica, ni la poesía sin límites que tiene un cénit y un nadir, ni el inmenso conjunto, ni el más profundo detalle. Al aproximarse a la obra de este genio se siente el viento de otros mundos. Shakespeare es la irradiación del genio en todas direcciones. *Totus in antithesi*, dice Jonathan Forbes.

III

Uno de los caracteres que distingue a los genios de los espíritus ordinarios es que los genios tienen doble reflexión, así como el carbunclo difiere, según Gerolamo Cardano, del cristal y de la lente en que tiene doble refracción. El genio doble reflexión; el carbunclo doble refracción: el mismo fenómeno en el orden moral que en el orden físico.

Pero ¿existe realmente el diamante de los diamantes, el carbunclo? La cuestión en dudosa. La alquimia contesta afirmativamente, pero la química indaga. De lo que no cabe duda es de que el genio existe. Basta leer un verso cualquiera de Esquilo o de Juvenal para encontrar el carbunclo del cerebro humano.

Gracias al fenómeno de la doble reflexión, los genios elevan a una inmensa altura lo que los retóricos llaman *antítesis*, es decir, la facultad soberana mediante la cual se ven los dos lados de los objetos.

No soy aficionado a Ovidio, el desterrado pusilánime, el que lame las manos sangrientas, el perro faldero del destierro, adulador lejano y menospreciado del tirano. Odio su culteranismo, pero no confundo este culteranismo con la poderosa antítesis de Shakespeare.

Las inteligencias completas lo abarcan todo; por eso Shakespeare contiene a Góngora y Miguel Ángel a Bernini. Hay sentencias hechas: *Miguel Ángel es amanerado: Shakespeare es antitético*; son fórmulas de escuela que nacen de la gran cuestión del contraste en el arte visto por el lado pequeño.

Totus in antithesi. Shakespeare es la misma antítesis. Los hombres no se deben ver en una de sus cualidades; por lo tanto, la frase *totus in antithesi*, que tiene la pretensión de ser una censura, es sencillamente la afirmación de un hecho. Shakespeare, como todos los poetas verdaderamente grandes, ha merecido el elogio de ser comparado a la creación. ¿Y qué es la creación sino bien y mal, placer y dolor, hombre y mujer, rugido y canción, águila y buitre, relámpago y rayo, abeja y zángano, montaña y valle, amor y odio, anverso y reverso, corrección y deformidad, astro y cerdo, alto y bajo? La Naturaleza es *la eterna bifronte*. Y esta antítesis, de donde nace la antífrasis, se observa en todas las costumbres humanas, en la fábula, en la historia, en la filosofía, en la lengua. A las Furias se las llama Euménides. Encantadoras: al fratricida se le llama Filadelfo, al parricida Filopator y a un gran general, el sargentito. La antítesis de Shakespeare es eterna y universal; es la ubicuidad de la antinomia, la vida y la muerte, el frío y el calor, lo justo y lo injusto, el ángel y el demonio, el cielo y la tierra, la flor y el rayo, la melodía y la armonía, el alma y la carne, lo grande y lo pequeño, el océano y la envidia, la espuma y la baba, el huracán y el silbido, el yo y el no yo, lo objetivo y lo subjetivo, el prodigio y el milagro, el tipo y el monstruo, la luz y la sombra; es la tenebrosa y flagrante contradicción, el perpetuo flujo y reflujo, el eterno sí y no, la irreductible oposición, el inmenso y permanente antagonismo, mediante el cual hace brotar

Rembrandt sus tintas y con el que Piranesi hace sus prodigios. Si se quiere quitar la antítesis al arte, arránquese primero a la Naturaleza.

IV

«Es reservado y discreto. No alterará vuestra tranquilidad, porque no abusa de nada. Tiene, sobre todo, una cualidad muy rara: es sobrio.»

¿Qué es eso? ¿Una recomendación para un sirviente? No; es el elogio de un escritor. Cierta escuela llamada *seria* ha inventado en nuestro tiempo un programa de poesía con la palabra *sobriedad*. Parece que se trata de preservar de indigestiones a la literatura. Antes se decía: fecundidad y poder; hoy día se dice: tisana. Imaginad que os halláis en el resplandeciente jardín de las musas, donde florecen en tropel las divinas explosiones del espíritu que los griegos llamaban Tropos; no toquéis la imagen idea, el pensamiento flor, los abundantes frutos, ni las manzanas de oro, ni los perfumes, ni los colores, ni los rayos de luz, porque es preciso ser discreto. Si el poeta no toca ninguno de esos objetos, se le da la ejecutoria de *poeta verdadero*. Inscribíos, pues, en la Sociedad de la Templanza. Un tratado sobre los peligros de la bebida será un buen libro de crítica. ¿Queréis hacer la *Ilíada*? Pues someteos a dieta rigurosa. ¡Ah, buen Rabelais! ¿Por qué abres los ojos?

El lirismo embriaga, lo grande se sube a la cabeza, el ideal produce vahídos; cuando se sale de él no sabe uno lo que se hace. Después de haberos remontado basta las estrellas, seríais capaces de rechazar el ofrecimiento de una subprefectura; perdéis el sentido común; si se os ofreciera entonces un asiento en el Senado de Domiciano, no lo aceptaríais: no dais al César lo que es del César, y llega vuestra locura hasta el punto de no saludar al señor *Incitatus*, cónsul y caballo. Esos son los resultados que obtienen los que beben en ese mal lugar que se llama Empíreo. Os hacéis altivos, ambiciosos y desinteresados. Por consiguiente, sed sobrios, porque ya lo sabéis, está prohibido ir al figón de lo sublime.

La libertad es un libertinaje. Bueno es contenerse en ciertos límites; pero castrarse es mejor. Pasad la vida en perpetua continencia. Lo que se desea es sobriedad, decencia, respeto a la autoridad y un tocado irreprochable. La poesía debe ponerse de veinticinco alfileres. Una pradera que no se peina, o un león que no se limpia las uñas, las aguas de un torrente que no hayan pasado por filtro, el mar transparentando su lecho, la nube abriéndose y permitiendo ver a Aldebarán, es en verdad chocante, o como dicen los ingleses, *shocking*. La ola rompiéndose contra la costa, o la catarata despeñándose en el abismo, o Juvenal escupiendo al tirano... ¡Qué cosas tan feas!

De lo bueno, poco. Evitemos exageraciones. El rosal llevará la cuenta de las rosas que produce. La pradera será requerida para que no nazcan tantas margaritas. Se expedirán órdenes a la primavera para que tenga más moderación. Los nidos abundan con exceso. ¡Eh, bosques!, por favor no criéis tantos pajarillos en las enramadas. La Vía Láctea, por su parte, llevará cuenta de sus estrellas, porque parece que hay muchas.

Sírvaos de ejemplo el gran Lirio Serpentario del Jardín de Aclimatación, que no florece más que una vez cada cincuenta años. Esa sí que es una flor recomendable.

El verdadero crítico de la escuela sobria es aquel guarda de un jardín que a la pregunta: «¿Hay muchos ruiseñores en los árboles?» contestó: «¡Oh, no me habléis de eso; durante todo el mes de mayo esos animaluchos no hacen más que cantar!»

Mr. Stuard dio a Mario José Chénier el siguiente certificado: «Su estilo es de gran mérito porque no contiene comparaciones». El elogio se ha repetido en nuestros días. Esto nos trae a la memoria el célebre profesor de la restauración, el cual, indignado por las comparaciones y las figuras tan frecuentes en los profetas, aplastaba a Isaías, a Daniel y a Jeremías bajo el peso de este profundo apotegma: «Toda la Biblia se reduce a *como*...» Otro, más profesor aún, dijo la siguiente frase que se ha hecho célebre en la Escuela Normal: «Arrojemos a Juvenal al estercolero romántico». El crimen de Juvenal, como el de Isaías, consistía en la manía de expresar las ideas por medio de imágenes. ¿Acaso llegaremos poco a poco, en las regiones doctas, a convertir la metonimia en vocablo técnico de la ciencia química y a la opinión de Pradón acerca de la metáfora? Diríase, al oír las reclamaciones y las quejas de la escuela doctrinaria, que ella sola es la encargada de suministrar a su costa todo el consumo de imágenes y figuras de que hacen uso los poetas, y que se ve arruinada por despilfarradores como Píndaro, Aristófanes, Ezequiel, Plauto y Cervantes. Esta escuela encierra bajo llave las pasiones, los sentimientos, el corazón humano, la realidad, el ideal y la vida. Mira asustada a los genios, y ocultándolo todo, les dice; «¡Insaciables!» Así se explica que haya inventado para los escritores este superlativo elogio: «Es templado».

La crítica sacristanesca fraterniza en todos estos puntos con la crítica doctrinaria. La mojigatería y la devoción tienen también sus socorros mutuos.

Hay el intento de hacer prevalecer u género curioso: el género púdico. Nos avergonzamos de las formas groseras que tienen nuestros granaderos cuando se hacen matar; la retórica tiene para los héroes hojas de parra conocidas con el nombre de perífrasis; en los campamentos se ha de usar el lenguaje de las sacristías; ciertas frases que son comunes en los cuerpos de guardia son calumniosas; el veterano condecorado por cierto hecho de Waterloo debió de recibir la cruz de honor con la vista baja; algunas palabras que pertenecen a la historia no tienen derecho a figurar en ella, y claro está, que el gendarme que disparó un pistoletazo a Robespierre en el Hotel de Ville se llamaba *La-guardia-muere-pero-no-se-rinde.*

Del esfuerzo combinado de estas dos críticas conservadoras de la tranquilidad pública resulta una saludable reacción que ya ha producido algunos ejemplares de poetas atildados, bien educados y sabios, cuyo estilo se amolda perfectamente a las reglas. Nunca se les ve en orgía con las locas ideas, ni se les halla en el rincón de un bosque (*solus cum sola*) con esa bohemia que se llama la meditación, ni son capaces de tener tentaciones con la peligrosa y vagabunda imaginación, ni con la bacante inspiración, ni con la casquivana fantasía, ni de dar un beso a la desnuda musa. Con tales gentes, su portero, Nicolás Boileau, debe de estar contento, porque se acuestan temprano. ¿No es un escándalo que Polimnia se presente con el cabello suelto? Para casos semejantes están los peluqueros. Llámese a uno y se verá cómo viene al punto Mr. La Harpe. Ambas críticas gemelas, la doctrinaria y la de sacristía, son educadoras. Ellas adiestran y destetan a los escritores jóvenes, formando un colegio de reputaciones juveniles.

De aquí nace una consigna, una literatura y un arte que entran en fila en correcta formación. Sálvese la sociedad en literatura como en política. Todos saben que la poesía es una cosa frívola, insignificante, estéril, vana, ocupada puerilmente en buscar rimas; por consiguiente, hay que temerla. Importa sujetar a los pensadores. Pero es peligroso elevarlos a los altares. ¿Qué es un poeta? Si se trata de honrarlo, nada; mas si se trata de perseguirlo, entonces lo os todo. Es preciso reprimir a la raza de escritores: ningún medio más útil que el brazo secular, aunque se conocen varios. Conviene de vez en cuando un destierro de importancia, que sea sonado. Los destierros de los escritores empiezan en Esquilo y no acaban en Voltaire. Cada siglo tiene un eslabón de esta cadena. Pero para desterrar, expatriar y proscribir hacen falta, cuando menos, pretextos que no tienen aplicación en todos los casos, porque son armas que no se esgrimen con gran facilidad. Conviene tener un arma más pequeña, para la guerra menuda. Se inventa una crítica de Estado, debidamente juramentada y acreditada, que desempeña la apetecida función. Organizar la persecución de los escritores por los escritores y sitiar a la pluma con la pluma son medios ingeniosísimos. ¿Por qué no ha de haber polizontes literarios?

El buen gusto debe atemperarse al orden. Los escritores sobrios son el contrapeso de los electores prudentes. La inspiración es sospechosa de libertad y la poesía es un tanto ilegal. Existe, pues, un arte oficial nacido de la crítica oficial.

Dedúcese de estas premisas una retórica de carácter especialísimo. La Naturaleza tiene una entrada muy estrecha en este arte; entra por la puerta falsa: la Naturaleza, además, está tachada de demagógica. La compañía de los elementos es mala; hacen mucho ruido y hay que suprimirlos. El equinoccio atropella por todo, las ráfagas de viento trastornan la serenidad de las noches. No hace muchos días que un profesor, al ver en la escuela de Bellas Artes un cuadro en el cual se representaba una figura con la ropa agitada por el viento, se dirigió al alumno, interrogándole de esta manera: «¿No sabe usted que en el estilo no debe de haber viento?»

No obstante, la reacción no desespera. Caminamos hacia delante, y buena prueba son los progresos parciales que se realizan. Ingresan en la Academia algunos miembros con la papeleta de confesión en la mano. Y si no, que reciten el credo Jules Janin, Théophile Gautier, Paul de Saint-Victor, Littré y Renan.

Pero esto no basta, porque el mal es profundo. Amenazan ruina la antigua ansiedad católica y la antigua literatura legítima. Las tinieblas están en peligro. ¡Guerra a las nuevas generaciones! ¡Guerra al espíritu moderno! Persigamos a la democracia, hija de la filosofía. Los casos de hidrofobia, en decir, las obras de genio, son temibles. Será preciso restablecer las prescripciones higiénicas y vigilar cuidadosamente la vía publica, porque parece que hay poetas vagabundos. ¿En qué piensan las autoridades y la policía que dejan en libertad a ciertos espíritus? Puesto que hay peligro, cuidémonos nosotros, que tal vez alguna incauta inteligencia sea víctima de mordeduras. Parece que esta opinión se confirma, porque según se dice, han encontrado a Shakespeare suelto y sin bozal.

El Shakespeare sin bozal es la presente traducción.*

---

* El presente libro fue escrito por Victor Hugo para servir de prólogo a las *Obras completas de Shakespeare*, traducidas por François Victor Hugo. (*N. del T.*)

V

Shakespeare es seguramente el que menos merece la nota de *sobrio*. William Shakespeare en uno de los peores sujetos que la estética llamada *seria* ha tenido que refrenar.

Shakespeare es la fertilidad, la fuerza, la exuberancia, el pecho rebosante, la copa llena hasta los bordes, la savia excesiva, la lava en torrentes, los gérmenes en confusión, la lluvia mediante la que brota la vida por millares, por millones, sin reticencias, ni ligaduras, ni economías; Shakespeare es, en suma, la insensata y tranquila prodigalidad del Creador. Lo inagotable parece locura a los que tocan el fondo de sus bolsillos, ¿Cuándo acabará? Jamás. Shakespeare siembra fascinaciones. A cada palabra, la imagen y el contraste, el día y la noche.

El poeta, ya lo hemos dicho, es la misma Naturaleza. Como ella es sutil, minucioso, delicado y microscópico, y como ella, es inmenso. Ni discreto, ni reservado, ni avaro, sino sencillamente magnífico. Aclaremos el sentido de la palabra *sencillo*. La sobriedad en poesía es pobreza y la sencillez, grandeza. Dar a cada cosa la cantidad de espacio que necesita es sencillo. Y la sencillez es la justicia. La ley del gusto consiste en colocar las cosas en su lugar y expresarlas con la palabra adecuada. La más prodigiosa complicación en el estilo o en el conjunto puede ser sencilla si se mantiene en cierto equilibrio latente y en ciertas proporciones misteriosas. Ahí están los arcanos del gran arte, y solamente la alta crítica soberana, que tiene su punto de partida en el entusiasmo, penetra y comprende estas sabias leyes. Pueden ser sencillas la opulencia, la profusión, la irradiación resplandeciente. El Sol es sencillo.

Como se ve, esta sencillez no tiene punto de semejanza con la que recomiendan Le Batteux, el abate D'Aubignac y el padre Bouhours.

Lo verdadero es sencillo, por mucha que sea la abundancia y la inextricable confusión con que se presente. Una raíz es sencilla. Esta sencillez, que es verdaderamente profunda, es la única que conoce el arte. Por lo mismo que la sencillez es verdadera, es inocente, ingenua. La ingenuidad es la cara de la verdad. Shakespeare es sencillo hasta un grado inconcebible, pero lo es en grande porque ignora todo lo que es pequeño.

La sencillez impotente, raquítica y agonizante es un caso patológico, completamente extraño a la poesía, que más bien reclama la asistencia en un hospital que una carrera sobre el hipogrifo. Confieso que la joroba de Tersites es sencilla, pero también es sencillo el tórax de Hércules. Prefiero esta sencillez a aquélla.

La sencillez adecuada a la poesía puede ser áspera como la encina. ¿Y produce una encina el efecto de una figura bizantina o de una figura encopetada? El poseer antítesis innumerables, como por ejemplo, tronco gigantesco y hojas diminutas, corteza rudísima y musgos de finísimo terciopelo; el recibir los rayos de luz y el producir la sombra, el proporcionar coronas para los héroes y frutos para los cerdos, ¿son acaso señales de presunción, de corrupción, de sutileza y de mal gusto? ¿Tiene la encina demasiado ingenio? ¿Será del hotel Rambouillet? ¿Es una preciosa ridícula? ¿Está afectada de gongorismo? y ¿es, en una palabra, la encina signo de decadencia? ¿O es que la verdadera sencillez, *sancta simplicitas*, será la de la col?

Se censura a Shakespeare por sutil, por excesivamente agudo, por afectado, por gongorino, y declarando que estos defectos son propios de las medianías, se atribuyen a un coloso. Mas, a decir verdad, Shakespeare no respeta nada; camina con tal ímpetu, que cansa a quien lo sigue; salta por encima de las conveniencias atropellando a Aristóteles; hace estragos en el jesuitismo, en el metodismo, en el purismo y en el puritanismo. Desconcierta a Loyola y vuelve del revés a Wesley; es valiente, atrevido, emprendedor, belicoso, bravo. Sus escritos humean como si fueran cráteres. Con la pluma en la mano, la llama del genio en la frente y el diablo en el cuerpo, está siempre en actividad, en función, en vena, en marcha. El caballo padre abusa, cansando a las mulas que encuentra a su paso. Ser fecundo es ser agresivo. Un poeta como Isaías, o Juvenal, o Shakespeare, es en verdad exorbitante, ¡Qué diablo! Menester es fijar la atención en los demás, que no uno solamente ha de tener derecho a todo: la virilidad constante, la inspiración inagotable, las metáforas tan innumerables como las flores del prado, tantas antítesis como la encina, tantos contrastes y profundidades como el universo, la incesante generación, la explosión, el himeneo, la concepción, el inmenso conjunto, el detalle exquisito o robusto, la comunicación viva, la fecundación, la plenitud y la producción, es evidentemente demasiado, porque viola los derechos de los neutrales.

Hace ya tres siglos que Shakespeare, el poeta en completa efervescencia, es mirado por los críticos sobrios con ese aire de disgusto que deben tener los espectadores impotentes ante la vista de un harén.

Shakespeare no tiene ni reservas, ni límites, ni fronteras, ni vacíos. Su falta es no tener ninguna. No conoce las cajas de ahorros ni los ayunos. Desbórdase como la vegetación, como la germinación, como la luz, como la llama. Lo cual no impide que se ocupe del espectador o del lector a quien se dirige con discursos morales, dándole consejos, y de quien se hace buen amigo, como si fuera un La Fontaine, y a quien presta pequeños servicios, seguro de que ante uno de sus incendios se puede calentar las manos.

Shakespeare esta abierto para todos. ¿Os bastan Otelo, Romeo, Yago, Macbeth, Shylock, Ricardo III, Julio César, Oberon, Puck, Ofelia, Desdémona, Julieta, Titania, los hombres, las mujeres, las brujas, las hadas y las almas que prodiga a manos llenas? ¿Os bastan Ariel, Parolles, Macduff, Próspero, Viola, Miranda y Calibán? Pues si no os bastan, ahí tenéis a Jésica, a Cordelia, a Crésida, a Porcia, a Brabancio, a Polonio, a Horacio, a Mercucio, a Imógenes, a Pándaro de Troya, a Bottom, a Teseo, *Ecce Deus*, ahí está el poeta mismo que se ofrece, se da, se prodiga y se difunde sin agotarse jamás. Y ¿por qué? Porque no puede, porque el agotamiento en él es imposible, porque no tiene fondo, porque se llena y se gasta y vuelve a comenzar; porque, en fin, es el derrochador del genio.

Shakespeare iguala en licencia y audacia en el lenguaje a Rabelais, a quien un cisne ha calificado, no hace mucho tiempo, de puerco.

Shakespeare, como todos los espíritus soberanos cuando se hallan en plena orgía de omnipotencia, vierte toda la Naturaleza, la bebe y os la hace beber. Voltaire le ha reprochado su borrachera, y ha hecho bien. ¿Por qué no ha de tener Shakespeare un temperamento de esa naturaleza? Ni se detiene, ni se cansa, ni manifiesta piedad alguna hacia los raquíticos estómagos que se presentan candidatos a la Academia. No tiene la gastritis llamada «buen gusto», porque es poderoso. ¿Qué significación tiene el inmoderado canto que entona a través de los siglos, canto de guerra, de orgía o de amor, que va del rey Lear a la reina Mab y de Hamlet a Falstaff, y que es doloroso como un suspiro y grande como la *Ilíada*? «Me siento fatigado con la lectura de Shakespeare», decía M. Auger.

Tiene su poesía el acre perfume de la miel libada aquí y allá por la abeja sin colmena. Emplea la prosa y el verso, y se adapta a todas las formas, por no ser más que vasos de las ideas. Su poesía es lamento y burla. El inglés, que no es una lengua bien hecha, algunas veces le favorece y otras le perjudica, pero en todas partes se transparenta el alma profunda. El drama de Shakespeare marcha con una especie de ritmo desatinado; es tan inmenso que vacila; tiene vértigos y los produce, pero nada tan sólido como su agitada grandeza. Shakespeare, calenturiento, contiene los vientos, los espíritus, los filtros, las vibraciones, los huracanes, la oscura penetración de los efluvios y la gran savia desconocida. De ahí su agitación, en cuyo fondo existe la calma. Ésta es la agitación que falta a Goethe, por cuya impasibilidad ha sido sin razón elogiado, sin comprender que la impasibilidad acusa inferioridad. Así es también la agitación de todos los espíritus soberanos como Job, Esquilo y Alighieri, porque esa agitación es la humanidad. Es menester que en la tierra lo divino sea humano, y que el hombre se proponga a sí mismo el enigma que le martirice. La inspiración, que es un prodigio, va mezclada de cierto sagrado estupor. Cierta majestad del espíritu se parece a las soledades y asombra. Shakespeare, como todos los grandes poetas y como todas las grandes cosas, rebosa de sueños. Asústale su propia vegetación y le causan espanto sus propias tempestades. Diríase en ciertos momentos que Shakespeare teme a Shakespeare por el horror que tiene a su profundidad. Este en el signo de las supremas inteligencias. Su misma extensión le agita, comunicándole misteriosas y enormes oscilaciones. No hay genio que no tenga sus olas. Llámesele en buen hora salvaje y borracho, sí, pero salvaje como la selva virgen y borracho como la alta mar.

Únicamente el cóndor, que parte y arriba, y vuelve a partir y se remonta, y penetra en los cielos, y aparece y desaparece en las alturas, puede dar idea del inmenso vuelo de Shakespeare, el cual es uno de aquellos genios mal enfrenados expresamente por Dios para que vayan feroces a todo vuelo hasta el infinito.

De vez en cuando viene a esta tierra uno de esos espíritus. Su paso, ya lo hemos dicho, renueva el arte, la ciencia, la filosofía o la sociedad.

Llenan un siglo y después desaparecen. Y entonces no solamente iluminan con su luz a un siglo, sino a toda la humanidad de un extremo a otro de los tiempos. Cada uno de estos hombres es el mismo espíritu humano condensado y contenido en un cerebro que viene en un momento determinado al mundo a dar un paso en el camino del progreso.

Terminada la vida y realizada la misión para que fueron destinados, se unen por la muerte al misterioso grupo con el cual viven probablemente en familia en el seno del infinito.

Libro II

Shakespeare. Su obra.
Los puntos culminantes

I

Es propio de los genios de primer orden producir verdaderos tipos humanos. Unos riendo, otros llorando y otros pensando retratan a la humanidad; pero los que la retratan pensando son los más grandes. Plauto, riendo crea a Anfitrión; Rabelais, riendo crea a Gargantúa; Cervantes, riendo, crea a Don Quijote; Beaumarchais, riendo crea a Fígaro; Molière, llorando crea a Alcestes; Shakespeare, meditando crea a Hamlet, y Esquilo, pensando crea a Prometeo. Aquéllos son grandes; pero Esquilo y Shakespeare son inmensos.

Tales retratos, legados a la humanidad como un adiós por esos peregrinos que se llaman poetas, no están casi nunca favorecidos; antes bien, son tan exactos que se parecen con profunda semejanza, Márcanse en el rostro como extracciones del alma, el vicio, la virtud o la locura. La lágrima cristalizada se convierta en perla; la sonrisa petrificada concluye por parecerse a una amenaza; las arrugas son signos de sabiduría, y trágicos algunos fruncimientos de cejas. Esta serie de tipos humanos es la lección eterna dada a las sucesivas generaciones; cada siglo añade algunas figuras, a veces en plena luz y en relieve, como Macette, Celimena, Tartufo, Turcaret y el Sobrino de Rameau; otras en simples perfiles como Gil Blas, Manon Lescaut, Clarissa Harlowe y Cándido.

Dios crea por la intuición: el hombre crea por la inspiración mezclada con la observación. Esta segunda creación, que no es más que la acción divina realizada por el hombre, constituye el genio.

¿Sabéis qué es el drama? Pues el drama es el mismo poeta colocándose en el lugar del destino; es una invención de tipos y acontecimientos tan extraños, que ciertas sectas religiosas los consideran como usurpaciones de la obra divina, y por tal razón llaman a los poetas mentirosos; es la conciencia humana sorprendida en el momento de realizar un acto, y colocada en un ambiente que combate, gobierna o transforma. Eso en el drama. Pero todavía tiene el poeta algo superior, y es la facultad de mover y agitar las almas como las agitaría y movería el mismo Dios. Hay en esto cierta igualdad, cuyo misterio se explica cuando se reflexiona que Dios es interior al hombre. Igualdad supone identidad. Él es nuestra conciencia, y por eso aconseja las buenas acciones, y Él es nuestra inteligencia, y por eso inspira las obras maestras.

No contiene la acritud de los críticos el saber que Dios vive en los grandes espíritus; los más grandes han sido siempre los más combatidos. Sucede a veces que aun las inteligencias privilegiadas regatean el valor del genio. Es maravilloso que los inspirados desconozcan la inspiración. Erasmo, Bayle, Scalígero, Saint-Evremond, Voltaire, muchos Padres de la Iglesia, familias enteras de filósofos, la Escuela de Alejandría en masa, Cicerón, Horacio, Luciano, Plutarco, Josefo, Dión Crisóstomo, Dionisio de Halicarnaso, Filóstrato, Metrodoro de Lampsaco, Platón y Pitágoras, han combatido rudamente a Homero. Omitimos en esta enumeración a Zoilo, porque el odio no es la inteligencia, y porque injuriar no es discutir. Los nombres de Zoilo, Moevius, Cecchi, Green, Avellaneda, Guillermo Laudar, Visé y Freron no pueden ir mezclados con aquéllos. Esos hombres han herido al género humano en las personas de sus genios, y sus miserables manos conservan todavía la mancha del lodo que arrojaron.

Y estos hombres no tienen la triste fama que han adquirido, ni toda la cantidad de oprobio que merecen. Apenas se sabe si han existido. Permanecen en un semiolvido que es más humillante que el olvido completo. Exceptuando dos o tres de ellos, que se han hecho famosos por el desdén que han inspirado, nadie o casi nadie conoce sus nombres. Están en la penumbra. Ved, por ejemplo, a Clement, que se llamó a sí mismo *el hipercrítico*, y que no tuvo más oficio que el de morder y denunciar a Diderot, cómo desaparece y se confunde, aunque nacido en Ginebra, con el confesor Clemente de Dijon, con David Clemente, autor de la *Biblioteca curiosa*, con Clemente de Baize, benedictino de Saint-Maur, y con Clemente de Ascain, capuchino, definidor y provincial del Bearn. ¿De qué le sirvió, por tanto, haber declarado que la obra de Diderot no es más que una *tenebrosa palabrería*, y haber muerto loco en Charentón, si después había de ser confundido con cuatro o cinco Clementes ignorados? Ved a Famiano Strada, el cual, aun cuando se cebó en Tácito, apenas si se le distingue de Fabián Spada, conocido por la Spada de Madera, bufón de Segismundo Augusto. Ved a Cecchi, que procuró destrozar al Dante, y aun así se ignora si su nombre fue Cecco. Ved a Green, que trató de aplastar a Shakespeare y a quien se le toma por Greene; a Avellaneda, «el enemigo» de Cervantes, que es tal vez Avellanedo; a Lauder, el calumniador de Milton, que es quizá Leuder, y a de Visé, «que deslomó» a Molière, que también se llamaba Donneau, sólo que por parecer de noble estirpe se puso el nombre *de Visé*. Para crearse alguna fama debieron contar con la grandeza de aquellos a quienes difamaban, y, ¡oh dolor!, han permanecido y permanecen en la oscuridad. Los pobres ultrajadores no han recibido el pago que merecían; no se les ha pagado ni siquiera con el desprecio. Compadezcámosles.

II

Agréguese a esto que la calumnia pierde el tiempo. Pues entonces, ¿para qué sirve, si no sirve siquiera para causar daño? ¿Hay algo más inútil que lo perjudicial que no perjudica? Pero hay más, y es que lo perjudicial es provechoso. Sucede en ciertos momentos que la calumnia, la envidia y el odio, en lugar de deprimir, enaltecen a las personas contra quienes se dirigen. Sus injurias ennoblecen y sus manchas ilustran. Lo que consiguen es mezclar con la gloria el clamor público.

Pero continuemos.

Cada genio se pone la inmensa máscara humana, mas es tal la fuerza del alma que muestran a través de los misteriosos agujeros de los ojos que su mirada cambia el gesto, y de terrible se convierte en cómica, y meditabunda, y desolada, y alegre, y viva, y decrépita, y sencilla, y glotona, y mística, y ultrajante, descubriéndose a Caín, Job, Atreo, Áyax, Príamo, Hécuba, Niobe, Clitemnestra, Nausicaa, Pistoclero, Grumio, Davus, Pasicompsa, Jimena, Don Arias, Don Diego, Mudarra, Ricardo III, lady Macbeth, Desdémona, Julieta, Romeo, Lear, Sancho Panza, Pantagruel, Panurgo, Arnolfo, Dandín, Sganarelo, Inés, Rosina, Victorina, Basilio, Almaviva, Querubín y Manfredo.

De la creación divina directa sale Adán, el prototipo. De la creación divina indirecta, es decir, de la creación humana, salen otros Adanes, los tipos.

Un tipo no es la reproducción de un hombre en particular ni semeja exactamente a ningún individuo, sino que resume y concentra bajo una forma humana toda una familia de caracteres y de almas. Un tipo no abrevia, condensa: no es uno, es todos. Alcibíades, Petronio, Bassompierre, Buckingham, Fronsacy Lanzun no representan más que sus propias individualidades; pero coged a todos ellos, amalgamadlos en el mortero de la meditación, y sale un fantasma más real que todos juntos, sale don Juan. Coged uno a uno todos los usureros del mundo y ninguno de ellos será el feroz mercader de Venecia, exclamando: «Tubat, detén un guardia por quince días; si no paga me cobraré con su corazón». Coged en masa a los usureros y se desprenderá un total: Shylock. La metáfora del pueblo, que no se engaña nunca, confirma la invención del poeta sin conocerla: en tanto que Shakespeare crea a Shylock, aquélla crea al avaro. Shylock es la judería y el judaísmo, es decir, toda su nación, así en lo alto como en lo bajo, en la buena fe como en el fraude, y por eso y porque resume una raza oprimida, Shylock es grande. Los judíos, incluyendo los de la Edad Media, tienen razón en decir que ninguno de ellos es Shylock, así como también la tienen los hombres calaveras asegurando que ninguno de ellos es Don Juan. Las hojas del naranjo no tienen el sabor de la naranja, y sin embargo, la comunidad de raíces, el tomar la savia en un mismo origen y el nutrirse de los mismos jugos de la tierra, constituyen una afinidad profunda. El fruto contiene el misterio del árbol y el tipo contiene el misterio humano. De aquí la vida realmente extraña que alcanza el tipo.

Porque lo asombroso es que el tipo vive. Si no fuera más que una abstracción, sería ignorado de los hombres y pasaría como pasan las sombras. La tragedia llamada *clásica* crea larvas y el drama crea tipos.

Una lección hecha hombre, un mito con rostro humano, tan plástico que os mira frente a frente, y cuya mirada es un espejo, una parábola que os de con el codo, un símbolo que os aparta de un peligro, una idea con nervios, músculos y carne, con corazón para amar, entrañas para sufrir, ojos para llorar, dientes para devorar o reír; una concepción psíquica que tiene el relieve del hecho y que destila verdadera sangre, eso es el tipo. ¡Oh poder de la poesía soberana! Tus tipos son seres reales que respiran, palpitan y existen con existencia tan viva, que se oyen sus pasos sobre el pavimento, más viva que la de cualquier transeúnte de la calle. Esos fantasmas tienen más densidad que el hombre, porque contienen en su esencia la cantidad de eternidad que pertenece solamente a las obras maestras. Así, Trimalción vive, mientras que Mr. Romieu ha muerto.

Los tipos son casos previstos por Dios y realizados por genios. Sin duda, para inspirar confianza, Dios prefiere enseñar al hombre por el hombre. El poeta está entre los vivos, y así puede hablarles en intimidad al oído. De ahí la eficacia de los tipos. El hombre es una premisa, el tipo la conclusión; Dios crea el fenómeno, el genio lo marca; Dios no hace más que el avaro, pero el genio hace Harpagón; Dios hace al traidor, pero el genio hace a Yago; Dios hace la coqueta, y el genio hace a Celimena; Dios hace el *bourgeois*, el genio hace a Crisalo; Dios hace al rey, y el genio hace Grandgousier. Algunas veces, en un momento determinado, de la misteriosa colaboración de la masa del pueblo con un gran cómico ingenuo, ejecutor involuntario y poderoso, nace un tipo; la multitud es partera: de una época cuyos extremos están de un lado en Talleyrand y de otro en Chrodruc-Duclos, surge de repente, y por la maravillosa incubación del teatro, un espectro, Robert Macaire.

Los tipos caminan a pie llano por el arte y la Naturaleza. Son lo ideal-real. Estas figuras contienen el bien y el nial que hay en el hombre. Bajo las miradas del pensamiento despréndese de cada uno de ellos una humanidad.

Repitámoslo; existen tantos tipos como Adanes. El hombre de Homero, Aquiles, es el Adán de quien viene la raza de matadores; el hombre de Esquilo, Prometeo, va otro Adán de quien procede la especie de luchadores; el hombre de Shakespeare, Hamlet, es otro Adán de quien nace la familia de los visionarios. Otros Adanes imaginados por los poetas encarnan la pasión, el deber, la razón, la conciencia, el pecado o la redención. La prudencia, convertida en miedo, pasa del viejo Néstor al viejo Gerento. El amor, convertido en apetito, va de Dafnis a Lovelace. La belleza, mezclada en la serpiente, va desde Eva hasta Melusina. Los tipos comienzan en el Génesis formando una cadena que llega hasta Restif de la Bretonne y Vadé. Su forma de expresión es lírica, pero no repugna la forma picaresca. En boca de Gros René hablan *patois*, y en Homero dicen a Minerva cuando los agarra por los cabellos: «¿Qué quieres de mí, diosa?»

Hay, sin embargo, una extraña excepción: el Dante. El hombre del Dante es el Dante mismo. Dante se ha recreado, por decirlo así, en su poema: él es su propio tipo y su propio Adán. La acción de su poema se encuentra con su persona, de quien Virgilio es un comparsa. Él se ha hecho épico, sin cambiar siquiera de nombre. Nada más sencillo que lo que hace; baja al infierno y después sube al cielo sin preocuparse de ello. Llama solemnemente a las puertas del infinito, diciendo: «Abrid, que yo soy el Dante».

III

Pero los dos Adanes que son verdaderos prodigios son el de Esquilo, Prometeo, y el de Shakespeare, Hamlet. Prometeo es la acción, y Hamlet la duda. En Prometeo el obstáculo es exterior, en Hamlet es interior.

En Prometeo, la voluntad está clavada por sus cuatro miembros con clavos de bronce que la impiden moverse: además, la Fuerza y el Poder, sus eternos vigilantes, se lo impedirían. En Hamlet, la voluntad se halla todavía más sujeta, porque está agarrotada por la previsión, por la anticipación, por el prejuicio, cuyo resultado son las irresoluciones y las perplejidades. ¡Tirad de vosotros mismos! ¡Qué nudo gordiano el que forman las visiones! La esclavitud de adentro: esa sí que es esclavitud. ¡Tomad por asalto si podéis la meditación! ¡Salid de las prisiones del amor si a tanto llega vuestro esfuerzo! No hay calabozo comparable con el que encierra la conciencia. Para ser libre Prometeo, bástale romper una argolla de bronce y vencer a un dios: mas para que Hamlet lo sea, es preciso que se venza a sí mismo. Prometeo puede levantarse si levanta una montaña; mas para que Hamlet se alce es preciso que levante en peso su propio pensamiento. El dolor de Prometeo cesa al punto en que arranque el buitre de su despedazado pecho; pero para que cese el de Hamlet, es preciso que se arranque a sí propio. Prometeo y Hamlet son dos hígados descubiertos; del uno mana sangre y del otro la duda.

Compárase comúnmente a Esquilo con Shakespeare por *Orestes* y *Hamlet*, que son dos tragedias que forman un mismo drama. Sin duda, la acción no puede ser más idéntica. Los doctos señalan en ese punto una analogía; pero los incapaces, que suelen ser los ignorantes y los envidiosos, y también los imbéciles, se regocijan queriendo hacer ver un plagio. He aquí un campo abierto a la erudición comparada y a la crítica sería. Como parricida por amor filial, Hamlet es inferior a Orestes. Esta comparación, que se hace fácilmente cuando sólo se atiende a la superficie de las cosas, no nos maravilla: lo que pone nuestro ánimo en suspenso es la confrontación de ambos encadenados, Prometeo y Hamlet.

No hay que olvidar que el espíritu humano, siendo semidivino, crea de vez en cuando obras sobrehumanas, las cuales son mucho más numerosas de lo que se cree, pues llenan el inmenso campo del arte. Fuera de la poesía, en donde abundan las maravillas, la música tiene a Beethoven, la escultura a Fidias, la arquitectura a Piranesi, la pintura a Rembrandt y la pintura, la arquitectura y la escultura a Miguel Ángel. Sin contar muchas otras, y no de las menores.

Prometeo y Hamlet pertenecen al número de estas obras más que humanas.

Una especie de prejuicio gigantesco; la medida común superada; lo grande en todas partes hasta causar espanto en las inteligencias medianas; lo verdadero demostrado en caso de necesidad por lo inverosímil; el destino, la sociedad, la ley, la religión, sometidos a juicio en nombre de lo Desconocido, abismo del misterioso equilibrio; el hecho juzgado como si fuera no más que una representación y en ocasiones reprochado a la Fatalidad o a la Providencia; la pasión, terrible personaje, presentándose o desapareciendo en el hombre; la audacia y algunas veces la insolencia de la razón y las altivas formas de un estilo adecuado a todas las situaciones, y al mismo tiempo una sabiduría profunda, una dulzura de gigante, una bondad de monstruo enternecido, una aurora inefable e incomprensible que todo lo ilumina, tales son los signos de las obras supremas. Ciertos poemas son como el Sol. Esquilo y Shakespeare tienen su propia luz.

IV

Prometeo tendido sobre el Cáucaso es la tragedia gigantesca de una ferocidad sin ejemplo. Prometeo sufre el antiguo suplicio llamado de la extensión, del cual se pudo librar Cartouche por causa de una hernia; sólo que para Prometeo el potro es una montaña. ¿Cuál es su crimen? El Derecho. Calificar el derecho de crimen y la vida de rebelión es la eterna habilidad de los tiranos. Prometeo hizo en el Olimpo lo que Eva en el Paraíso: apoderarse de un poco de ciencia. Y Júpiter, o como si dijéramos, Jehová (*Iovi, Iova*), castiga la temeridad de haber querido vivir. Las tradiciones eginéticas que localizan a Júpiter le quitan la impersonalidad cósmica el Jehová del Génesis. El Júpiter griego, mal hijo de un mal padre, rebelde a Saturno, que a su vez es rebelde a Coelus, es un advenedizo. Los titanes constituyen una especie de rama primogénita que tiene legitimistas como Esquilo, vengador de Prometeo, que representa el Derecho vencido. Júpiter llega a la usurpación del poder, como sucede siempre, por el suplicio del Derecho. El Olimpo requiere al Cáucaso. Prometeo, sujeto con argollas, yace sobre él caído y clavado. Mercurio, que es el amigo de todos, va a darle consejos parecidos a los que se dan después de un golpe de Estado. Mercurio es la cobardía de la inteligencia y todo el vicio posible lleno de talento; Mercurio, el dios-vicio, auxilia a Júpiter, el dios-crimen. Este servilismo en el mal aún se advierte hoy en la veneración que los rateros tienen a los asesinos. Algo hay de esta ley en la aparición del diplomático detrás del conquistador.

Las obras maestras son inmensas porque están eternamente presentes a los actos de la humanidad. Prometeo en el Cáucaso es Polonia después de 1772, Francia después de 1815 y la Revolución después de Brumario. Mercurio habla, pero Prometeo no escucha. Los ofrecimientos de amnistía son inútiles cuando solamente el condonado es el que tiene derecho a indultar. Prometeo, caído, desprecia a Mercurio, que está sobre él, y a Júpiter, que está sobre Mercurio, y al Destino, que está sobre Júpiter. Prometeo se burla del buitre que lo devora, y se encoge de hombros en cuanto sus cadenas lo permiten. ¿Qué le importan a él Júpiter y Mercurio? Nada afecta al altivo mártir. Las quemaduras producidas por el fuego de los rayos, lejos de abatirlo, excitan su fiereza. Todo llora, sin embargo, a su alrededor: la tierra se desespera, las nubes-mujeres, las cincuenta oceánidas, van a adorar al titán, las selvas se lamentan, las fieras gimen, los vientos sollozan, las olas suspiran, los elementos se quejan, y el mundo todo sufre en Prometeo, como si la argolla fuese la ligadura de la vida universal, y como si la participación en el suplicio del semidiós fuese en adelante el trágico deleite de la Naturaleza. La ansiedad por el porvenir, la incertidumbre de que desaparezca la libertad de acción y de movimiento, hacen que hombres y animales, y plantas y rocas, y el inmenso conjunto de las cosas creadas, se vuelvan hacia el Cáucaso con la inexplicable angustia que se siente viendo esclavo al que es libertador.

Hamlet, no tan gigantesco, pero más hombre, tiene la misma grandeza. Hamlet. Espantoso ser completo en lo incompleto. Serlo todo y no ser nada. Es príncipe y demagogo, sagaz y extravagante, profundo y frívolo, hombre y neutro. No tiene fe en el cetro, se burla del trono, tiene por camarada a un estudiante, dialoga con los transeúntes, argumenta con el primero que llega, comprende al pueblo, desprecia al populacho, odia la fuerza, duda del éxito, interroga a las tinieblas y tutea al misterio. Da a los demás enfermedades que él no tiene; su fingida locura contagia a su amada con locura verdadera. Familiarízase con los espectros y con los cómicos. Se chancea empuñando el hacha de Orestes. Diserta sobre literatura, recita versos, hace crítica de teatros, juega con huesos humanos en un cementerio, aterra a su madre, venga a su padre, y termina por un gigantesco signo de interrogación el temeroso drama de la vida y de la muerte. Primero espanta y después desconcierta. No se ha pensado jamás nada tan abrumador. Eso es el parricida diciendo: «¿Y yo qué sé?»

Hemos dicho *parricida*, y esta palabra nos obliga a detenernos. ¿Es parricida Hamlet? Sí y no. Se limita a amenazar a su madre, pero la amenaza es tan feroz, que la madre tiembla. «¡Tu palabra es un puñal!... ¿Qué vas a hacer? ¿Quieres asesinarme? ¡Socorro, socorro!» Y cuando muere, Hamlet, sin dolerse en lo más mínimo, hiere a Claudio con esta trágica frase: «¡Sigue a mi madre!» Hamlet es esta cosa siniestra: el parricidio posible. Si en lugar del frío Norte tuviera, como Orestes, en las venas la ardiente sangre del Mediodía, mataría a su madre.

Este drama es severo. Aun lo verdadero está en él inficionado de dudas; lo sincero miente. Nada tan colosal ni tan sutil. En ese drama el hombre es un mundo, y el mundo cero. El mismo Hamlet, en plena vida, no está seguro de existir. En esta tragedia, que es también una filosofía, todo flota y duda, y se aplaza, y oscila, y se descompone, y se dispersa, y se disipa: en ella el pensamiento es nube, la voluntad vapor, la resolución crepúsculo, la acción se vuelve en sentido inverso y la rosa de los vientos dirige a los hombres. ¡Confusa y vertiginosa obra en donde se descubre el fondo de las cosas y en que el pensamiento oscila entre el espectáculo que le ofrece el cadáver del rey y el enterramiento de Yorick, y en el cual la monarquía tiene por representación un fantasma y la alegría un cráneo!

Hamlet es la obra maestra de la tragedia visión.

V

Todavía no se ha indicado por los críticos una de las causas probables de la fingida locura de Hamlet. Se ha dicho: «Hamlet se finge loco para ocultar su pensamiento, como hizo Bruto». Y en efecto, la imbecilidad aparente se arma ingeniosísima para ocultar un gran designio: el supuesto idiota puede observar con entera libertad. Pero el caso de Bruto no es igual al de Hamlet. Hamlet se finge loco para su seguridad personal. Bruto oculta su proyecto; Hamlet, su persona. Dadas las costumbres de las trágicas cortes de entonces, Hamlet corre peligro desde el momento en que sabe, por la revelación del espectro, el delito de Claudio. Aquí se manifiesta el historiador supremo que forma parte del poeta, viendo a Shakespeare cómo penetra profundamente a través de las antiguas tinieblas monárquicas. En la Edad Media y en el Bajo Imperio, y aun en tiempos anteriores, desgraciado del que tenía noticia de un asesinato o de un envenenamiento cometido por el rey. Sospecha Voltaire que Ovidio fue expatriado de Roma por haber visto alguna cosa vergonzosa en la casa de Augusto. Entonces era crimen de Estado saber que el rey había sido asesino. Cuando se le antojaba al rey no tener testigos, corría peligro la cabeza del que no aparentase ignorancia completa. Era mala política tener buena vista. La persona considerada como sospechosa estaba perdida sin remedio; no había mas que un refugio, la locura; gracias a ella se pasaba por «un inocente» y nadie le hacía caso. Recordad en Esquilo el consejo que el Océano da a Prometeo: «Parecer loco es el secreto del sabio». Cuando el chambelán Hugolino encontró la varilla de hierro con la cual Edrick, el usurpador, había empalado a Edmundo II, «se hizo de repente el tonto», dice la crónica sajona de 1016, y consiguió salvarse con ese artificio. Heracliano de Nisibi, que descubrió por casualidad que el Rhinometa era fratricida, se hizo declarar loco por los médicos y logró ser encerrado por toda su vida en un claustro. Así vivió en paz, envejeciendo y esperando estúpidamente la muerte. Hamlet se ve en el mismo peligro y recurre al mismo medio. Hácesa declarar loco, como hizo Heracliano, y se finge tonto, como Hugolino. Lo cual no obsta para que Claudio intente por dos veces librarse de él durante al drama con el hacha y el puñal, y con el veneno en el desenlace.

Encuéntrase la misma indicación en *El Rey Lear*; el hijo del conde de Glocester también se refugia en la demencia aparente. Ésta en una clave para descubrir y comprender el pensamiento de Shakespeare. A los ojos de la filosofía del arte, la locura fingida de Edgar explica la locura fingida de Hamlet.

El Amleth de Belleforest es un mago: el Hamlet de Shakespeare es un filósofo. Hace un momento hablábamos de la singular realidad que tienen las creaciones de los poetas. No se hallará ejemplo más notable de esto que el tipo de Hamlet. Hamlet dista mucho de ser una abstracción. Estudió en la Universidad; tiene el salvajismo danés dulcificado por la cortesanía italiana; es de pequeña estatura, grueso, algo linfático, tira bien a la espada, pero se sofoca fácilmente. Rehúsa beber con exceso durante el asalto con Laertes, sin duda temeroso de sudar demasiado. Después de haber dotado de esta suerte de vida tan real a su personaje, el poeta puede lanzarlo en pleno ideal. Así tiene lastre.

El espíritu humano ha producido obras que igualan al *Hamlet*, pero ninguna le aventaja. *Hamlet* tiene toda la majestad de lo lúgubre. ¡Nacer un drama de una sepultura abierta es colosal! *Hamlet* es, en nuestra opinión, la obra capital de Shakespeare.

No existe figura alguna creada por los poetas que penetre y atormente tanto como ésa. La duda aconsejada por un fantasma: tal es *Hamlet*. El padre, después de muerto, habla a Hamlet, pero no lo convence. ¿Qué hará? Ni él mismo lo sabe. Crispa los puños y después desfallece. En su interior, las conjeturas, los sistemas, las monstruosas apariencias, los recuerdos sangrientos, la veneración al espectro, el odio, la ternura, el ansia de la acción y del reposo, su padre, su madre y sus encontrados deberes, forman espantosa y profunda tempestad. La lívida duda se apodera de su espíritu. Y Shakespeare, prodigioso poeta plástico, hace casi visible la grandiosa palidez de aquella alma, Hamlet podría llamarse *Melancolía*, como la gran larva de Alberto Durero. Tiene, como ella, sobre su cabeza el murciélago que revolotea despedazado, y a sus pies la ciencia, la esfera, el compás, el reloj de arena, el amor, y detrás de él, en el horizonte, un enorme y terrible sol que difunde las tinieblas en el cielo.

Sin embarco, la mitad de Hamlet se compone de ira, de furia, de ultrajes, de sarcasmos a Ofelia, de maldiciones a su madre y de insultos a sí mismo. Conversa con los sepultureros riendo, después coge a Laertes por los cabellos y le arroja a la fosa de Ofelia y patea furiosamente sobre su ataúd. Estocadas a Polonio; estocadas a Laertes; estocadas a Claudio. En ciertos momentos parece como que se abre su inacción, y que de la abertura salen truenos.

Atorméntale esa vida posible, mezclada de realidad y de ensueños, de cuya ansiedad participamos todos. Un extraño sonambulismo penetra en todos sus actos. Diríase que su cerebro está en formación y que hay en él capas de dolor, capas de pensamiento y capas de visión. Y a través de estas últimas capas de visión, logra sentir, comprender, aprender, distinguir, beber, comer, irritarse, burlarse, llorar y razonar. Entre su vida y él media una transparencia, la muralla del sueño cuyo más allá se vislumbra, y al cual jamás se llega. Una especie de nebuloso obstáculo rodea a Hamlet por todas partes. ¿Habéis tenido alguna vez durante el sueño la pesadilla de querer correr o huir apresuradamente y no poder por la anquilosis de las rodillas, la pesadez de los brazos, la parálisis de las manos y la rigidez de los músculos? Pues esa pesadilla es la que sufre Hamlet despierto. Hamlet no está en donde está su vida. Aseméjase a un hombre que os hablara desde la margen opuesta de un río. Desde allí os llama y os pregunta. Encuéntrase siempre a considerable distancia de la catástrofe en que vive, del transeúnte a quien interroga, de las ideas que tiene y de la acción que realiza. Parece que ni siquiera toca el objeto que tritura.

Apenas se concibe su aislamiento, que es más bien el aparte de un espíritu que la vertiente por donde se despeña un príncipe. La indecisión es, con efecto, una soledad. Si os veis en ella, no contáis siquiera con vuestra propia voluntad, pareciéndoos que vuestro yo os abandona y os deja allí. La carga de Hamlet no es tan rígida como la de Orestes, pero es más pesada. Orestes lleva la fatalidad y Hamlet el sino.

Y aunque está alejado de los hombres, tiene sin embargo algo que los representa a todos. *Agnosco fratrem*. Si en ciertos momentos nos tomásemos el pulso, nos sentiríamos con su fiebre, porque su extraña realidad es nuestra realidad. Él es el hombre fúnebre que somos todos en determinadas situaciones. Aunque Hamlet es un caso patológico, expresa un estado permanente del hombre. Representa el malestar que siente el alma en una vida que no se ha hecho para ella, el calzado que molesta e impide andar. Este calzado es el cuerpo, del cual le libra con acierto Shakespeare. Hamlet es príncipe; pero rey, imposible. Vive Hamlet tan fuera de todo, que es incapaz de gobernar un pueblo. Pero hace más que gobernar, Hamlet existe. Aunque se suprimieran su familia, su país, su espectro y la aventura de Elsinor, sería un tipo solitario, pero extraordinariamente terrible. Esto consiste en la cantidad de humanidad y de misterio que contiene. Hamlet es espantoso y al mismo tiempo irónico. Tiene los dos perfiles del destino. Rectifiquemos una palabra que hemos consignado poco ha. La obra capital de Shakespeare no es el *Hamlet*. La obra capital de Shakespeare es todo Shakespeare. Otro tanto se afirma de todos los genios de su altura, porque ellos son masa, montón, majestad; biblia, y su solemnidad esta en el conjunto.

¿Habéis visto cómo penetra en el mar un cabo envuelto entre nubes hasta perderse en el fondo del horizonte? Cada una de sus colinas forma parte de él, y sin embargo, las ondulaciones no afectan en lo más mínimo a su dimensión. Destácase del cielo su inmensa silueta, avanzando sobre las olas. Ninguna de sus rocas es inútil, y gracias a este cabo podéis dominar la ilimitada llanura de las aguas, caminar empujado por los vientos, contemplar el vuelo de las águilas y la natación de los monstruos, llevar vuestra humanidad por entre los rumores eternos y penetrar en lo impenetrable. El poeta hace este servicio a vuestro espíritu. Un genio es un promontorio en el infinito.

VI

Al lado del *Hamlet* y en el mismo nivel merecen ser colocados tres dramas grandiosos: *Macbeth, Otelo* y *El Rey Lear.*

Hamlet, Macbeth, Otelo y Lear son las cuatro figuras que dominan el elevado edificio de Shakespeare. Ya hemos dicho lo que es Hamlet.

Decir simplemente: «Macbeth es la ambición», es no decir nada. Antes bien, Macbeth es el hambre, y ¡qué hambre! El hambre del monstruo siempre posible en los seres humanos. Algunas almas tienen dientes; cuidad de no estimular el hambre en ellas. Morder la manzana es peligroso; la manzana se llama *Omnia*, según Filesac, el doctor de la Sorbona con quien se confesó Ravaillac. Macbeth tiene una mujer a quien la crónica llama Gruock. Esta Eva tienta a este Adán. Así que Macbeth muerde el fruto, se pierde para siempre. El primer fruto de Adán y Eva es Caín; el primero de Macbeth es el asesinato.

La codicia convertida en violencia, la violencia en crimen y el crimen en locura: tal es la progresión representada por Macbeth. Los tres vampiros, la codicia, el crimen y la locura, le hablan en la soledad, convidándole al trono. Cuando le habla el gato Graymalkim, Macbeth es la astucia; cuando le habla al sapo Paddock, Macbeth es el horror; la figura asexual (*unsex*) de Gruoch completa el cuadro. Macbeth deja de ser hombre; no es más que una energía inconsciente despeñándose ferozmente hacia el mal. Desaparece toda noción de derecho; el apetito lo es todo; el derecho histórico, la monarquía, el derecho eterno, la hospitalidad, mueren a sus manos. Y hace más que matarlos: los desconoce. Antes de caer bañados en sangre a sus pies, habían muerto ya en su alma. Macbeth empieza por un parricidio, por asesinar a Duncan, a su huésped; delito tan horrible, que los caballos de Duncan se hacen salvajes la misma noche en que su dueño muere degollado. Dado el primer paso, empieza la pendiente, por la cual Macbeth rueda despeñado y se precipita como una avalancha. De un crimen salta a otro, pero cada vez más bajo, como sufriendo la lúgubre gravitación de la materia apoderada del espíritu. Es la destrucción, la piedra de las ruinas, la antorcha de la guerra, la fiera salvaje, la plaga. Como rey pasea por toda Escocia, acompañado de sus *kernes* y de sus *gallow glasses* pesadamente armados, degollando, robando y asesinando. Diezma a los Thanes, mata a Banquo, a todos los Macduff, excepto al que le ha de matar; mata a la nobleza, al pueblo, a la patria y al Sueño. Por último, llega la catástrofe, rompiendo la marcha el bosque de Birnam. Macbeth lo ha infringido, atropellado, violado y roto todo, y estos excesos acaban por sublevar a la misma Naturaleza, la cual, cansada de soportar tanto, pierde la paciencia y entra en acción contra Macbeth. La Naturaleza, hecha alma, lucha contra el hombre, hecho fuerza.

Este drama tiene proporciones épicas. Macbeth representa ese espantoso hambriento que rueda por toda la historia, y se llama bandido cuando vive en los bosques y conquistador cuando se sienta en los tronos. El antecesor de Macbeth es Nemrod. Y estos hombres representantes de la fuerza, ¿viven perpetuamente dominados por la furia? Seamos justos; no. Cuando llegan al fin, se detienen. Dad a Alejandro, a Ciro, a Sesostris o a César el mundo, y a buen seguro que se apaciguarán. Geoffroy Saint-Hilaire me decía en una ocasión: «El león está en paz con la Naturaleza después de haber comido». Para Cambises, Senacherib, Gengis Khan y otros parecidos, haber comido es poseer toda la tierra. Calmaríanse haciendo la digestión del género humano.

Y Otelo, ¿qué es? ¡Inmensa y fatal figura! Otelo es la noche. La noche ama al día como la oscuridad ama a la aurora. Por eso el africano ama a la blanca. Desdémona es la luz y la locura de Otelo. ¡Qué fáciles son para él los celos! Otelo es grande, es augusto, es majestuoso, descuella por cima de todos; tiene por cortejo la bravura, la batalla, el ruido, la bandera, la fama, la gloria; el esplendor de cien victorias, pero... es negro. Y ¡qué pronto el héroe se convierte en monstruo y el negro en salvaje! ¡Qué pronto se comprenden la noche y la muerte!

Al lado de Otelo, que es la noche, existe Yago, que es el mal. El mal es otra forma de la sombra. La noche no es más que la noche del mundo, pero el mal es la noche del alma. ¡Qué oscuridad la producida por la perfidia y la mentira! ¿No es lo mismo que corra por las venas negra tinta o que corra la negra traición? El que ha visto de cerca la impostura y la perfidia lo sabe. Con el que miente se camina a tientas. Derramad la hipocresía al despuntar el día, y a buen seguro que apagaréis el sol. Esto ha sucedido a Dios merced a la existencia de las falsas religiones.

Yago, al lado de Otelo, es el precipicio junto a la pendiente. «¡Por aquí!», dice en voz baja el lazo tendido a la ceguedad. Lo tenebroso se constituye en guía de lo negro. El engaño se encarga de suministrar la luz que falta a la noche. Los celos tienen por lazarillo a la mentira. ¡Terrible espectáculo contemplar al negro Otelo y al traidor Yago luchando contra la blancura y el candor! Las ferocidades de la sombra se comprenden. Las dos encarnaciones del eclipse conspiran, una rugiendo y otra sonriendo, para lograr la trágica desaparición de la luz.

Otelo es la noche. Sondead esa profundidad. Y siendo la noche y queriendo matar, ¿de qué arma se valdrá? ¿Del veneno, de la maza, del hacha, del puñal? No; de la almohada. Matar es adormecer. Acaso el mismo Shakespeare no se dio cuenta de lo que hacía. Tal es la fuerza y tal la realidad que tienen los tipos, que el creador se deja arrastrar y dirigir por ellos. Y así Desdémona, unida al hombre-noche, muere asfixiada por la almohada en que recibió su primer beso y recoge su postrer aliento.

Lear es el pretexto para crear a Cordelia. Una hija que ejerce los deberes de la maternidad con su mismo padre, es ciertamente asunto admirable. Esta maternidad, venerable si las hay, es la de la leyenda de la romana que alimentaba a sus pechos en el rincón de un fúnebre calabozo a su anciano padre. No puede contemplarse espectáculo más sagrado que el de unas barbas blancas junto a un pecho joven. El pecho joven es Cordelia.

En cuanto Shakespeare concibe y encuentra la figura, crea el drama. ¿Y en dónde coloca esta serena visión? En un siglo oscuro. Shakespeare la coloca en el año 3105 de la creación del mundo, en tiempos en que Joas era rey de Judá, Aganipo rey de Francia y Leir rey de Inglaterra. Toda la tierra estaba entonces envuelta en misterios. Representaos en la fantasía aquella época: el templo de Jerusalén estaba recién construido; los jardines de Semíramis, concluidos hacía más de novecientos años, empezaban a hundirse; por entonces aparecieron las primeras monedas de oro en Egina; Fidón, el tirano de Argos, inventaba la balanza; los chinos calculaban por primera vez un eclipse de sol; hacía trescientos doce años que Orestes, acusado por las Euménides ante el Areópago, había sido absuelto. Hesíodo acababa de morir; Homero, si vivía, tenía cien años; Licurgo, el viajero meditabundo, regresaba a Esparta, distinguiendo en el fondo sombrío del horizonte de Oriente el carro de fuego que arrebataba a Elías. Ésa es la época en que Leir (Lear) vive y reina en las tenebrosas islas. Jonás, Holofernes, Dracón, Solón, Thespis, Nabucodonosor, Anaxímenes, el que inventará los signos del Zodíaco, Ciro, Zorobabel, Tarquino, Pitágoras y Esquilo no han nacido todavía; Coriolano, Jerjes, Cincinato, Pericles, Sócrates, Breno, Aristóteles, Timoleón, Demóstenes, Alejandro, Epicuro y Aníbal, son larvas que esperan su turno para entrar en la vida humana; Judas Macabeo, Viriato, Popilio, Yugurta, Mitrídates, Mario y Sila, César y Pompeyo, Cleopatra y Antonio, pertenecen a un lejano porvenir. Desde el tiempo en que Lear es rey de Bretaña e Irlanda, hasta que Virgilio diga: «*Penitus toto divisos orbe Britannos*», transcurrirán ochocientos noventa y cinco años, y novecientos cincuenta hasta que Séneca exclame: «*Ultima Thule*». Los pictos y los celtas, los escoceses y los ingleses, se pintaban por entonces las carnes con vivos colores, un piel roja de los tiempos presentes dará una idea aproximada de lo que era un inglés de aquel tiempo. Éste es el crepúsculo que, como dilatada noche que convida al sueño, escoge Shakespeare para inventar a su antojo al rey Lear, y a un rey de Francia, y a un duque de Borgoña, y a un duque de Cornwall, y a un duque de Albany, y un conde de Kent, y un conde de Glocester. ¿Qué le importa la historia a quien tiene la humanidad? Sin embargo, tiene de su parte a la leyenda, que también es una ciencia, y acaso tan verdadera como la historia, aunque desde otro punto de vista. Shakespeare concuerda con Walter Mapes, archidiácono de Oxford, y esto ya es algo; el cual admite desde Bruto hasta Cadvalla la existencia de los noventa y nueve rayes celtas que precedieron al escandinavo Hengist y al sajón Horsa: y creyendo Mapes el Mulmucio, en Cinigisil, en Ceolulfo, en Casibelano, en Cimbelino, en Cinulfo, en Arvirago, en Guiderio, en Escuino, en Cudredo, en Vortigernes, en Arturo y en Uter Pendragón, bien puede creer Shakespeare en Lear y crear a Cordelia. En cuanto elige el terreno y designa el lugar de la escena, empieza la construcción de su potente obra. Apodérase de la tiranía, convertida después en debilidad, y crea a Lear; de la traición, y crea a Edmundo; de la abnegación, y concibe a Kent; de la ingratitud, que se manifiesta por una caricia, y da a este monstruo dos cabezas, la de Goneril, que la leyenda llama Gornerilla, y la de Regana, que la leyenda llama Ragau; apodérase de la paternidad, de la monarquía, del feudalismo, de la ambición, de la demencia, que divide en tres, poniendo frente a ella tres locos, el bufón del rey, loco por oficio; Edgar de Glocester, loco por prudencia, y el mismo rey, loco por miseria. En lo alto de este trágico hacinamiento, coloca a Cordelia.

Existen formidables torres de catedrales, como por ejemplo la Giralda de Sevilla, que parecen construidas con sus espirales, sus escaleras, sus esculturas, sus huecos, sus aéreas celdas, sus aposentos sonoros, sus campanas, su planta, su aguja y toda su enorme masa, expresamente para llevar en la cúspide un ángel que abra al viento sus doradas alas. Tal es el drama *El Rey Lear.*

El padre es el pretexto de la hija. La admirable creación humana, Lear, sirve como de sostén a la inefable creación divina, Cordelia. Todo aquel caos de crímenes, de vicios, de locuras y de miserias, no tiene más razón de ser que la de motivar la magnífica aparición de la virtud. Como un Dios que crease una aurora y después hiciera un mundo para ella, así Shakespeare, después de tener en el pensamiento el tipo de Cordelia, crea un drama expresamente para él.

¡Grandiosa figura la del padre! ¡Qué cariátide! Aseméjase a un hombre encorvado bajo el peso de cargas que se hacen, al variar, cada vez más insoportables. El peso aumenta a medida que el anciano se debilita, y bajo él vive. Primero lleva sobre sus hombros el imperio, después la ingratitud, luego el aislamiento, después la desesperación, después el hambre y la sed, después la locura, y por último, la Naturaleza toda. Cubren las nubes su cabeza, los bosques le llenan de sombra, desátase el huracán sobre su nuca, la tempestad azota su manto, la lluvia cae sobre sus espaldas, y camina doblegado y espantoso, como si le sujetara la noche fuertemente entre sus rodillas. Desatinado por la furia, pero inmenso, increpa a las borrascas y al granizo con este grito épico: «¡Oh tempestades! ¿Por qué me odiáis, por qué me perseguís? *Vosotras no sois mis hijas*». Y entonces todo concluye, extínguese la luz, la razón se debilita y le abandona. Y Lear aparece en plena infancia; el viejo se hace niño. Y siendo niño le falta una madre, y preséntase su hija, su única hija, Cordelia, porque las otras dos, Regana y Goneril, no son hijas sino en el grado necesario para merecer el nombre de parricidas.

Aproxímase Cordelia, preguntándole: «Señor, ¿me reconocéis?» «Sí; os conozco: sois un espíritu», contesta el viejo con la sublime lucidez del delirio. Y así empieza la adorable escena en que Cordelia alimenta con la leche de sus pechos a la venerable y desesperada alma que moría de inanición en el odio. Alimenta Cordelia a Lear con amor, y renace el valor; con el respeto, y reaparece la alegría; con la esperanza, y renace la confianza; con el consejo, y renace la razón. Lear, convaleciente, sube de grado en grado hasta encontrar la vida. El niño se convierte en viejo y el viejo en hombre. Y he aquí transformado el ser miserable y abyecto en un ser feliz y dichoso. En esta dilatación del ánimo se funda la catástrofe. ¡Cordelia muere! ¡Oh! ¡No faltan traidores, perjuros y asesinos! Imposible imaginar un dolor más intenso. Asómbrase el viejo sin comprender lo que ve, y expira abrazando aquel cadáver, muriendo sobre aquella muerta. Esta última y suprema desesperación te libra, ¡pobre sombra!, de vivir entre los vivos, de llevar tus manos al sitio en que antes palpitó tu corazón y de buscar la existencia de tu alma, arrebatada a las regiones del infinito por el dulce ser que acaba de expirar. ¡No permitas, Dios mío, que los seres que tú amas sobrevivan a dolores tan intensos!

Vivir después del vuelo del ángel; ser el padre huérfano de su hija, y el ojo sin luz, y el siniestro corazón sin alegrías; andar a tientas en la oscuridad queriendo abrazar a alguien que antes estaba allí; preguntar constantemente: «¿Qué ha sido de ella?»; verse abandonado, no tener motivo para estar aquí abajo y ser en adelante un hombre agitándose ante un sepulcro en el que no se le recibe, hubiera sido, en verdad, un destino sombrío.

¡Has hecho bien, poeta, en matar al pobre viejo!

LIBRO III

Tan eterno es Zoilo como Homero

I

Del vulgo necio torpe cortesano*

Este verso es de La Harpe, y en él se refiere a Shakespeare. En otra parte dice: «Shakespeare todo lo sacrifica a la canalla». Voltaire, como en de suponer, reprocha a Shakespeare su antítesis. Y La Beaumelle la reprocha a Voltaire. Si un reproche es bueno, el otro es mejor. Voltaire se incomoda cuando se trata de él, *pro domo sua*. «Ese Langleviel —exclama—, alias *La Beaumelle*, es un asno. Os desafío a que encontréis en cualquier poeta o en cualquier libro una frase bella que no sea una imagen o una antítesis.» Voltaire hiere con su crítica, pero es herido por ella. El Eclesiastés y el Cantar de los Cantares le merecen el siguiente calificativo: «Obras sin orden y llenas de imágenes rastreras y groseras expresiones». Transcurrido algún tiempo, exclama furiosamente:

Se me posterga a Crebillón el bárbaro.

Un vago, d'Oeil de Boeuf, cortesano de rojos tacones y cordones azules, adolescente y marqués, M. de Crequi, va un día a Ferney y escribe desde allí con cierto aire de superioridad:

---

* El verso original francés es un alejandrino que dice así: *Ce courtisan grossier du profane vulgaire* (*N. del T.*)

«He visto al viejo niño Voltaire». Es equitativo que la injusticia caiga algunas veces sobre lo injusto: por eso Voltaire lleva su merecido. El apedrear a los genios constituye una ley que todos ellos sufren. Por lo visto, el insulto es una corona.

A juicio de Saumaise, Esquilo no es más que puro *fárrago*.* Quintiliano no entiende la *Orestíada*. Sófocles desprecia tranquilamente a Esquilo diciendo: «Cuando hace algo bueno no sabe lo que hace». Racine lo rechazaba todo, y solamente concedió amnistía a dos o tres escenas de los *Choéforos* en una nota puesta al margen de su ejemplar de Esquilo. Fontenelle dice en sus *Observaciones*: «No se sabe qué es el *Prometeo* de Esquilo. Esquilo parece loco».

El siglo XVIII en masa se burló de Diderot porque admiraba las *Euménides*.

«Todo el Dante es un disparate», dice Chaudón. «Miguel Ángel me parece excesivo», dice Joseph de Maistre. «No puedo soportar ninguna de las ocho comedias de Cervantes», dice La Harpe. «Es lástima que Molière no sepa escribir», dice Fénelon. «Molière es un infame histrión», dice Bossuet. «Un escolar cualquiera evitaría las faltas en que incurre Milton», dice el abate Trublet, que es una autoridad como hay muchas. «Corneille es exagerado y Shakespeare extravagante», dice el mismo Voltaire, a quien hay necesidad de combatir y defender constantemente.

«Shakespeare —dice Ben Jonson— hablaba con torpeza y sin gracia alguna» (*Without any wit*). ¿Habría medio de probar lo contrario? Porque lo escrito queda, pero la conversación pasa. Así es fácil negar. Un hombre de genio que no tiene gracia es un consuelo para las innumerables gentes que tienen gracia y no tienen genio.

---

* Merece ser citado, porque es curioso, el párrafo íntegro de Saumaise. Dice así: «*Unus ejus Agamemnon obscuritate superat quantum est librorum sacrorum cum suis Hebraismis et Syriasmis et tota Hellenisticae supellectili vel farragine*» (Salmasius, *De Hellenistica*, Epist. Dedic., pag. 37)

Pero antes de que Scudéry llamase a Corneille *Corneille desplumado*, había llamado Green a Shakespeare *Grajo adornado con nuestras plumas*. En 1752 fue conducido Diderot a Vincennes por haber publicado el primer tomo de la *Enciclopedia*, y el suceso que más vivamente llamó la atención aquel año, fue una estampa que se vendía en los muelles de París representando a un franciscano en el acto de disciplinar al célebre filosofo. Aunque Weber ha muerto, circunstancia atenuante para los que son culpables de haber tenido genio, todavía se burlan de él en Alemania, a pesar de haber transcurrido treinta y tres años llamando *la Cargante* a una obra maestra titulada *la Euriante*.

D'Alembert hiere de un solo tiro a Calderón y a Shakespeare. En la carta CV dirigida a Voltaire dice:

«Ya he anunciado a la Academia vuestro *Heraclio* de Calderón, que será leído con el mismo gusto que se ha leído la payasada de *Gilles* Shakespeare.»

¿Y qué importa que todo esté puesto eternamente en cuestión y que todo sea combatido, aun aquello que es incombatible? Para la verdad y para la libertad, el eclipse es una excelente prueba. Siendo el genio verdad y libertad, tiene derecho a la persecución. ¿En qué puede afectarle lo que suceda? Era antes y será después. Los eclipses no producen la sombra del lado del Sol.

Se puede escribir lo que se quiera; el papel tiene mucha paciencia. Un grave erudito imprimió el año pasado estas palabras: «Homero ya va pasando de moda».

El retrato del hombre completa la apreciación del filósofo, del artista o del poeta. Byron mató a su sastre; Molière tuvo relaciones incestuosas con su hija; Shakespeare tuvo por *amante* a lord Southampton.

> *Por ver todos los vicios reunidos,*
> *el público al autor llamó a la escena.**

---

* *Et pour voir à la fin tous les vices ensemble, / Le parterre en tumulte a demandé l'auteur.*

Para saber quién era Byron, y bien merece que repitamos este nombre, léase a Glenarvon, y escúchese acerca de sus desvergüenzas a lady Bl***, a quien él amó y que se vengó de que la hubiese amado.

Fidias fue alcahuete; Sócrates apóstata y ladrón, *ratero de capas*; Spinoza renegado y ladrón de testamentos; el Dante concusionario; Miguel Ángel recibía bastonazos de Julio II y se dejaba después contentar mediante 500 escudos; d'Aubigné fue un cortesano que dormía en el retrete del rey, que se ponía de muy malhumor cuando el rey no le pagaba, y para quien Enrique IV fue demasiado bueno; Diderot fue un libertino; Voltaire avaro; Milton venal, hasta el punto de recibir mil libras esterlinas por su apología del regicidio, escrita en latín: *Defensio pro se*, etc., etc., etc. ¿Quién dice todo eso? ¿Quién refiere esas historias? Una buena persona: la compañera complaciente, el consuelo y el auxilio de los tiranos, de los traidores, de los mojigatos y de los imbéciles: ¡la calumnia!

II

Añadamos un detalle. La diatriba es, en ciertas ocasiones, un medio de gobierno.

Así se comprende que la policía interviniese en la estampa que representaba a *Diderot disciplinado*, y que el grabador del franciscano fuera pariente muy cercano del carcelero de Vincennes. Los gobiernos, que son por lo común más apasionados de lo que les conviene, no permanecen inactivos cuando se trata de fomentar los odios del pueblo. En otros tiempos (entiéndase que hablamos de otros tiempos) las persecuciones políticas se sazonaban con las persecuciones literarias. Ciertamente que el odio odia sin ser remunerado, y que la envidia no necesita para envidiar que el ministro le dé una pensión a guisa de estímulo. Hay calumnias *sin garantía del gobierno*; pero una bolsa repleta nunca viene mal. A Roy, el poeta cortesano que hacía versos contra Voltaire, *Dime, estoico temerario,* etc., no le estorbaba el ser tesorero de la cámara de Clermont y el tener la cruz de San Miguel para mostrar gran entusiasmo por la corte y odio implacable al filósofo. Nunca está de más el recibir una propina a cambio de un servicio; los amos quedan contentos viendo cómo cae un chaparrón de injurias sobre los aeres a quienes detestan. Concedida la libertad de morder, se goza de ella alegremente, con gran satisfacción de los poderosos.

Antes la autoridad tenía sus escribas, es decir, una jauría de perros como cualquier otra. Contra un espíritu libre y rebelde, azuzábase a un escritorzuelo. No bastaba torturar, era preciso martirizar con molestias de todo género. Juntábase Trissotin a Vidocq, y de esta unión salía una inspiración compleja. La pedagogía, adosada a la policía, era parte integrante de la autoridad, y por tal combinación las requisitorias tenían hasta la apariencia de estéticas.

No es posible hallar nada más bajo y a la vez más altanero que el pedante a quien se eleva a la categoría de cómitre. Véase, por ejemplo, después de ocurridas las luchas entre arminianos y gomaristas, con qué soberbia, llenos los bolsillos de florines de Mauricio de Nassau, denuncia Sparanus Buyter a Josse Vondel, probando con Aristóteles en la mano que el *Palamedes* de la tragedia de Vondel es Barneveldt. Este género de retórica es por extremo útil, y la prueba está en que Vondel se ve obligado a pagar a Buyter trescientos escudos de indemnización, y en que éste recibe además una excelente prebenda en Dordrecht.

El abate Irail, autor del libro las *Querellas literarias,* y canónigo de Monistrol, pregunta a La Beaumelle:

—¿Por qué injuriáis tanto a M. Voltaire?

—Porque la injuria se vende —responde La Beaumelle.

Cuando llega a noticia de Voltaire la pregunta y la contestación, exclama:

—Es justo: el tonto compra el escrito y el ministro compra al escritor. Eso se vende.

Francisca de Issembourg de Happoncourt, mujer de Francisco Hugo, chambelán de Lorena, y célebre bajo el seudónimo de Mad. de Graffigny, escribía a M. Devaux, lector del rey Estanislao:

«Mi querido Pampan: Alejado Atys (léase, habiendo sido desterrado Voltaire), la policía hace circular multitud de hojas sueltas y folletos en los cuales se le ataca duramente: se venden a un sueldo en los cafés y en los teatros. Esto disgustaría a la marquesa* si no complaciese al rey.»

Desfontaines, otro difamador de Voltaire, después que éste le sacó de Bicêtre, decía al abate Prévost que manifestaba deseos de que se reconciliase con el filósofo: «Si Argel no hiciese la guerra, se moriría de hambre». Este Desfontaines, que también era abate, murió de hidropesía. Sus aficiones, que eran muy conocidas, movieron a alguno a escribir sobre su tumba el siguiente epitafio: *Periit aqua qui meruit igne.*

Es notable, entre las publicaciones suprimidas en el pasado siglo por orden del Parlamento, un escrito impreso por Quinet y Besogne, y destruido sin duda a causa de las revelaciones que contenía, titulado de esta manera: *La Aretinada o Tarifa de los libelistas o literatos difamadore*s.

Madame Staël, que fue desterrada a cuarenta y cinco leguas de París, se detuvo cuando llegó a Beaumont-sur-Loire, que dista de París exactamente cuarenta y cinco leguas. Desde allí escribía a sus amigos. En una de sus cartas, dirigida a Madame Gay, madre de la ilustre Madame de Girardin, se lee el siguiente párrafo:

«¡Ah, querida señora! ¡Qué persecución la que se sufre con estos destierros!... (Aquí suprimimos algunas líneas) Si hacéis un libro, se prohíbe hablar de él. Desagrada el que vuestro nombre se publique en los periódicos, y sin embargo, es permitido injuriarle.»

* Madame Pompadour.

III

La diatriba algunas veces se sazona con cal viva. Los negros puntos de las plumas acaban por cavar siniestras fosas.

Entre los escritores aborrecidos por haber sido útiles, Voltaire y Rousseau figuran en primera línea. Vivos se les destrozó; muertos se les machacó. Una mordedura hecha en uno de estos dos hombres insignes era celebrada y consignada en la hoja de servicios de los esbirros de las letras. Insultar a Voltaire era título para alcanzar el grado de galopín de derecho. Los gobernantes estimulaban a los libelistas en semejante tarea. Todavía zumba la nube de moscas que acudió alrededor de las ilustres inteligencias.

Siendo Voltaire el más grande, era el más odiado. Todas las armas eran buenas para el ataque; cualquier pretexto era bueno; se esgrimían contra él los nombres de Newton, madame de Châlelet, la princesa de Prusia, Maupertius, Federico, la Enciclopedia, la Academia, el mismo Labarre, Sirven y Calas. No había tregua para el maldecido escritor. Su popularidad hizo decir a Joseph de Maistre: «París lo coronó; Sodom lo hubiera expulsado». Arouet se traducía por *A rouer* (para enrodarlo). En casa de la abadesa de Nivelles, princesa del Santo Imperio, semirreclusa y semimundana, que para parecer sonrosada se valía de los mismos medios que la abadesa de Montbazon, se adivinaban charadas, entre otras la siguiente: «La primera es su fortuna, la segunda su deber». La solución era *Vol taire.*[*] Un célebre miembro de la Academia de Ciencias, Napoleón Bonaparte, que vio en 1803 en la Biblioteca del Instituto una corona de laureles, en cuyo centro se leía esta inscripción: «Al gran Voltaire», raspó con la uña las tres últimas letras, dejando, por consiguiente, esta otra: «Al gran Volta».

Constituyese alrededor de Voltaire un cordón sanitario con el abate Desfontaines a la cabeza y el abate Nicolardot a la cola.

---

[*] *Vol*, robo; *taire*, callar.

Bien podemos colocar a Freron entre ellos, aunque no pertenecía a la Iglesia; sus críticas clericales le hacen acreedor a esta distinción. Voltaire empezó su carrera en la Bastilla. Su prisión estaba próxima al calabozo en que murió Bernard Palissy. Joven, se le castigó con la cárcel; viejo, con el destierro. Estuvo veintisiete años alejado de París. Juan Jacobo, que era salvaje y algo hurón, fue acorralado, batido como una fiera. París lo encarceló, Ginebra lo expulsó, Neufchâtel lo rechazó, Motiers-Travers lo condenó, Bienne lo apedreó, Berna le dio a escoger entre la cárcel y la expulsión, y la hospitalaria Londres se mofó de él. Ambos murieron con corto intervalo de tiempo, pero la muerte no contuvo los ultrajes. La injuria no se detiene por tan poca cosa. El odio devora a los cadáveres; los piadosos libelos continuaron cebándose en ellos.

Vino la Revolución y los colocó en el Panteón.

A principios del presente siglo, los padres llevaban a sus niños a contemplar las dos tumbas, diciéndoles: «Aquí es». Esto impresionaba fuertemente la imaginación de las criaturas, que salían de allí llevando grabado en el pensamiento el recuerdo de los dos sepulcros construidos uno junto al otro, bajo el arco de la bóveda. Eran dos monumentos, provisionalmente revestidos de madera pintada figurando mármol, en que se leían las inscripciones, VOLTAIRE, ROUSSEAU, medio envueltas en sombras. A guisa de ornamento se veía el brazo armado de una antorcha que salía del sepulcro de Juan Jacobo.

Pero vino Luis XVIII. Y así como la restauración de los Estuardos despojó de su sepulcro a Cromwell, la restauración de los Borbones despojó del suyo a Voltaire.

En una noche del mes de mayo del año 1814, y próximamente a las dos de la madrugada, se detuvo un carruaje de plaza cerca de la muralla que da frente a Bercy, a la puerta de un campo cercado por una empalizada. Esta empalizada rodea un inmenso solar perteneciente al Ayuntamiento de París, en el cual intentaba levantar una alhóndiga. El carruaje, que venía del Panteón, había sido conducido por calles apartadas y desiertas. Abriose la puerta de la empalizada, entrando en el cerco algunas personas que se habían apeado del carruaje. Dos de ellas llevaban un saco. Según cuenta la tradición, la comitiva iba dirigida por el marqués de Puymarin que después fue diputado en la Cámara llamada *introuvable* y director de la Casa de la Moneda, y a quien acompañaba su hermano, el conde de Puymarin. Esperábanles otros individuos, algunos de ellos vestidos con traje talar. Todos se dirigieron hacia un hoyo que se había excavado en el centro de aquel campo. Refiere uno de los testigos, que después fue mozo en la taberna de los Castaños en la Rapée, que el hoyo era de forma redonda y parecido a un pozo cegado. En el fondo del pozo se había depositado cal viva. Todos guardaban profundo silencio. Ninguno llevaba luz. La tenue claridad del alba iluminaba entre sombras aquella extraña escena. Abrieron el saco que contenía los huesos revueltos de Juan Jacobo y de Voltaire, que poco antes habían sacado del Panteón. Abocaron el saco al hoyo, arrojándolos en aquella sombra. Chocaron los dos cráneos al caer, produciendo una chispa que no fue vista por aquellos hombres, y que reconcilió la cabeza que había hecho el *Diccionario filosófico* con la que hizo el *Contrato social.* Hecho esto y sacudido el saco, después de arrojar a Voltaire y Rousseau en aquel hoyo, un hombre cogió una pala y llenó la fosa con la tierra que de ella se había sacado. Pisoteáronla los demás para que no apareciese removida; uno de los concurrentes recogió el saco, como el verdugo recoge los despojos de su víctima, y saliendo de la empalizada y cerrando la puerta subieron al carruaje, y sin decir una palabra desaparecieron apresuradamente antes de que saliese el sol.

IV

Saumaise, que es peor que Scalígero, porque no comprende a Esquilo, lo rechaza. ¿De quién es la culpa? Mucha es de Saumaise, alguna de Esquilo.

El que lee atentamente los grandes libros experimenta en ocasiones durante la lectura súbitos escalofríos seguidos de un estado febril, que hace exclamar: «¡No comprendo! ¡Ya entiendo!», sintiéndose como extraviado, pero al mismo tiempo sujeto fuertemente. Solamente los espíritus de primer orden y los genios supremos que se sumergen en lo infinito producen en el lector aquella singular sensación que para la mayor parte es estupor y para algunos es éxtasis.

Estos algunos son la flor, lo selecto. Como ya lo hemos observado en otra parte, el número de lectores selectos acumulados de siglo en siglo y sumándose siempre a sí mismos, concluye por formar las muchedumbres que componen la multitud suprema, que es el público definitivo de los genios y soberano como ellos.

Éste es el público con quien por fin hay que tratar.

Sin embargo, hay otro público, otros críticos y otros jueces, de quienes hemos hecho ya una ligera indicación. Estos son los descontentos.

Los genios, los espíritus como Esquilo, como Isaías, como Juvenal, como el Dante y como Shakespeare, son seres imperativos, tumultuosos, violentos, furiosos, extremados, jinetes en caballos alados, seres «exagerados», que «pasan de raya», proponiéndose un fin propio, que «exceden los límites», caminando a pasos que por lo grandes son escandalosos, saltando bruscamente de una idea a otra, y del polo Norte al polo Sur, recorriendo el cielo en un momento, poco clementes con los que tienen cortos alientos, agitados por todos los vientos del espacio, y al mismo tiempo seguros en los saltos que dan sobre el abismo, indóciles con los Aristarcos, refractarios a la retórica oficial, ásperos con los literatos asmáticos, rebeldes a la higiene académica, y seres, en suma, que prefieren la espuma del Pegaso a la leche de burra. Los bravos pedantes son tan bondadosos, que les tienen lástima. La ascensión provoca la idea de la caída. Los paralíticos piadosos tienen compasión de Shakespeare. ¡Está loco! ¡Sube demasiado alto! La muchedumbre de

pedantes se atonta y se incomoda; Esquilo y el Dante obligan a
cerrar los ojos a estos críticos. ¡Esquilo está perdido! ¡El Dante
va a caer! Remóntase un dios, y estas gentes exclaman: «¡Que te
rompes la crisma!»

V

Además, estos genios desconciertan.

Ignórase cuándo puede contarse con ellos. Obedéceles ciegamente la furia lírica, y la detienen cuando les place. Parecen
desenfrenados que se paran súbitamente. Y al mismo tiempo
que desenfrenados, son melancólicos. Páranse en la cima de los
precipicios, y allí pliegan las alas, entregándose a una meditación tan sorprendente como su arrebato. Tan pronto remontan
su vuelo hasta el infinito como se sumergen en los abismos, y
siempre con la misma audacia.

Son los gigantes meditabundos. Su titánica meditación necesita para dilatarse lo absoluto y lo insondable. Irradian ellos
las ideas como el sol irradia la luz, hasta los últimos límites del
abismo. Sus idas y venidas en el ideal producen vértigo. Para
ellos no hay nada demasiado alto ni demasiado bajo. Saltan del
pigmeo al cíclope; de Polifemo a los Mirmidones, de la reina
Mab a Calibán, de un cándido amor a un diluvio, y del anillo
de Saturno a la muñeca de un niño. *Sinite parvulos venire*. Tienen
una pupila telescópica y otra microscópica, con las cuales escudriñan familiarmente las dos aterradoras inversas profundidades: el infinitamente grande y el infinitamente pequeño.

¿Y no ha de haber gentes que estén furiosas contra ellos?
¿Por qué no se les ha de reprochar todo eso? ¿Adonde iríamos
a parar si se les tolerase tales excesos? Sin escrúpulos para la
elección del asunto, que es unas veces horrible, otras doloroso,
siguiendo siempre a la idea hasta agotarla, aunque produzca
inquietud o temor, estos poetas que no ven más que el fin no
tienen misericordia del prójimo. Siempre crean de una manera

inmoderada. Y si no, véase a Job, un gusano en una úlcera; y la *Divina Comedia*, una serie de suplicios; y la *Ilíada*, una colección de llagas y heridas. Cortan una arteria y se complacen alegremente en describirla. Consultad una porción de opiniones sobre Homero, por ejemplo, la de Scalígero, la de Terrasson, la de Lamotte, y veréis lo que dicen. ¿Hase visto mayor intemperancia que consagrar la cuarta parte de un canto al escudo de Aquiles? El que no sabe contenerse no sabe escribir. ¿No es verdaderamente terrible que estos poetas que todo lo remueven, que todo lo invierten y todo lo desordenan y lo trastornan, causen alguna desgracia? Así hablan los ateneos, las universidades, las cátedras juramentadas, las sociedades que se llaman doctas, y así habla Saumaise, sucesor de Scalígero en la universidad de Leyden, y detrás de él la clase media, y todo lo que representa en literatura y en arte al gran partido del orden. Nada más lógico. La tos lucha contra el huracán.

Agréguense a los pobres de espíritu los que tienen demasiado espíritu. Los escépticos ayudan a los afeminados. Con raras excepciones, los genios son altivos y serenos hasta la médula de los huesos. Tienen en su compañía a Juvenal, Agrippa d'Aubigné y Milton. Son de carácter abrupto, desprecian el *panem et circenses*, se amansan difícilmente y gruñen casi siempre. Y la gente los ridiculiza. Hace bien.

Vosotros, poetas, Milton y Juvenal, fomentáis la resistencia, perpetuáis el desinterés, cogéis el ascua de la fe y el ascua de la voluntad para producir la llama. ¡Ah, viejos descontentos! Tenéis algo de lo que tenían las vestales. Tenéis un altar, la patria, y un trípode, el ideal. Creéis en los derechos del hombre, en la emancipación, en el porvenir, en el progreso, en lo bello, en lo justo, en lo grande. ¡Aun así os quedaréis detrás! Todas vuestras virtudes son pura obstinación. Os refugiáis en el honor, pero al fin os refugiáis. Tal heroísmo no echa raíces, porque no es de nuestra época. Llega un momento en que el fuego sagrado pasa de moda. ¡Ah, poetas! Si creéis en el derecho y en la verdad, dejáis por eso mismo de pertenecer a vuestro tiempo. En fuerza de ser eternos, excedéis los límites de la vida.

Tanto peor para esos genios gruñones, acostumbrados a lo grande y desdeñosos de todo lo que no lo es. Cuando se trata de cosas que pueden avergonzar, son los verdaderos tardígrados, y cuando se trata de doblar la cerviz con un saludo humillante, tienen los músculos rígidos. Cuando el público aclama y celebra los hechos, buenos o malos, parece que ellos se colocan una barra de acero en la columna vertebral. Tanto peor para esas gentes de la antigua moda y de la antigua Roma. Son de la antigüedad y son antiguallas. Erizarse por cualquier cosa es de otros tiempos; esas crines de león ya no se llevan; hoy se gasta peluca. La Revolución francesa ha cumplido ya setenta y cinco años, y a esa edad se chochea. Los hombres de la actualidad quieren vivir en su tiempo y en su minuto. Nada hay que censurar en esto.

Lo que es, debe ser; y es bueno que lo que existe, exista; las formas de prosperidad pública son diversas, y una generación no está obligada a seguir las huellas de la que le ha precedido: Catón calcó a Foción, y Trimalción ya no se le pareció tanto, lo cual acusa cierta independencia. ¿Queréis, viejos de mal humor, que nos emancipemos? Sea. No imitaremos a Timoleón, ni a Traseas, ni a Artevelde, ni a Thomas Moro, ni a Hampden. Así entendemos la emancipación. ¿Queréis la insurrección? Pues ahí la tenéis. Nos rebelamos contra nuestro derecho. Nos libertaremos del cuidado de ser libres. Ser ciudadanos es pesado. Los derechos mezclados con obligaciones son trabas para el que gusta de gozar a sus anchas. No tener más guía que la conciencia y la verdad en todos los actos de la vida es fatigoso. Queremos marchar sin andadores y sin principios. El deber es una cadena, y nosotros rompemos los hierros que nos sujetan. ¿Para qué se nos habla de Franklin? Franklin fue una copia, bastante servil por cierto, de Arístides. Nuestro horror al servilismo llega hasta el punto de preferir a Grimod de la Reynière. Comer bien y beber bien constituye un fin. Cada época tiene su manera de ser libre. La orgía es una libertad. Y puesto que triunfa esta manera de razonar, adhirámonos a ella, que esto es lo hábil. Verdad es que han existido otras épocas en que se pensaba de distinto modo, y que algunas veces en aquellos tiempos se protestaba contra esa conducta, pero aquello era régimen antiguo, que sería ridículo ahora, y es necesario dejar decir a los gruñones que había más clara noción del derecho, de la justicia y del honor en los adoquines de entonces que en los hombres de la actualidad.

Las retóricas oficiales y oficiosas, como ya hemos tenido ocasión de observar, son previsoras tomando todo género de precauciones contra los genios, los cuales ni son académicos, ni, lo que es más imperdonable todavía, incurren en vulgaridades. Son líricos, coloristas, entusiastas, fascinadores, poseídos, exaltados, *rabiosos* —la palabra se ha escrito— y seres, en suma, que tienen la manía de presentar los objetos «en grande», cuando en la realidad no los vemos más que «en pequeño». Además, tienen todos los vicios. Un doctor en medicina ha descubierto recientemente que el genio es una vaciedad de la locura. Miguel Ángel manejando los colosos, Rembrandt pintando con la paleta banada en los rayos del sol, el Dante, Rabelais y Shakespeare, son excesivos. Traen un arte feroz, rugiente, brillante y desordenado como las melenas de un león o la cabellera de un cometa. ¡Eso es horrible! Se coligan contra ellos, y hacen bien. Por fortuna, tenemos a *los amigos de la abstinencia* en la elocuencia y la poesía. En cierta ocasión decía un *bourgeois* de las letras: «Me gusta la palidez». Bueno es advertir que el *bourgeois* de las letras existe. Los retóricos, temiendo el contagio de la peste que los genios llevan consigo, recomiendan, con la alteza de miras que ha merecido nuestro aplauso, la templanza, la moderación, el «buen sentido», el arte de contenerse dentro de ciertos límites, los escritores expurgados, mondados, cortados por patrón, ajustados a las reglas, el culto de las cualidades que los maldicientes llaman *negativas*, como la continencia, la abstinencia, José, Escipión, los que sólo beben agua, todo lo cual está muy puesto en razón. Pero es preciso advertir a los jóvenes alumnos que si toman al pie de la letra esos sabios preceptos, corren el riesgo de glorificar la castidad del eunuco. Admiro a Bayardo, mas no admiro tanto a Orígenes.

VI

En resolución: los grandes genios son importunos, y es prudente conservarlos a cierta distancia.

Completando la requisitoria, fuerza es confesar que hay algo de verdad en los cargos que se les dirigen. Esa aversión se comprende. Desde cierto punto de vista, lo grande, lo fuerte, lo luminoso, lastiman. El ser superado no es agradable; sentirse inferior es sentirse ofendido. Lo bello existe por sí mismo y no necesita ciertamente del orgullo; y por eso, dada la medianía humana, humilla y encanta a la vez: aséméjase la belleza a un vaso lleno de orgullo, y para vengarse del placer que causa, se le aplica la palabra *soberbio*, que tiene dos sentidos, uno de los cuales sirve para desconfiar del otro. El defecto de lo bello, ya lo hemos dicho antes, es el de exceder los límites ordinarios. Un croquis de Piranesi os extravía, un golpe de Hércules os mata. Lo grande tiene sus faltas: es sencillo, pero estorba. Esperáis que la tempestad os refresque, y y os ahoga; que el astro os ilumine, y os deslumbra cuando no os ciega. El Nilo fecunda, pero se desborda. Lo excesivo no es cómodo; vivir en el abismo es duro; lo infinito no es habitable. Construir una casita de campo en las cataratas del Niágara o en el circo de Gavarnia no en cosa conveniente. Es muy difícil el familiarizarse con estos feroces portentos. Para mirarlos habitualmente sin sentirse agobiado, se necesita ser un estúpido o un genio.

Aun la misma luz de la aurora nos parece alguna vez demasiado intensa: el que la mira de frente sufre; la vista en ciertos momentos piensa mal del sol. No nos maravillemos, pues, de las quejas, de las reclamaciones incesantes, de los arrebatos y de la prudencia, de las cataplasmas que acostumbra a poner cierta crítica, de las oftalmías que padecen las academias y algunos centros de enseñanza, de las precauciones que se recomiendan al lector y de los velos y tragaluces que se emplean para amortiguar los resplandores del genio. El genio, en fuerza de serlo, es intolerante sin saberlo. ¿Que familiaridad es posible tener con Esquilo, con Ezequiel o con el Dante?

El yo es el derecho al egoísmo. Y lo primero que hacen esos seres es maltratar el yo de los demás. Siendo exorbitantes en todo, en pensamientos, en imágenes, en convicciones, en emoción, en pasión y en fe, oprimen vuestro yo, cualquiera que sea el aspecto bajo el que lo consideren. Superan vuestra inteligencia, ciegan los ojos de vuestra imaginación, interrogan y escudriñan vuestra conciencia, retuercen vuestras entrañas, rompen vuestro corazón y os arrebatan vuestra alma.

Sale a raudales el infinito que contienen y lo multiplican y transfiguran ante vosotros a cada instante, produciendo horrible fatiga en vuestra mirada. Yendo con ellos no sabéis nunca en dónde os encontráis. A cada paso se os aparece lo imprevisto. Esperabais habéroslas con hombres, y no pueden entrar en vuestras viviendas porque son gigantes; esperabais una idea y os obligan a bajar la vista, porque son el ideal; esperabais águilas y son seres de seis alas, son serafines. ¿Están, pues, fuera de la Naturaleza? ¿Les falta acaso la humanidad? No ciertamente: todo lo contrario. Lo hemos dicho, insistimos en ello: aventajan a los demás seres en que tienen más esencia de la Naturaleza y de la humanidad. Son hombres super-humanos, pero hombres. La frase del poeta *homo sum* resume toda la poesía. San Pablo se da a sí propio golpes de pecho diciendo: *Peccamus*. Job os declara lo que es: *Yo soy hijo de la mujer*. Son, por tanto, hombres. Lo que os trastorna es que son más hombres que vosotros mismos, o si vale la expresión, que son demasiado hombres.

Vosotros tenéis la parte, ellos el todo, llevando en su inmenso corazón a toda la humanidad, hasta el punto de que ellos son vosotros más que vosotros mismos, y como os reconocéis en su obra demasiado, de aquí vuestra sorpresa. A esta Naturaleza total, a esta humanidad completa, a este barro que es vuestra carne y que al mismo tiempo es toda la tierra, agregan, aumentando vuestro terror, la prodigiosa reverberación de lo desconocido. Tienen unos como relámpagos de revelación, y de repente, sin advertirlo, cuando menos se piensa, escalan las nubes y desde lo alto del cénit arrojan un rayo que alumbra la tierra y el cielo. No es, pues, de extrañar que no se busque por todos su familiaridad y que no sea del todo agradable estar en su compañía.

El que no tiene una vigorosa educación intelectual, lo evita fácilmente. Para los libros colosales son necesarios lectores atletas. Es preciso ser robusto para abrir las obras de Jeremías, Ezequiel, Job, Píndaro, Lucrecio, Alighieri y Shakespeare. Es fuerza confesarlo: los monstruos de lo sublime desordenan y quebrantan y trastornan la *bourgeoisie* de las costumbres, la vida pedestre, la calma monótona de las conciencias, el «buen gusto», el «buen sentido» y el inofensivo y tranquilo egoísmo.

Y sin embargo, no encontraréis en determinadas horas nada más hospitalario para el alma que esos espíritus severos cuando os abismáis en su lectura. Tienen una dulzura tan imprevista como todo lo demás. Os llaman diciendo: «Entrad». Os reciben en su casa con una fraternidad de arcángeles, y allí se os presentan, afectuosos, tristes, melancólicos y consoladores. Y como por encanto os sentís completamente a gusto. Os veis amados y conocidos personalmente por ellos. Su firmeza y su energía os arrancan una simpatía profunda; si el granito tuviera corazón, ¡qué bondadoso sería! Pues bien: el genio es granito bondadoso.

El extraordinario poder supone extraordinario amor. Ellos se hincan de rodillas como vosotros para hacer oración, porque saben que Dios existe. Aplicad el oído a estos colosos y los oiréis palpitar. ¿Queréis creer, amar, llorar, daros golpes de pecho arrodillados y levantar las manos al cielo con confianza y serenidad? Pues escuchad a los poetas, y ellos os ayudarán a elevarse hasta el sano y fecundo dolor, y os harán sentir la celestial utilidad del enternecimiento. ¡Oh bondad de los fuertes! Su emoción, que puede convertirse, si ellos quieren, en un terremoto, es en ciertos momentos tan tierna y tan dulce que parece el balanceo de una cuna. Hacen brotar en vosotros algo que cuidan con esmero. En el genio hay algo de maternidad. Dad un paso más, avanzad un poco, y nueva sorpresa, los encontraréis graciosos. Su gracia es la misma aurora.

Como las grandes montañas tienen en sus vertientes todos los climas, los grandes poetas tienen todos los estilos. Basta con cambiar de zona. Ascended y encontraréis la tormenta; descended y encontraréis las flores. El fuego interior se acomoda fácilmente con el frío exterior: el ventisquero quiere ser cráter, y la más bella salida para la lava es a través del hielo. A nadie extrañan las llamas saliendo de las cúspides de las montañas polares. Este contacto de los extremos es la ley en la Naturaleza, donde a cada paso se producen los efectos teatrales de lo sublime. Una montaña o un genio es la majestad áspera. Estas masas desprenden una especie de temor religioso. Tan cortado a pico está el Dante como el Etna. Los precipicios de Shakespeare son tan grandes como los abismos del Chimborazo. Las cimas de los poetas están cubiertas de nubes como las cúspides de las montañas. Óyese en tales parajes el fragor de los truenos. Y en las mesetas, en las gargantas, en los abruptos pliegues y en las escarpaduras, los arroyos, los pájaros, los nidos, las hojas, los encantos y las flores rarísimas. Por cima del sorprendente arco del Aveirón, en medio del Mar de los Hielos, hay un paraíso llamado el Jardín. ¿Lo habéis visto?

¡Oh prodigio! Un sol ardiente, una sombra tibia y fresca, una vaga exudación de perfumes manando del musgo, y un mes de mayo perpetuo oculto entre los precipicios. ¿Hase visto algo que se asemeje a eso en delicadeza? Así son los poetas y así son los Alpes. Estos inmensos, horribles y venerables montes son sorprendentes productores de rosas y violetas, y se sirven del alba y del rocío mucho mejor que vuestros prados y vuestras colinas que lo tienen por oficio; el abril de la llanura es monótono y vulgar comparado con el suyo. Y allá en lo más áspero y más salvaje de un barranco, guardan avaras estas ingentes viejas moles una encantadora primavera muy conocida de las abejas.

Libro IV

Crítica

I

Todas las obras de Shakespeare, exceptuando *Macbeth* y *Romeo y Julieta*, es decir, treinta y cuatro de las treinta y seis que escribió, ofrecen, cuando se estudian, una particularidad que no ha sido notada hasta hoy por los comentaristas y los críticos más importantes, la cual ha pasado inadvertida para los Schlegel y para el mismo Villemain, y sobre la que es preciso decir algo. Esta particularidad consiste en una doble acción, que surge del drama reflejándose en pequeño. Al lado de la tempestad en el Atlántico, la tempestad en el vaso de agua. Así, Hamlet crea otro Hamlet; mata a Polonio, padre de Laertes, y he aquí a Laertes en presencia de Hamlet en idéntica situación que éste en presencia de Claudio. Hay, pues, dos padres que vengar. De la misma manera podría haber dos espectros. Así también en *El Rey Lear*, al lado y en presencia de Lear, desesperado por sus hijas Goneril y Regana y consolado por su hija Cordelia, se repite igual acción en Glocester, víctima de una traición de su hijo Edmundo, amado por su hijo Edgardo. La idea bifurcada y haciéndose eco a sí misma, un drama menor copiando y acompañando al drama principal, la acción arrastrando a su satélite, es decir, una acción menor que su semejante, la unidad cortada en dos, es un hecho por cierto bien extraño. Estas dobles acciones han sido muy censuradas por algunos comentaristas que las han notado. No nos asociamos a estas censuras. ¿Quiere decir esto que aprobemos y consideremos buenas estas dobles acciones? De ninguna manera. Consignamos el hecho y nada más. El drama de Shakespeare, ya lo dijimos muy alto en 1827,* con el objeto de hacer antipáticas las imitaciones, es propio de Shakespeare; el drama es inherente al poeta, está en la médula de sus huesos; el drama es él. De aquí sus originalidades completamente personales; de aquí también sus idiosincrasias, que existen sin constituir ley.

Estas dobles acciones son puramente shakespirianas. No las admitirían ni Esquilo ni Molière, y nosotros se lo aplaudiríamos. Estas dobles acciones son además propias del siglo XVI. Cada época tiene su misteriosa marca de fábrica. Los siglos ostentan una firma especial que estampan al pie de las obras maestras, la cual necesita ser descifrada y reconocida. El siglo XVI no firma como el siglo XVIII. Los tiempos del Renacimiento eran tiempos sutiles y de reflexión. El espíritu del siglo XVI era de doble aspecto, y su idea estaba dividida en dos departamentos. Ved los coros de las iglesias de entonces. El Renacimiento hace representar con un arte delicado y extraño el Antiguo Testamento en el Nuevo. La doble acción se ve en todas partes El símbolo explica el personaje repitiendo su actitud. Si se representa, por ejemplo, en un bajorrelieve a Jehová sacrificando a su hijo, veréis en otro bajorrelieve al lado del primero a Abraham sacrificando al suyo. Jonás vive tres días en el vientre de la ballena, y Jesús pasa tres días en el sepulcro; la boca del monstruo vomitando a Jonás, responde a la boca del infierno tragándose a Jesús.

El escultor del coro de Fécamp, estúpidamente demolido, reproduce a san José en la figura de Anfitrión.

Estas singulares repercusiones constituyen una de las maneras de ser del arte profundo y rebuscado del siglo XVI. No puede darse nada más curioso en este género que el partido que se sacó de san Cristóbal. En la Edad Media y en el siglo XVI, san Cristóbal, el gigante que martirizó Decio en el año 250, re-

* Prólogo de *Cromwell*.

gistrado por los bolandistas e imperturbablemente admitido por Baillet, fue representado siempre triple en las pinturas y en las esculturas. Esto dio ocasión al tríptico. En primer lugar hay el Porta Cristo, un primer *Cristóforo*, que es el Cristóbal llevando sobre sus hombros al niño Jesús; en segundo lugar la Virgen embarazada es también Cristótora o Cristofa, puesto que también lleva a Cristo; y por último, la Cruz en asimismo Cristófora, porque sostiene a Cristo. El suplicio se repite en la madre. Esta idea triple ha sido inmortalizada por Rubens en la catedral de Amberes. La idea duplicada y triplicada es el signo característico del siglo XVI.

Por eso Shakespeare, fiel al espíritu de su tiempo, imaginó a Laertes vengando a su padre al lado de Hamlet vengando al suyo, y representó a Hamlet perseguido por Laertes al mismo tiempo que Hamlet perseguido por Claudio; y por eso también retrató la piedad filial de Cordelia en la piedad filial de Edgardo, y puso bajo el peso de la ingratitud de los hijos desnaturalizados a los dos padres miserables, ambos sin luz, uno loco y otro ciego.

II

¡Cómo! ¿No ha de haber críticos? ¿Ni ha de haber censura? ¿Tiene explicación todo? Sí; la tiene. El genio es una entidad como la Naturaleza, y por tanto ha de ser como tal aceptado pura y sencillamente. Una montaña se toma o se deja. Hay gentes que hacen la crítica del Himalaya piedra por piedra. El Etna alumbra y vomita, arrojando su luz, su ira, su lava y sus cenizas; y los críticos las cogen y las pesan adarme por adarme: *Quod litras in monte summo?* Pero entretanto, el genio continúa en erupción. En él todas las cosas tienen su razón de ser: es porque es. Su sombra es el anverso de su luz. El humo proviene de su llama. Sus precipicios son las condiciones de su altura. Gustamos de unas cosas más que de otras, pero no callamos cuando nos sentimos en presencia de Dios. En los bosques, las torceduras de los árboles constituyen su secreto; la savia sabe lo que hace y la raíz conoce su oficio. Tomamos las cosas como en realidad son; agrádanos lo que es excelente, tierno o magnífico; aplaudimos las obras maestras; no nos servimos de unas para rechazar otras, y no exigimos que Fidias levante catedrales o que Pinaigrier embellezca los templos con cristales de colores: el templo es la armonía y la catedral, el misterio; son dos diversos aspectos de lo sublime, y no pedimos a Münster la perfección del Partenón, ni al Partenón la grandeza de Münster. Somos tan raros, que nos contentamos con que ambas cosas sean bellas. No nos quejamos del aguijón a quien nos da la miel. Y renunciamos de buen grado al derecho de criticar al pavo real sus patas, al cisne su grito, al ruiseñor sus plumas, a la mariposa su oruga, a la rosa sus espinas, al león su hedor, al elefante su piel, a la cascada su rumor, a la naranja sus pepitas, a la Vía Láctea su inmovilidad, al océano la sal, al sol sus manchas y a Noé su desnudez.

Horacio puede decir el *quandoque bonus dormitiat*; lo aceptamos. Pero lo que es cierto es que Homero no lo diría de Horacio, porque no se cuidaría de ello. A aquella águila le parecería encantador este colibrí parlero. Me hago cargo de que produce cierta satisfacción el sentirse superior a los demás y decir: «Homero es pueril, el Dante es inocente». Esto hace asomar la sonrisa a los labios. ¿Y por qué no se ha de aplastar a esos genios cuando se puede? Ser, por ejemplo, el abate Trublet, y decir: «Milton es un niño de la Escuela», es agradable. ¿Cuál no debe ser el genio del que halla que Shakespeare no lo tiene? El hallazgo se debe a La Harpe, o a Delandine, o a Auger, y cualquiera de los tres merecerá, si no ha merecido ya, ser miembro de la Academia. ¡Qué magnífico decreto podría firmarse! Todos esos grandes hombres están llenos de extravagancias, de mal gusto y de niñerías. Por tales medios se lisonjean a sí propios ciertos hombres; porque claro está, cuando uno exclama; «Aquel gigante es pequeño», es prueba de que el que lo dice se figura grande. Y en verdad que cada cual lo es a su manera. Yo, por mi parte, autor de estas líneas, declaro que lo admiro todo, como un bruto. Por esta razón he escrito el presente libro.

Admiro y soy entusiasta. Antójaseme que en nuestro siglo no está de más este ejemplo de estupidez.

III

No esperéis, por lo tanto, crítica alguna. Admiro a Esquilo, y a Juvenal, y al Dante, en masa, en conjunto, en une pieza. No me burlo de los grandes bienhechores de la humanidad. Lo que vosotros decís que es defecto, yo digo que es acento. Me enseñan, y pago con la gratitud. No heredo las maravillas del espíritu humano a beneficio de inventario. Al Pegaso regalado no le miro las bridas. Una obra maestra es la hospitalidad, y cuando me refugio en ella, entro con la cabeza descubierta y encuentro hermosa la fisonomía del que me ofrece abrigo. Por ejemplo, en *Gilles* Shakespeare, admiro a Shakespeare y admiro a *Gilles*. Acepto a Falstaff y admiro el «vierte el orinal» (*empty the jordan*). Admiro el grito insensato «¡Una rata!». Admiro los juegos de palabras de Hamlet, admiro las crueldades de Macbeth, admiro las brujas, el «espectáculo ridículo», admiro *the buttock of the night*, y admiro el ojo saltado a Glocester. Así soy yo de simple.

Puesto que he sido calificado de tal por algunos escritores y críticos distinguidos, y aun por mi ilustre amigo M. de Lamartine,* quiero justificar el epíteto.

Concluyamos lo que tenemos que decir acerca de Skakespeare haciendo una última observación de detalle.

Orestes, el fatal antecesor de Hamlet, no es, como ya hemos dicho, el único lazo que une a Esquilo con Shakespeare; hemos

---

* «La biografía del obispo Myrtel, que en algunos puntos es algo pueril y aun algo simple...», Lamartine, *Curso de Literatura*, Conferencia LXXXIV.

también indicado una relación menos perceptible entre Prometeo y Hamlet. Estudiando el Prometeo salta a la vista la misteriosa intimidad de ambos poetas, pero de una manera tan extraña y en un punto tan raro, que hasta hoy no ha sido notado por los observadores y los críticos. Prometeo es el abuelo de Mab.

Probémoslo.

Prometeo, a semejanza de todos los personajes que se han hecho legendarios, como Salomón, César, Mahoma, Carlomagno, el Cid, Juana de Arco o Napoleón, tiene una doble prolongación, una en la historia y otra en la leyenda. La prolongación de Prometeo en la leyenda es la siguiente:

Prometeo, creador de los hombres, es también creador de los espíritus. Es el padre de una dinastía de dioses, cuya filiación nos ha sido conservada por las antiguas tradiciones: Elfo, es decir, el Rápido, hijo de Prometeo; y Elfino, rey de la India, y Elfinan, fundador de Cleópolis, la ciudad de las hadas; y Elfilino, el constructor de la muralla de oro; y Elfinell, el vencedor en combate contra los demonios; y Elfanto, que hizo de cristal toda Pantea; y Elfar, que dio muerte a Bicéfalo y a Tricéfalo, y Elfinor el Mago, una especie de Salmoneo que levantó en el mar un puente de cobre que sonaba como los truenos, *non imitabile fulmen oere et cornipedum pulsu simularat equorum*, y setecientos príncipes; y Elficleos el Sabio, y Elferón el Hermoso, y Oberón, y por último, Mab. ¡Admirable fábula que con sentido verdaderamente profundo une lo sideral con lo microscópico y lo infinitamente grande con lo infinitamente pequeño!

Así, el infusorio de Shakespeare se use al gigante de Esquilo. El hada átomo paseada por encima de la nariz de los hombres dormidos en su carroza, que tiene por techo un ala de saltamontes, y de la cual tiran ocho moscones enganchados con rayos de luna, tiene por antecesor al prodigioso Titán, ladrón de astros, amarrado al Cáucaso, con una mano en las puertas del Caspio y otra en las del Ararat, un pie en las fuentes del Faso y otro en el Validus Murus que cierra el paso entra la montaña y el mar, coloso que al salir el sol por Oriente proyecta su inmenso perfil de sombra por toda Europa, hasta Corinto, y al ponerse por Occidente, por toda el Asia, hasta Bangalore.

Además, Mab, que también se llama *Tanaquil*, tiene toda la vaporosa inconsistencia del sueño. Con el nombre de Tanaquil es la mujer de Tarquino el Antiguo, que hila para el adolescente Servio Tulio la primera túnica que lleva sobre sus hombros un romano al dejar la pretexta; Oberón, o sea, Numa, es su tío. En *Huon de Burdeos* se llama *Glorionda*, y tiene por amante a Julio César, de quien es hijo Oberón; en Spencer se llama *Gloriana*, siendo Oberón su padre; y en Shakespeare se llama *Titania*, y Oberón es su marido. ¡Titania! Este nombre une a Mab con el Titán y a Shakespeare con Esquilo.

IV

Un hombre importante de nuestros tiempos, célebre historiador, orador elocuente, y uno de los que nos han precedido en la traducción de Shakespeare, se equivoca, a nuestro juicio, cuando se lamenta, o parece lamentarse, del escaso influjo que Shakespeare ha ejercido en el teatro del siglo XIX. No participamos nosotros de tales opiniones. Un influjo cualquiera, aunque fuese el de Shakespeare, alteraría lo originalidad del movimiento literario de nuestra época. «El sistema de Shakespeare —dice a propósito de este movimiento el respetable y grave escritor— puede suministrar, a mi juicio, los planes según los cuales debe trabajar el genio en lo sucesivo.» No estimamos exacta esta opinión, y lo hemos dicho antes de ahora, hace cuarenta años en el prólogo de la obra *Cromwell*. A nuestro modo de ver, Shakespeare es un genio y no un sistema. Ya nos hemos extendido acerca de este punto, y nos extenderemos todavía más, pero declaremos ahora que lo que ha hecho Shakespeare está hecho de una vez por todas. Es imposible volver a él. Admíresele o critíquesele, pero no se puede rehacer su obra porque está hecha.

Un crítico distinguido, recientemente fallecido, Mr. Chaudesaigues, acentúa la acusación diciendo: «Se ha restaurado a Shakespeare sin seguirlo. La escuela romántica no ha imitado a Shakespeare. Ésta es su falta». Éste es su mérito. Por ello la acusan otros y la aplaudimos nosotros. El teatro contemporáneo es lo que es, pero es substantivo. El teatro contemporáneo tiene por divisa: *Sum, non sequor*. No pertenece a ningún *sistema*. Tiene su ley propia y la cumple, su vida y la vive.

El drama de Shakespeare expresa al hombre en un momento determinado. El hombre pasa, mas el drama queda teniendo por fondo eterno la vida, el corazón, el mundo, y por superficie el siglo XVI. Ni se puede continuar ni rehacer. A otro siglo, otro arte.

El teatro contemporáneo no ha seguido a Shakespeare por las razones que ha tenido para no seguir a Esquilo. Y sin contar todas las razones que indicaremos más adelante, ¿á cuál de estos dos poetas escogería el que quisiera imitar o copiar? Esquilo y Shakespeare parecen hechos para probar que los contrarios pueden ser admirables. El punto de partida del uno es completamente opuesto al punto de partida del otro. Esquilo es la concentración, Shakespeare la dispersión. Es preciso aplaudir al uno porque está condenando y al otro porque está dilatado. A Esquilo corresponde la unidad, a Shakespeare la ubicuidad. Entrambos se reparten a Dios. Y como tales inteligencias están siempre completas, siéntese mover toda la libertad de la pasión en el drama uno de Esquilo, y converger en el drama disperso de Shakespeare todos los rayos de la vida. El uno parte de la unidad y llega a lo múltiple; el otro parte de lo múltiple y llega a la unidad. Esto se ve con evidencia pasmosa, singularmente cuando se confronta a Hamlet con Orestes, doble página extraordinaria, anverso y reverso de la misma idea, que parece escrita expresamente para probar cómo dos genios distintos, haciendo una misma cosa, hacen dos cosas distintas.

Fácil es ver que el teatro contemporáneo ha, bien o mal, trazado su camino propio entre la unidad griega y la ubicuidad shakespiriana.

V

Descartemos por un momento la cuestión del arte contemporáneo, que ya llegaremos a ella más adelante, y coloquémonos en un punto de vista general.

La imitación es siempre estéril y funesta.

En cuanto a Shakespeare (y concretémonos a Shakespeare, puesto que es el poeta que nos ocupa), es, en el más alto grado, un genio humano y universal, mas como todos los verdaderos genios, es al mismo tiempo un espíritu singularísimo y personal. Por tanto, la siguiente ley: «El poeta parte de sí propio para llegar hasta nosotros». Lo cual hace al poeta inimitable.

Examinad, profundizad a Shakespeare, y veréis con qué resolución se obstina en ser él mismo. No esperéis ninguna concesión de su Yo. No veréis ciertamente al egoísta, sino al hombre de voluntad. Comunica al arte sus órdenes, dicho se está, en los límites de su obra. Porque ni el arte de Esquilo, ni el de Aristóteles, ni el de Plauto, ni el de Maquiavelo, ni el de Calderón, ni el de Molière, ni el de Beaumarchais, ni ninguna de las formas del arte, viviendo cada una de la vida especial de un genio, obedecería las órdenes de Shakespeare. El arte así entendido es la inmensa igualdad y la profunda libertad; que la región de los iguales es también la región de los libres.

Una de las grandezas de Shakespeare consiste en la imposibilidad de servir de modelo. Si queréis daros cuenta de su idiosincrasia, abrid cualquiera de sus obras, la primera que halléis a mano, y veréis en ella, ante todo y sobre todo, a Shakespeare.

¿Habéis visto nada más personal que *Troilo y Crésida*? ¡Una Troya cómica! Ved *Mucho ruido para nada*, una tragedia que termina con una carcajada. Ved *El cuento de invierno*, un drama pastoril, Shakespeare en su obra está en su casa. ¿Queréis ver un despotismo? Pues ved su fantasía. ¡Qué voluntad para los sueños! ¡Qué decisión para el vértigo! ¡Qué absolutismo en lo indeciso y en lo vago! Llena de tal suerte el sueño alguna de sus obras, que el hombre se deforma en ellas hasta tal punto, que más bien que hombre parece nube. El Ángelo de *Medida por medida* es un tirano de niebla. Se desvanece y se disuelve. El Leontes del *Cuento de invierno* es un Otelo que se disipa. En *Cimbelino* se cree que Jachimo se va a convertir en Yago, pero se disuelve. En todas partes el sueño. Mirad cómo pasan Mamilio, Póstumo, Hermione y Perdita. En *La Tempestad*, el duque de Milán tiene «un bravo hijo» que es como un sueño en el sueño. Solamente Fernando habla de él y parece que es el único que lo ha visto. Un bruto llega a ser razonable, testigo el polizonte Lecoude de *Medida por medida*. Un idiota se muestra de repente con talento, testigo Cloten de *Cimbelino*. Un rey de Sicilia tiene celos de un rey de Bohemia. La Bohemia tiene playas en las cuales recogen niños los pastores. Teseo, duque, contrae matrimonio con Hipólita, amazona. Mézclase en todo esto Oberón. Aquí quiere Shakespeare soñar; en otras partes piensa.

Digamos más; cuando sueña, piensa también, con otra profundidad, pero igual.

Dejad a los genios tranquilos en su originalidad. Hay algo salvaje en estos misteriosos civilizadores. Lo desconocido está en sus comedias, en sus bufonerías, en sus carcajadas y en sus sonrisas. Sentís allí el horror sagrado del arte y el terror omnipotente de lo imaginario mezclado con lo real. Cada cual permanece sólo en su caverna. Se comprenden desde lejos, pero no se copian. No sabemos que el hipopótamo imite el bramido del elefante. Los leones no se imitan.

Ni Diderot refunde a Bayle, ni Beaumarchais calca a Plauto, ni necesita a Dave para crear a Fígaro. Ni Piranesi se inspira en Dédalo, ni Isaías recomienza la obra de Moisés.

Un día, en Santa Helena, decía M. de Las Cases:

«Señor, puesto que habéis sido dueño de Prusia, yo, en vuestro lugar, cuando fuisteis a visitar el sepulcro de Potsdam, en donde está depositada la espada del gran Federico, la hubiera cogido y me la habría ceñido». «¡Vaya una simpleza! —contesto Napoleón—; yo tenía la mía.»

La obra de Shakespeare es absoluta, soberana, imperiosa, eminentemente solitaria, mala vecina, sublime cuando irradia luz, absurda en el reflejo, radicalmente inimitable.

Tan insensato sería imitar a Shakespeare como estúpido imitar a Racine.

VI

Fijémonos, de paso, en un calificativo muy en boga en todas partes: *profanum vulgus*, palabra de un poeta acentuada por los pedantes. El *profanum vulgus* es el proyectil que se acostumbra a disparar. Pero señalemos el sentido de la expresión. ¿Quién, es el «vulgo profano»? La escuela dice: «El pueblo», y nosotros decimos: «La escuela».

Digamos, ante todo, qué significa la escuela. La escuela es la resultante de los pedantismos y la excrecencia literaria del presupuesto; la escuela es el mandarinato intelectual dominando en los diversos centros de enseñanza autorizados oficiales pertenecientes a la prensa y al Estado, desde la crítica de teatros encargada por la Prefectura hasta las biografías y enciclopedias, redactadas, impresas y vociferadas, y hábilmente hechas algunas veces por republicanos simpáticos a la policía; la escuela es la ortodoxia clásica y escolástica amurallada, la antigüedad homérica y virgiliana explotada por literatos funcionarios mediante un privilegio, una especie de China, a la que se da el nombre de Grecia; la escuela es una cosa que forma parte de los elementos que conservan el orden público, la ciencia de los pedagogos, la historia de los historiógrafos, la poesía de los laureados, la filosofía de los sofistas, la crítica de los *magisters*, la férula de los ignorantuelos, la religión de los mojigatos, el pudor de los beatos, la metafísica de los disciplinados, la justicia de los asalariados, la vejez de los jóvenes castrados, la adulación de los cortesanos, la diatriba de los turiferarios, la independencia de los lacayos y la certeza de los cortos de vista y de las almas viles. La escuela odia a Shakespeare. Sorpréndele en medio del pueblo, paseando por las encrucijadas, «trivial», hablando como hablan los demás, usando expresiones humanas como cualquier advenedizo, siendo bien recibido por aquellos que le son simpáticos, aplaudido por manos toscas encallecidas, aclamado por la ronca confusión que producen los hijos del trabajo y de la fatiga. El drama de Shakespeare es pueblo: la escuela se indigna, exclamando: *Odi profanum vulgus*. La poesía en libertad es demagógica: el autor del *Hamlet* «ofrece sacrificios a la canalla».

Pues bien, sí; el poeta «ofrece sacrificios a la canalla».

Si hay algo que tenga grandeza, es precisamente eso.

Los poderosos, seguidos de los hombres de dinero, están en primer término, viviendo en medio del ruido, en todas partes, a la luz del día. El poeta no los ve, o si los ve los desprecia. Levanta la vista y contempla a Dios, después la baja y contempla al pueblo. Y allá, en el fondo de las sombras, casi invisible en fuerza de estar sumergida en la noche, se ve la fatal multitud, el inmenso y lúgubre dolor amontonado, el venerable populacho compuesto de andrajosos y de ignorantes. ¡Un caos de almas! La muchedumbre de cabezas ondula en las tinieblas como las olas de un mar nocturno. Como las ráfagas pasan sobre el agua, así pasan sobre la superficie las catástrofes, las guerras, las pestes, las favoritas, el hambre. Conmuévese por un momento, pero el fondo del dolor permanece inmóvil como el fondo del océano. Parece que la desesperación va depositando horrible plomo. A lo último del abismo está el estupor. Es decir, la noche. Bajo aquellas fúnebres capas, tras de las cuales lo que se ve es confuso e indistinto, está el sombrío mar de los pobres.

Éstos, agobiados, callan; ni saben nada, ni pueden nada, ni piden nada, ni piensan en nada, pero sufren. *Plectuntur Achivi*. Tienen hambre y frío. Descúbrense sus carnes indecentes a través de los andrajos. ¿Y quién los hace? La púrpura. La desnudez de las vírgenes proviene de la desnudez de las odaliscas. De los harapos retorcidos de las hijas del pueblo caen perlas para las Fontanges y las Chateauroux. El hambre cubre de oro los palacios de Versalles. Agítase aquella sombra de vivos y moribundos; las larvas agonizan, a la madre le falta leche, al padre el trabajo, a los cerebros la luz; y si entre tanta miseria se ve por casualidad un libro, es como un cántaro que ofreciera para apagar la sed de las inteligencias líquido insípido o corrompido. ¡Siniestras familias!

El grupo de los pequeños es pálido. Se arrastran y agonizan sin tener siquiera fuerza para amar: y sin saberlo quizá, mientras se encorvan y resignan, surge de todas estas inconsciencias en que reside el derecho, y del sordo murmullo producido por todas estas desdichadas respiraciones confundidas, una voz imperceptible, como misteriosa niebla del verbo articulando sílaba por sílaba en la oscuridad estas palabras extraordinarias: Porvenir, Humanidad, Libertad, Igualdad, Progreso. El poeta escucha y oye; mira y ve; se esfuerza por ver más y llora; y de repente, agrandándose con grandeza verdaderamente extraña, sacando de todas estas tinieblas su propia transfiguración, se levanta terrible y tierno a la par por cima de los altos y los bajos miserables, despidiendo lumbre de sus ojos.

Y pide cuentas a voz en grito, exclamando: «¡Esto es el efecto, ésta es la causa, y sólo la luz es el remedio!» *Erudimini*. Aseméjase entonces a una gran vasija llena de humanidad, que al ser agitada por una mano del cielo derrama sobre la tierra grandes gotas, que son fuego para los opresores y rocío para los oprimidos. ¿Esto os parece mal? Pues a nosotros bien, es justo que haya uno que hable cuando todos sufren. Han menester la enseñanza, así los ignorantes que sufren como los ignorantes que gozan. La ley de fraternidad proviene de la ley del trabajo. Pasaron los tiempos de la guerra y se inauguran los tiempos del amor. El poeta cumple su misión promulgando estas verdades; y para cumplirla es preciso que sea pueblo y populacho; es decir, que traiga un elemento de progreso, y que no retroceda ante la triste realidad del hecho, por muy deforme que sea. No de otra suerte puede ser medida la distancia que hay actualmente de lo real a lo ideal. Por otra parte, llevar un grillete es digno complemento de la vida de Vicente de Paul. ¡Poetas! ¡Sed atrevidos en la trivial promiscuidad, en la metáfora popular, en la vida en común con esos desterrados del placer, llamados pobres! Ése es vuestro primer deber. Es útil y necesario que el aliento del pueblo llegue hasta las almas poderosas. El pueblo tiene algo que decirles. Y es bueno que en Eurípides se hallen las verduleras de Atenas y en Shakespeare los marineros de Londres. ¡Ofrece sacrificio «a la canalla»! ¡Oh poeta! ¡Ofrécelo a esa desdichada, desheredada, vencida, vagabunda, descalza, hambrienta, repudiada y desesperada! ¡Sacrifica por ella, si es preciso, y cuando lo sea, tu reposo, tu fortuna, tus placeres, tu patria, tu libertad y tu vida! La canalla es el género humano en la miseria: es el comienzo doloroso del pueblo, la gran víctima de las tinieblas. ¡Ofrécele sacrificio! ¡Sacrifícate por ella! Deja que te rechacen y que te destierren como lo fueron Voltaire a Ferney, d'Aubigné a Ginebra, el Dante a Verona, Juvenal a Siena, Tácito a Methymno, Esquilo a Gela, Juan a Patmos, Elías a Oreb, Tucídides a Tracia e Isaías a Asiongaber. Sacrifica por ella tu oro; y tu sangre, que vale más que tu oro; y tu pensamiento, que vale más que tu sangre: y tu amor, que vale más que tu pensamiento. Sacrifícalo todo por ella. ¡Todo, menos la justicia! Recibe sus quejas; escucha sus faltas y las faltas de los demás. Escucha lo que confiesa y lo que denuncia. Préstale el oído, la mano, los brazos y el corazón. Todo por ella: todo, menos el mal. ¡Sufre tanto sin saberlo! Corrígela, adviértela, instrúyela, guíala, edúcala. Llévala a la escuela de la honradez. Enséñala a deletrear la verdad, muéstrala ese alfabeto que se llama la razón, hazle leer la virtud, la probidad, la generosidad y la clemencia. Ten siempre el libro abierto. Sé con ella atento, vigilante, bueno, fiel y humilde. Alumbra los cerebros, inflama las almas, extingue los egoísmos dando tú mismo el ejemplo. Y pues los pobres son la privación, sé tú la abnegación. ¡Enseña, ilumina! Te necesitan; están sedientos de ti. Aprender es el primer paso, y vivir es el segundo. ¡Tú, que eres la luz, está siempre a sus órdenes! Porque en esta sombría tierra y durante esta vida oscura, corto tránsito para otra, es hermoso que el derecho sea señor de la fuerza, el valor guía del progreso, el honor soberano de la inteligencia, el deber déspota de la conciencia, la libertad reina de la civilización y la luz sierva de la ignorancia.

Libro V

Los ingenios y las masas

I

En el espacio de ochenta años se han realizado acontecimientos memorables. El pavimento está cubierto de ruinas.

Pero lo que se ha hecho es poco, comparado con lo que queda por hacer.

Destruir es el trabajo; edificar es la obra. El progreso demuele con la mano izquierda y construye con la derecha.

La mano izquierda del progreso se llama la Fuerza; la derecha se llama el Espíritu.

A estas horas hay mucho destruido; gracias a nuestros padres, han desaparecido los escombros de la antigua civilización. Aquella obra vino a tierra. Ahora nos llaman el trabajo, la fatiga, el deber, porque se trata de construir.

Pero aquí ocurren tres cuestiones:

¿Qué vamos a construir?

¿En dónde vamos a construir?

¿Cómo vamos a construir?

Contestaremos:

Construir el pueblo.

Construirlo en el progreso.

Y construirlo por la luz.

II

Urge sobre todo trabajar al pueblo.

El alma humana (e importa consignar la expresión en los instantes que corremos) siente más vivamente la necesidad de lo ideal que de lo real.

Por lo real vive y por lo ideal existe. Explicaremos la diferencia diciendo que los animales viven y el hombre existe.

Existir es comprender. Sonreír ante el presente y mirar a lo porvenir por cima del muro es tener una balanza en la que se pueden pesar el bien y el mal; es tener la justicia, la verdad, la razón, la abnegación, la probidad, la sinceridad, el buen sentido, el derecho y el deber incrustados en el corazón, es saber lo que se vale, lo que se puede y lo que se debe. Existencia es igual a conciencia. Catón no se levantaba ante Ptolomeo y Catón existía.

La literatura segrega la civilización y la poesía segrega el ideal. He aquí por qué la literatura es una necesidad de las sociedades y por qué la poesía es aspiración del alma. Y por qué los poetas son los primeros educadores del pueblo. Y por qué hace falta en Francia traducir a Shakespeare. Y por que hace falta en Inglaterra traducir a Molière. Y por qué hace falta comentarlos. Y por qué hace falta tener un inmenso dominio público literario. Y por que hace falta traducir, comentar, publicar, imprimir, estampar, estereotipar, distribuir, explicar, recitar, difundir y dar a todos, y dar barato, a precio de saldo, casi por nada, todos los poetas, todos los filósofos, todos los pensadores y todos los creadores de las grandezas del alma.

De la poesía brota el heroísmo. M. Royer-Collard, el amigo original, pero irónico, de la rutina, era un espíritu noble y penetrante. Un conocido nuestro le oyó decir un día: *Espartaco es un poeta*.

El temible y consolador Ezequiel, el revelador trágico del progreso, tiene frases singulares de un sentido profundo: «La voz me dice: *Llena la palma de tu mano con ascuas encendidas y siém-*

bralas en la ciudad». Y en otra parte: «Como el espíritu entró en ellos, iban adonde iba el espíritu». Y en otra: «Dirigiose una mano a mí llevando un rollo que era un libro, y la voz me dijo: *Come ese rollo*. Y yo abrí los labios y comí el libro, que en mi boca era tan dulce como la miel». Comer el libro es, en imagen extraña y sensible, la fórmula de la perfectibilidad que arriba se llama *ciencia* y abajo se llama *enseñanza*.

Como acabamos de decir, *la literatura segrega civilización*. ¿Lo dudáis? Pues abrid la primera estadística que hayáis a las manos.

Por ejemplo, la del presidio de Tolón en 1862. Encerraba tres mil diez presidiarios, de los cuales sabían algo más que leer y escribir cuarenta; sólo sabían leer y escribir doscientos ochenta y siete; leían y escribían mal novecientos cuatro y no sabían leer ni escribir mil setecientos setenta y nueve. En esta miserable multitud, el número de penados va decreciendo a medida que pasamos de los oficios puramente mecánicos a las profesiones libres, y llegamos a este resultado final: plateros y joyeros, cuatro; eclesiásticos, tres; notarios, dos; cómicos, uno; artistas músicos, uno; literatos, ninguno.

La transformación del populacho en pueblo es obra profunda. Los hombres a quienes se conoce con el dictado de *socialistas* se han consagrado a esta obra durante los últimos cuarenta años. Uno de los más antiguos y uno de los que han contribuido a ella con su humilde cooperación es el autor del presente libro. *El último día de un condenado* data de 1828 y *Claudio Gueux* de 1834. Si reclama un puesto entre estos filósofos, es porque han sido objeto de persecuciones. Hace quince o dieciséis años que las clases (¿pero hay todavía clases?) influyentes sienten un odio ciego al socialismo, sin tener en cuenta que el verdadero socialismo tiene por fin la elevación de las masas a la dignidad cívica y por preocupación principal la reforma moral o intelectual. La mayor de las hambres es la ignorancia, y el socialismo desea, sobre todo, instruir. Lo cual no obsta para que el socialismo sea calumniado y los socialistas perseguidos. En opinión de muchos miedosos iracundos que actualmente tienen la palabra, esos reformadores son los enemigos públicos, porque ellos son los responsables de todo lo malo que ocurre.

«¡Oh, romanos! —decía Tertuliano—; somos hombres justos, benévolos, reflexivos, cultos, honrados, nos congregamos para orar y os amamos porque sois nuestros hermanos. Somos dulces y pacíficos como los niños, y sólo queremos la paz entre los hombres. Mas, ¡oh romanos!, si el Tíber se desborda o el Kilo no se desborda, exclamáis: *¡Los cristianos a las fieras!*»

III

La idea democrática, nuevo puente de la civilización, está sufriendo en los momentos que corren la peligrosa prueba de la carga. Seguramente, cualquiera otra idea se habría ya roto bajo el peso que sobre ella se coloca. La democracia prueba su solidez soportando los absurdos que se amontonan encima sin quebrantarse. Es preciso que resista a todo lo que las gentes pongan en ella. En estos momentos se trata de que soporte también el despotismo.

El pueblo no necesita la libertad; ésta era la consigna de una escuela inocente y simple, cuyo jefe ha muerto hace pocos años. El pobre soñador creía de buena fe que puede realizarse el progreso fuera de la libertad. Nosotros mismos le hemos oído pronunciar, probablemente sin saber lo que decía, este aforismo: *La libertad sólo es buena para los ricos.* Semejantes máximas tienen el inconveniente de que no se oponen al establecimiento de los imperios.

¡No, y mil veces no! Nada sin la libertad. La servidumbre es el alma ciega. Figuraos un ciego que lo sea por su propia voluntad. Esa figura terrible existe. Hay esclavos que quieren serlo. ¿Habéis visto nada más horroroso que una sonrisa sujeta a un grillete? El que no es libre no es hombre: el que no es libre, no ve, ni sabe, ni discierne, ni se agranda, ni comprende, ni quiere, ni cree, ni ama; tendrá acaso hembra y cachorros, mas no tendrá mujer ni hijos. En suma, el que no es libre, no es. *Ab luce principium.* La libertad es la pupila, el órgano visual del progreso.

La libertad tiene sus inconvenientes y aun sus peligros, pero pretender realizar la civilización sin ella, equivaldría a pretender cultivar la tierra sin sol; por eso el sol es un astro criticable.

Un día del hermosísimo estío de 1829, estando escribiendo un crítico que ha caído en el olvido sin merecerlo, porque no carecía de talento, M. P., sintiendo demasiado calor dijo, preparando la pluma: *Voy a deslomar al Sol.*

Ciertamente, van descaminadas algunas teorías sociales, muy distintas del socialismo, tal como nosotros lo comprendemos y lo deseamos. Separemos lo que se parezca a convento, a cuartel, a sistema celular y a correcta formación. El Paraguay, aun sin los jesuitas, es el Paraguay. Es mala obra dar nueva forma al mal. Volver a empezar la antigua servidumbre acusa ineptitud. ¡Cuiden los pueblos de Europa de no suministrar materiales con que fabricar un despotismo a la moderna! El edificio podría perdurar cimentándolo sobre una filosofía especial. Hemos mencionado a los teóricos, algunos de los cuales, de corazón recto y sincero, por temor a la dispersión de las actividades y a las energías en lo que llaman «la anarquía», han venido a converger en la fórmula casi «china» de la concentración social absoluta. Convierten la resignación en doctrina, haciendo consistir el fin del hombre en comer y beber. La solución que proponen es la felicidad brutal. Otros calificarían esa felicidad de distinta manera.

Nosotros soñamos para las naciones una felicidad que no consista sólo en la obediencia. El palo es esta felicidad para el *fellah* turco, el *knut* para al *mujik* ruso y el *gato de nueve colas* para el soldado inglés. Esos socialistas que se colocan al lado del socialismo, proceden, tal vez sin saberlo, de Joseph de Maistre y de Ancillon; la ingenuidad de estos teóricos, defensores del hecho consumado, tiene o cree tener intenciones democráticas hablando enérgicamente de los «principios del 89». ¡Mediten esos filósofos involuntarios de un posible despotismo! Adoctrinar las masas contra la libertad, amontonar en las inteligencias los apetitos y los fatalismos, saturar ciertas situaciones de positivismo y exponerse a levantar un edificio con los materiales que de esos elementos surgiesen, sería entender el progreso como cierto sujeto que al ver construir un nuevo patíbulo, exclamaba gozoso: «¡Gracias a Dios que el siglo progresa y que sustituimos el patíbulo de madera por otro de piedra! ¡Al menos éste servirá para nuestros hijos y nuestros nietos!»

IV

Tener el estómago lleno y el vientre harto y satisfecho es tener algo, pero tener algo a lo bestia. Pero la ambición debe ser mas alta.

Bueno es disfrutar de un buen salario. A nadie disgusta el tener la tierra firme bajo sus plantas y vivir de buenas rentas. El hombre prudente no debe carecer de nada y el previsor debe asegurar su situación. Gozar en una poltrona de una renta de diez mil sextercios es ocupar un puesto por extremo cómodo: los grandes emolumentos conservan la salud sana y las carnes frescas; los hombres llegan a viejos desempeñando canonjías bien remuneradas; debe de ser agradable vivir en la alta banca, en donde las ganancias son considerables; el crear relaciones en la corte eleva a las veces una familia y consolida una fortuna; pero yo, por mi parte, prefiero a todas esas situaciones la vieja nave haciendo agua en que se embarca con la sonrisa en los labios el obispo Quodvultdeus.

Pero no consiste todo en saciarse. El fin humano no es el fin animal.

Hace falta una renovación moral. La vida de los pueblos, como la de los individuos, tiene sus instantes de degradación: esos instantes pasan, y es preciso que no quede de ellos ni rastro. El hombre tiende a caer en los momentos actuales en el intestino, y es necesario volverlo a colocar en el corazón y en el cerebro. El cerebro es el soberano a quien debemos restaurar. Hoy más que nunca debe presentarse la cuestión social del lado de la dignidad humana.

Mostrar al hombre el fin humano, mejorar en primer término su naturaleza inteligente, y en segundo, su naturaleza animal, despreciar la carne tanto por lo menos como se desprecie el pensamiento y dar a su propio cuerpo el ejemplo, tal es el deber actual, inmediato, urgente de los escritores.

Esto es lo que han hecho en todo tiempo los genios.

¿Preguntabais para qué sirven los poetas? Pues sirven para inundar de luz la civilización. Sencillamente para eso.

V

La literatura que hemos tenido hasta ahora ha sido exclusivamente de los literatos. Sobre todo en Francia, la literatura ha tendido a convertirse en patrimonio de casta. Ser poeta era casi lo mismo que ser mandarín. No todas las palabras gozaban del derecho a figurar en la lengua, porque el diccionario autorizaba o no autorizaba su registro. El diccionario tenía su voluntad propia. Imaginaos la Botánica declarando la no existencia de un vegetal, o la Naturaleza ofreciendo tímidamente un insecto a la Entomología y que ésta lo rehusara por incorrecto. Imaginaos a la Astronomía reprendiendo a los astros. Un académico que ya ha fallecido dijo en plena Academia que sólo se había hablado francés en Francia en el siglo XVII, y eso en un período de doce años que no determinó.

Salgamos, que ya es hora, de este orden de ideas. La democracia lo exige. Los horizontes actuales piden otra cosa. Salgamos del colegio, del cónclave, del compartimento, del gusto y del arte en pequeño. La poesía no es de las camarillas. En los momentos que corren se hacen esfuerzos por galvanizar lo que murió para siempre. Luchemos contra esta tendencia. Es de la mayor importancia insistir en ciertas verdades. Las obras maestras recomendadas por el *Manual del Bachiller*, los cumplimientos en verso y en prosa, las tragedias con que se ocultan los actos de un rey, la inspiración en traje de ceremonia, lo anticuado como ley de la poesía, las *Artes poéticas* que olvidan a La Fontaine y que consideran a Molière como un genio dudoso, los Planat castrando a los Corneille, el lenguaje hipócrita, el pensamiento aprisionado entre cuatro paredes, limitado por Quintiliano, por Longin, por Boileau y por La Harpe, todo eso, aunque esté admitido en la enseñanza oficial y pública, pertenece al pasado. La época llamada el Gran Siglo, y que seguramente fue un hermoso siglo, no es en el fondo más que un monólogo literario. ¿Se concibe algo tan extraño como una literatura apartada de su época? Ciertas artes parece que tengan en al frontispicio la inscripción: *Se prohíbe la entrada*. Y nosotros creemos que la poesía ha de tener abiertas de par en par las puertas. Ha llegado la hora de decir muy alto: *Todo para todos*. Lo que reclama la civilización, ya mayor de edad, en una literatura popular.

En el año 1830 se inició un debate que, aunque literario en la superficie, era en el fondo humano y social. El debate debe cerrarse con una literatura cuyo objeto sea el pueblo.

El autor de las presentes líneas escribió, hace ya treinta y un años, en el prólogo de *Lucrecia Borgia*, esta frase que después ha sido muy repetida: *El poeta tiene a su cargo la cura de almas*. Si fuera permitido, añadiría aquí que esa frase, aun cuando sea errónea, que brotó de lo más íntimo de su ser, ha sido la regla de toda su vida.

VI

Maquiavelo miraba al pueblo de manera singular. Dijérase que su política consistía en llenar la medida, en hacer desbordar el vaso, en exagerar el horror hacia las acciones de los reyes, en aumentar la opresión para rebelar al oprimido, en convertir la idolatría en execración y en llevar a las masas hasta los últimos extremos. En él, *sí* significa *no*. Exagera el despotismo en el déspota para que éste salte en pedazos. En sus manos el tirano es un terrible proyectil que estallará. Maquiavelo conspira, mas ¿en favor de quién y contra quién? Adivinadlo. Su apoteosis de los reyes sirve para hacer regicidas. Coloca en la cabeza de su *Príncipe* una diadema de crímenes y una aureola de escándalos, y os invita a adorar a su monstruo como si esperara un vengador. Glorifica el mal, pero empujándolo hacia la sombra. Y en la sombra vive Harmodio. Maquiavelo, el revelador de los atentados regios, el servidor de los Médicis y de los Borgias, fue condenado en su juventud a la tortura por haber admirado a Bruto y Casio. Quizá fue cómplice de los Soderini en el rescate de Florencia. ¿Recordó o continuó este hecho? Sus consejos son como los truenos que van acompañados en las nubes de prolongado ruido. ¿Qué quiere decir? ¿A quién se dirige? ¿Los pronuncia en favor o en contra de las personas a quienes los da? Estando un día en Florencia en el jardín de Cosme Ruccelai en presencia del duque de Mantua y de Juan de Médicis, el que mandó después los bandos negros de Toscana, le oyó decir su enemigo Varchi, dirigiéndose a ambos príncipes: *No permitáis que el pueblo lea ningún libro, ni siquiera el mío*. Es curioso poner al lado de ese consejo el que dio Voltaire al duque de Choiseul, y que es una advertencia al ministro y una insinuación al rey: «Dejad que los tontos lean nuestras paparruchas. No hay en ello, monseñor, el más leve peligro. ¿Qué puede temer un gran rey como el rey de Francia? El pueblo no es más que chusma, y los libros verdaderas simplezas.» No permitáis que se lea nada, permitid que se lea todo: ambos consejos tienen más puntos de contacto de lo que a primera vista parece. Voltaire, con las garras ocultas, lisonjeaba al rey. Voltaire y Maquiavelo son dos temibles revolucionarios indirectos diferentes en todo, pero idénticos en el fondo por el profundo odio disfrazado de adulación que sentían hacia el señor. El uno es maligno, el otro siniestro. Los reyes del siglo XVI tenían por maestro teórico de sus infamias y por cortesano enigmático a Maquiavelo, al entusiasta de fondo oscuro. ¡Ser adulado por una esfinge cansa horror! Preferible es ser adulado, como Luis XV, por su gato.

En conclusión: obligad al pueblo a que lea a Maquiavelo y a Voltaire. Maquiavelo le inspirará horror y Voltaire desprecio al crimen coronado.

Sin embargo, los corazones deben inclinarse hacia los grandes y límpidos poetas, ora sean dulces como Virgilio, ora ásperos como Juvenal.

VII

No hay salud posible para el hombre si el progreso no se realiza mediante el desarrollo de las inteligencias.

¡Instruid y enseñad! Todas las revoluciones del porvenir están incluidas en estas palabras: *Enseñanza gratuita y obligatoria*. La enseñanza intelectual debe tener por coronamiento la explicación de las obras de primer orden. Los genios han de estar en la cúspide.

Dondequiera que haya aglomeración de hombres, debe haber en sitio adecuado un comentador público de los grandes pensadores. Quien dice *gran pensador*, dice *gran bienhechor*.

La presencia perpetua de lo bello en las obras mantiene a los poetas en las cimas de la enseñanza. Nadie puede calcular la cantidad de luz que se desprenderá de la comunicación del pueblo con los genios. La fusión del corazón del pueblo con el corazón del poeta será la nueva pila de Volta de la civilización.

¿Y podrá comprender el pueblo esta magnífica enseñanza? Sin duda alguna. No hay nada inasequible para el pueblo. El pueblo es una gran alma. ¿Habéis concurrido alguna vez día de fiesta a un espectáculo gratis?¿Qué pensáis de ese auditorio? ¿Conocéis alguno que sea más espontáneo y más inteligente? ¿Conocéis alguna conmoción, ni aun en las conmociones de las selvas, que sea más profunda? La corte de Versalles se admira de ver a un regimiento haciendo el ejercicio; en cambio, el pueblo se entusiasma locamente por lo bello. En el teatro se amontona, se prensa, se amalgama y se mezcla formando una masa que el poeta se encarga de modelar. La poderosa mano de Molière o de Corneille se imprime fácilmente en esta informe masa. ¿Pero de dónde procede y de dónde sale? Sale descalza y harapienta de la Courtille, de los Porcherons, de la Cunette, de los barrios inmundos, de las alcantarillas, de las cuadras. Pero sed respetuosos, que tal es el bloque humano.

La sala está llena, la inmensa multitud mira, escucha, ama; las conciencias conmovidas manifiestan el fuego que las anima; los ojos brillan; aquél es el monstruo de mil cabezas, la chusma de Burke (*the mob*), la *Plebs* de Tito Livio, la *Fex Urbis* de Cicerón, que gusta de lo bello y sonríe delicadamente como una doncella: que no hay delicadeza semejante a la de aquel monstruo. La muchedumbre tiembla, palpita, ruge, pero con incomparable pudor, porque la multitud es como las vírgenes. Y sin embargo, nada es fingido: aquella bestia no es bestia; tiene todos los tonos, desde la pasión basta la ironía y desde el sarcasmo hasta el suspiro. Su piedad es más que piedad, es misericordia. Allí se siente a Dios. Pero dejad que el montón de corazones y de entrañas se conmueva con la desconocida electricidad del abismo, dejad que se opere la transfiguración por el entusiasmo, y veréis la realidad de lo sublime; decid entonces que el enemigo está a las puertas y que la patria está en peligro, dad un grito a aquel populacho, y entonces, ¡ah! entonces es capaz de las Termópilas. ¿Quién hace estas metamorfosis sino la poesía?

Las muchedumbres se saturan fácilmente de ideal, y en esto consiste, su belleza. Aproximadlas como ellas desean al gran arte, y las veréis conmovidas. Ni un detalle pasa inadvertido a sus ojos. La multitud es una extensión líquida y viva en constante ondulación. Una masa es una sensitiva. El contacto con lo bello eriza la superficie, signo evidente de emoción. La multitud, como la hoja, tiembla con el misterioso y sagrado aliento de los abismos.

Y el hombre del pueblo, aunque no se encuentre confundido entre la multitud, es excelente espectador de las grandes obras, porque tiene inocente sencillez y sana curiosidad. La ignorancia es apetito. Su contacto con la Naturaleza predispone a la santa emoción de lo verdadero y a la secreta asimilación de lo bello. Al pueblo debemos todas las enseñanzas. Cuanto más divina sea la lumbrera, tanto más adecuada será para su alma sencilla. Quisiéramos ver establecida en las aldeas una cátedra en donde se explicase Homero a los campesinos.

VIII

El mal de la presente época consiste en que predomina la materia. De aquí que se observe cierta pesadez. Precisa infiltrar el ideal en el alma humana. Y ¿dónde acudiremos por él? Adonde lo haya. Los poetas, los filósofos y los pensadores son las urnas. El ideal está en Esquilo, en Isaías, en Juvenal, en Alighieri y en Shakespeare. Verted a todos ellos en el alma profunda del género humano.

Verted a Job, a Salomón, a Píndaro, a Ezequiel, a Sófocles, a Eurípides, a Heródoto, a Teócrito, a Plauto, a Lucrecio, a Virgilio, a Terencio, a Horacio, a Catulo, a Tácito, a San Pablo, a San Agustín, a Tertuliano, a Petrarca, a Pascal, a Wilton, a Descartes, a Corneille, a La Fontaine, a Montesquieu, a Diderot, a Rousseau, a Beaumarchais, a Sedaine, a Chénier, a Kant, a Byton, a Schiller; verted todas esas almas en el interior del hombre. Verted todos los espíritus, desde Esopo hasta Molière, y todas las inteligencias, desde Platón hasta Newton, y todas las enciclopedias, desde Aristóteles hasta Voltaire.

De esta suerte, curando la enfermedad pasajera, devolveréis para siempre la salud al género humano. Curaréis a la *bourgeoisie* y curaréis el pueblo.

Ya lo hemos dicho: después de la destrucción que ha redimido al mundo, vendrá la construcción que lo consolidará.

¡Qué hermosa obra! ¡Hacer pueblo!

Los principios combinados con la ciencia, toda la cantidad posible de absoluto introducida por grados en el hecho; la utopía, considerada en sus diversos modos de realización, ya por la economía política, o por la filosofía, o por la física, o por la química, o por la dinámica, o por la lógica, o por el arte; la unión sustituyendo paulatinamente al antagonismo, y la unidad sustituyendo a la unión; tener por religión a Dios, por sacerdote al padre, por oración la virtud, por campo la tierra, por lengua el verbo, por ley el derecho, por móvil el deber, por higiene el trabajo, por economía la paz, por proyecto la vida, por fin el progreso, por autoridad la libertad, y por pueblo al hombre; tal es la simplificación.

Y en la cima, el ideal.

El ideal, es decir, el tipo inmóvil del progreso en marcha. ¿De quién son los genios, ¡oh pueblo!, si no son tuyos? Ellos te pertenecen: son tus hijos y tus padres, pues que tú los engendras y ellos te enseñan. Ellos hacen la luz en el caos. Se alimentan de tu savia, y se han agitado en la matriz universal, en la humanidad. Cada una de tus fases tiene su encarnación. Pero hay que buscar el punto profundo en donde germinan, porque tú eres su vientre. ¡Misteriosa muchedumbre! ¡De tus entrañas salen los genios!

Por eso vuelven a ti.

El autor, Dios, ¡oh pueblo!, te los consagra.

Libro VI

Lo bello al servicio de lo verdadero

I

¡Genios! ¡Sed siempre útiles! ¡Servid siempre para algo! Nos os finjáis desengañados cuando se necesite de vuestro concurso. Bello es el arte por el arte, pero es más bello el arte por el progreso. Bueno os soñar en los ensueños, pero es mejor soñar en la utopía. ¿Os hace falta soñar? Pues soñad al hombre más perfecto, ¿Queréis soñar en algo? Pues soñad en el ideal. El profeta busca la soledad, mas no el aislamiento. Desenreda los hilos de la humanidad, enmarañados como en madeja en el interior de su alma, pero no los rompe. Va al desierto a pensar, y piensa en las muchedumbres. Allí no habla dirigiéndose a las selvas, sino a las ciudades: allí no ve cómo la hierba se pliega al viento, sino cómo se doblegan los hombres; y allí ruge, no contra los leones, sino contra los tiranos. «¡Malhaya tú, Acab! ¡Malhaya tú, Oseo! ¡Malhaya vosotros, reyes! ¡Malhaya vosotros, faraones!» Éste es el grito del gran solitario. Y en cuanto lo pronuncia, rompe a llorar.

¿Y por qué llora? Llora por el eterno cautiverio de Babilonia, que en otro tiempo sufrió Israel, y hoy sufren Polonia, Rumanía, Hungría y Venecia. El bueno y sombrío pensador vigila, asecha, escucha y mira con el oído puesto en el silencio y los ojos puestos en la noche, en actitud de arrojarse sobre los tiranos. Id y hablad del arte por el arte a este cenobita del ideal. Tiene un fin y a él se encamina consagrándose en alma y cuerpo: este fin es el mejor.

No se pertenece a sí mismo, sino a su apostolado. Tiene la misión altísima de poner en marcha al género humano, porque el genio no ha sido creado para el genio, sino para el hombre. El genio sobre la tierra es la viva manifestación de Dios. Dios se muestra cada vez que aparece una de las grandes obras maestras. La obra maestra es una variedad del milagro. De aquí que se haya tenido en todos los tiempos y en todos los pueblos tanta fe en los hombres divinos. Se engaña el que crea que negamos la divinidad de los cristos.

Al punto a que hemos llegado, la cuestión social ha de ser resuelta por el esfuerzo común. Las fuerzas aisladas se anulan: lo real y lo ideal son solidarios. El arte debe ayudar a la ciencia y ambas ruedas del progreso deben girar simultáneamente.

¡Valor! ¡Generación de nuevos talentos, nuevo grupo de escritores y poetas, legión de jóvenes, porvenir vivo de mi país, vuestros mayores os aman y os saludan! ¡Tengamos abnegación para realizar el bien, la verdad y la justicia, que la obra es buena!

Algunos amantes platónicos del arte, víctimas de una preocupación que tiene su dignidad y su nobleza, rechazan la fórmula *el arte por el progreso*, es decir, lo Bello-Útil, temiendo que lo útil deforme a lo bello. Figúraseles ver a la extremidad del brazo de la musa una mano de sirviente. El ideal, según ellos, puede extraviarse en contacto inmediato con la realidad. Temen por lo sublime si desciende hasta la humanidad. Pero ¡ah! los que tal piensan se equivocan. Lo útil no limita lo sublime, antes bien, lo agranda. La aplicación de lo sublime a las cosas humanas produce obras maestras inesperadas. Lo útil, considerado en sí mismo y como elemento de combinación con lo sublime, es de varios modos: hay lo útil de la ternura y lo útil de la indignación. En el primer caso, venga a los desgraciados creando la epopeya social; en el segundo, crea la sátira divina. Moisés entrega a Jesús la augusta vara con que hizo brotar agua de la roca y con ella arroja éste a los mercaderes del templo.

¡Cómo! ¿Había de amenguar el arte ganando en extensión? No. Un servicio más es una belleza más.

Pero se dice: consagrarse a la curación de las llagas sociales, rectificar los códigos, denunciar la ley al derecho, pronunciar las terribles palabras *presidio, calabozo, galera, prostituta,* inspeccionar los registros de inscripción de la policía, aminorar los gastos, distribuir convenientemente el salario y el descanso, probar el pan negro del pobre, buscar trabajo para las jornaleras, comparar el número de ociosos elegantes con el de perezoso pordioseros, cerrar las puertas a la ignorancia, abrir las escuelas, enseñar a leer a los niños, combatir la vergüenza, la infamia, la falta, el vicio, el crimen y la inconsciencia, predicar la multiplicación de los abecedarios, proclamar, la igualdad del sol, mejorar el alimento de las inteligencias y de los corazones, dar de beber y comer, pedir soluciones para los problemas y zapatos para los descalzos y otras cosas por este orden, no corresponden al cielo. ¡Sí! El arte es el cielo.

Pero es el cielo desde donde cae el rayo de sol que hincha el grano de trigo, que madura el maíz, que redondea la manzana, dora la naranja y endulza la uva. Me afirmo en ello: un servicio más es una belleza más.

¿Y en dónde está el decrecimiento? El madurar las remolachas, regar las patatas, hacer crecer la alfalfa, el trébol y el heno, colaborar con el labrador, el viñero o el hortelano, ¿quita al cielo ni una siquiera de sus estrellas? ¡Ah! La inmensidad no rechaza la utilidad. ¿Qué pierda con ello? ¿Acaso el misterioso fluido vital que llamamos magnético o eléctrico hace menos refulgentes los relámpagos en la profundidad de las nubes porque sirva de guía a la nave, conservando en perpetua dirección del Norte la diminuta aguja imantada? ¿Acaso es menos magnífica la aurora o tiene menos púrpura y menos esmeralda, o disminuye en majestad, en gracia y en brillantez, porque anticipándose a la sed del insecto deposita cuidadosamente en la flor la gota de rocío que necesita la abeja?

Se repite en todos los tonos: «¡Fuera la poesía social, y la poesía humana, y la poesía popular! ¡Fuera el murmurar contra el mal y para el bien! ¡Fuera el fomentar la pasión popular, y el insultar a los déspotas, y el desesperar a los tímidos, y el emancipar al hombre de menor edad, y el impulsar las almas hacia adelante y las tinieblas hacia atrás, y el repetir que hay ladrones y tiranos, y el mejorar los presidios, y el evitar la miseria pública! ¡Cómo! ¿Ha de consentir Polymnia en arremangarse los brazos para todo ese grosero trabajo?»

¿Y por qué no?

En sus tiempos fueron Homero geógrafo o historiador; Moisés legislador; Juvenal juez; el Dante teólogo; Shakespeare moralista, y Voltaire filósofo. No existe región alguna ni en la especulación ni en la experiencia que esté cerrada al espíritu humano. ¿Hay horizonte y hay alas? Pues hay derecho a remontar el vuelo.

En ciertos sublimes espíritus, volar es prestar un servicio. Siéntense los peregrinos en el desierto asfixiados y angustiados por horrible sed: pero de pronto ven en el horizonte, sobre uno de los pliegues formados por las arenas, un buitre remontándose en los aires, y toda la caravana exclama: «¡Corramos, que allí hay una fuente!»

¿Qué piensa Esquilo del arte por el arte? Si ha habido en el mundo un poeta que haya sido el poeta por excelencia, es Esquilo. Escuchad su contestación, dada en *Las ranas* de Aristófanes, verso 1.039:

«Desde el principio —habla Esquilo— el poeta ha prestado servicios al hombre. Orfeo enseñó el horror al asesinato; Museo los oráculos y la medicina; Hesíodo la agricultura, y el divino Homero, el heroísmo. Y yo, después de Homero, he cantado a Patrocles y Teucer, al corazón de león, para que todos los ciudadanos procuren imitar a los grandes hombres.»

Así como toda la mar es sal, toda la Biblia es poesía. Y su poesía habla de política cuando llega el caso. Ábrase el libro de Samuel, capítulo VIII. El pueblo judío pide un rey. «...Y el Eterno dijo a Samuel: "Oye la voz del pueblo en todo lo que te dijeren, porque no te han rechazado a ti, sino a mí, para que no reine sobre ellos. Oye su voz; pero protesta primero contra

ellos, declarándoles el derecho del rey que ha de reinar." Y dijo
Samuel todas las palabras del Eterno al pueblo que le había pe-
dido rey. Y dijo: "Estos serán los derechos del rey que hubiere
de reinar sobre vosotros: tomará vuestros hijos y los pondrá
en sus carros y en sus caballos para que corran delante de su
carro; tomará también vuestras hijas para que sean perfuma-
doras, cocineras y amasadoras; diezmará vuestras cosechas y
vuestras viñas, para darlas a sus eunucos y a sus siervos, y tomará vuestros siervos y vuestras siervas, y vuestros mancebos
y vuestros asnos, haciéndolos trabajar. Y clamaréis aquel día
a causa del rey que habréis elegido, y el Eterno no os escucha-
rá; seréis esclavos.» Samuel niega, por tanto, el derecho divino.
El Deuteronomio destruye el altar, el altar falso, se entiende.
«Demoleréis los altares de los falsos dioses y buscaréis a Dios
en donde está.» Esto es casi panteísmo. ¿Dejará de ser este libro
magnífico y soberano porque es unas veces democrático y otras
iconoclasta? Si no hay poesía en la Biblia, ¿en dónde la hay?

Pero se dice: la musa ha sido creada para cantar, para amar,
para creer y para orar, lo cual no es verdad más que a medias.
No es verdad que haya sido creada para cantar el vacío, para
amarse a sí misma, para creer en el dogma o para orar al ídolo,
pero sí lo es que ha sido creada para cantar el ideal, amar a la
humanidad, creer en el progreso y postrarse en oración ante el
infinito.

Tened cuidado, vosotros, los que trazáis círculos alrededor
del poeta, de no colocarlo fuera del hombre. El poeta está y
debe estar fuera del hombre por sus alas, por su vuelo inmenso,
por su brusca desaparición en las profundidades, pero a condición de que reaparezca. Debe partir para volver, debe tener alas
para el espacio y pies para la tierra, a fin de que le sea posible
volar, pero también andar. Después de salir del hombre, debe
volver a él. Que sea ángel, pero que sea también nuestro hermano. Que el astro de su pupila derrame una lágrima, y que esta
lágrima amargue como la de los hombres; sí, el poeta será humano y superhumano. Existir completamente fuera del hom-

bre no es existir. Enséñame, ¡oh genio!, las plantas de tus pies, para que vea que tienes en ellas, como yo, el polvo de la tierra.

Y si no tienes el polvo de la tierra y no has andado nunca por mi camino, ni tú me conoces ni yo te conozco. ¡Vete! Te creías un ángel y eres un pájaro.

El apoyo de los fuertes al débil, de los grandes a los pequeños, de los libres a los esclavos, de los pensadores a los ignorantes, del solitario a las muchedumbres, tal es la ley desde Isaías hasta Voltaire. El que no obedezca a esta ley podrá ser un genio, pero será un genio de lujo. Creerá purificarse no tocando las cosas de la tierra y se anulará. Será delicado, acaso exquisito, pero no será grande. Cualquier advenedizo que sea groseramente útil, pero al cabo útil, tendrá el derecho de preguntar viendo a este genio que para nada sirve: «¿Quién es ese holgazán?» Más valen los cántaros que van a la fuente, que las ánforas de puro ornato.

¡Sólo el que tiene abnegación es grande! Con ella se puede estar sereno en el infortunio y ser dichoso en la desgracia. No es el deber moral un mal hallazgo para el poeta. El deber tiene cierta severa semejanza con el ideal, y el cumplimiento del deber ha de ser aceptado: no se deben eludir las ocasiones de imitar a Catón. No, y mil veces no: no son objetos que merezcan desprecio la verdad, la honradez, la instrucción de las muchedumbres, la virtud varonil y la conciencia. La indignación y la ternura son la misma facultad mirada por los dos aspectos que presenta la miserable esclavitud humana: los que son capaces de tener odio son los únicos que pueden sentir amor. ¡Magnífico esfuerzo el de aquel que tienda a colocar al tirano en el nivel del esclavo! Una de las vertientes de la sociedad actual es tiranía y otra esclavitud. La reparación es difícil, pero se hará. Todos los pensadores se deben a este fin, y lo cumplirán. Ser servidor de Dios en el progreso y apóstol de Dios en el pueblo constituye la ley del desarrollo del genio.

II

Existen dos clases de poetas: el poeta de la inspiración y el poeta de la lógica; pero existe también un tercer poeta, compuesto de ambos, que corrige, completa, y resume ambos en una entidad más alta. Es decir, dos grandes figuras fundidas en una. Este tercer poeta es el más grande. Tiene la inspiración por cuanto obedece a su impulso, mas tiene la lógica por cuanto cumple el deber. El primero escribe El Cantar de los Cantares, el segundo El Levítico, el tercero Los Salmos y Las Profecías. El primero es Horacio, el segundo es Lucano, el tercero Juvenal. Y en otro sentido, el primero es Píndaro, el segundo Hesíodo y el tercero Homero.

No pierde la belleza por ser buena, ¿acaso el león es menos hermoso que el tigre por tener la facultad de enternecerse? Las quijadas que se abren para dejar el cachorro al abrigo de la madre, ¿afean en algo la majestad de las melenas? ¿Desaparece el verbo inmenso del rugido porque la horrible boca que lo produce haya acariciado y lamido a Androcles? El genio que no acudiera a prestar socorro sería deforme. Ser grande y no amar es ser monstruoso. ¡Sí, sí! ¡Amemos!

El amar no impide el agradar. ¿Dónde se ha visto que una forma del bien excluya la otra? Por el contrario, los diversos aspectos del bien se compenetran. Confesemos, sin embargo, que la existencia de una cualidad no supone necesariamente la otra; pero sería ciertamente absurdo que una cualidad diera por resultado una disminución. Ser útil es no más que ser útil; ser bello es no más que ser bello; pero ser útil y bello es ser sublime. Esto es lo que son San Pablo en el siglo I, Tácito y Juvenal en el II, el Dante en el XIII, Shakespeare en el XVI y Milton y Molière en el XVII.

Acabamos de recordar una frase que se ha hecho célebre: *el arte por el arte*. Conviene hacer a este propósito, y de una vez por todas, una declaración. Corre como muy válida, y sin duda con la mejor intención, la creencia de que la frase *el arte por el arte* ha sido escrita por el autor del presenta libro. No; no lo ha sido nunca. Léase cuanto hemos publicado, desde la primera hasta la última línea, y no se encontrarán las famosas palabras. Precisamente lo que nosotros hemos escrito en todas nuestras obras y lo que hemos sostenido durante toda la vida, es lo contrario de lo que la frase significa. ¿Y qué valor tiene la frase en sí misma? Expongamos el hecho, que está presente en la memoria de muchos contemporáneos. Un día, hace ya de esto treinta y cinco años, durante un debate sostenido entre críticos y poetas acerca de las tragedias de Voltaire, el autor de estas líneas interrumpió a uno, diciendo: «Esas tragedias no son la tragedia». Eso no son hombres que viven, sino sentencias que hablan. ¡Prefiero cien veces a eso *el arte por el arte*!». Esta frase, que fue interpretada, involuntariamente sin duda en un sentido que convenía a las exigencias de la polémica, ha tomado después, con gran sorpresa de su autor, las proporciones de una fórmula. De estas palabras, que versaban únicamente sobre la *Alzira* y *El huérfano de China*, es decir, sobre un punto concreto, se ha querido hacer una verdadera declaración de principios y un axioma que deba inscribirse en la bandera del Arte.

Aclarado ya este punto, prosigamos.

Entre un verso de Píndaro deificando a un cochero o glorificando los clavos de bronce de la rueda de un carro, y un aterrador verso de Arquíloquio, que si fuera leído por Jeffreys suspendería la ejecución de sus crímenes y se estrangularía en la horca levantada por él mismo para los hombres honrados, entre ambos versos, de idéntica belleza, yo prefiero, sin vacilar, el de Arquíloquio.

En los tiempos prehistóricos, cuando la poesía era fabulosa y legendaria, alcanzaba una grandeza verdaderamente colosal. ¿Cuál es la causa de su grandeza? La utilidad. Orfeo domestica las fieras; Amfión construye ciudades. El poeta es domador y arquitecto. Lino ayuda a Hércules y Museo a Dédalo; es decir, que lo primero que se encuentra en el verso es su fuerza civilizadora. Y la tradición concuerda con la razón: el buen sentido de los pueblos no se engaña nunca. Inventa fábulas, pero siempre en el sentido de la verdad. Todo es grande en aquellos lejanos tiempos. Pues bien; reconoced en Juvenal el poeta domador que admiráis en Orfeo.

Insistamos de nuevo en Juvenal. Pocos poetas han sido tan insultados, tan combatidos y tan calumniados como él. La calumnia contra Juvenal fue creada a tan largo plazo, que todavía dura. Una pluma la deja y otra la toma. Los grandes aborrecedores del mal son aborrecidos por todos los aduladores de la fuerza y el éxito. ¿Queréis saber quiénes son los que tratan de oscurecer la gloria de los grandes seres que toman a su cargo el castigo y la venganza? Pues son la turba de serviles sofistas, los escritores que se arrancan la piel con la rozadura de los collares, los historiógrafos matones, los escoliastas bien retribuidos, los cortesanos y los sectarios. Gruñen alrededor de las águilas. No hacen con gusto justicia a los justicieros y consiguen irritar a los señores e indignar a los lacayos. La indignación de la bajeza existe.

Por lo demás, es muy natural que los seres diminutos se ayuden mutuamente, y que Tiranión encuentre apoyo en Cesarión. En lugar de romper la férula el sátrapa, la rompen sus criados. Para estos casos se crea una corte de literatos y una pedagogía oficial. ¿Cómo han de consentir los infelices que alimentan los vicios, y los buenos de los príncipes que hacen todo género de iniquidades, y su alteza Rufino, y su majestad Claudio, y la augusta señora Mesalina, que da fiestas brillantísimas y pensiones de su bolsillo particular, y que dura y se perpetúa eternamente coronada, ya con el nombre de Teodora, o de Fredegunda, o de Inés, o de Margarita de Borgoña, o de Isabel de Baviera, o de Catalina de Médicis, o de Catalina de Rusia, o de Carolina de Nápoles, etc., etc.; cómo han de consentir, decimos, estos grandes señores, viva representación del crimen, y estas hermosas damas, viva representación de lo que hay de inmundo en la tierra, en el triunfo de Juvenal? No, ciertamente. ¡Guerra al látigo en nombre del cetro! ¡Guerra a la vara en

nombre de los mercaderes! Haced cortesanos, clientes, eunucos y escribas. Haced publicanos y fariseos, que no por eso dejara la República de aplaudir a Juvenal su obra, ni el templo de
agradecer a Jesús su servicio.

Isaías, Juvenal y el Dante son vírgenes. Miradlos cómo bajan la vista. Brota la luz de su severa pupila. Hay una especie
de castidad en la cólera que siente el justo contra el injusto. La
imprecación puede llegar a ser tan santa como el Hosanna. La
indignación, la honrada indignación, tiene la pureza de la virtud. Tan blanca es la espuma como la nieve.

III

Toda la historia confirma la colaboración del arte con el
progreso. *Dictus ob hoc lenire tigres.* El ritmo es un poder que no
fue desconocido en la Edad Media ni en la antigüedad. La segunda barbarie, o sea la barbarie feudal, temió la fuerza del
verso. Los barones, que seguramente no pecaban de tímidos,
comparecían temblando delante del poeta, *temerosos de cantar una
mala canción.* Este desconocido encarnaba el espíritu de la civilización. Los viejos y ensangrentados torreones abren sus salvajes ojos y presienten la oscuridad: atorméntales la inquietud.
El feudalismo se estremece y el antro se agita. Los dragones y
las hidras buscan nuevos sitios en que vivir, porque allí están
bajo el influjo de un dios invisible.

Es curioso consignar el poder que ejerce la poesía en países ferozmente salvajes, particularmente en Inglaterra, en los
lejanos tiempos del feudalismo *penitus toto divisos orbe Britannos.*
La leyenda, que es una forma de la historia tan verdadera y
tan falsa como otra cualquiera, cuenta que, gracias a la poesía,
Colgrim, estando sitiado por los bretones, fue socorrido en
York por su hermano Bardulfo el Sajón; que gracias a ella, el
rey Awlof penetré en el campo de Athelstan; que Werburgh,
príncipe de Northumbre, fue rescatado por los galos, de cuyo

hecho proviene la divisa céltica del príncipe de Gales, *Ich dien*; que Alfredo, rey de Inglaterra, triunfó de Gitro, rey de los daneses, y que Ricardo Corazón de León pudo salir de la prisión de Losenstein. Y por último, cuenta también que Ranulfo, conde de Chester, atacado en su castillo de Rhothelan, fue salvado por la intervención de los trovadores, hecho que se recordaba todavía en el reinado de Isabel con el privilegio de que gozaban los trovadores patrocinados por los lores de Dalton.

El poeta tenía derecho a reconvenir y amonestar. En 1316, el día de Pascua de Pentecostés, estando Eduardo II sentado a la mesa en el salón del palacio de Westminster, en compañía de los pares de Inglaterra, penetró hasta allí a caballo una trovadora, dio la vuelta, saludó a Eduardo II, predijo al favorito Spencer que sería castrado por mano del verdugo, y al rey que serían abrasadas sus entrañas con un hierro candente; dejó sobre la mesa delante del rey un papel escrito y se marchó sin que nadie dijese nada. Los trovadores gozaban en las fiestas públicas de más consideraciones que los sacerdotes; se colocaban siempre en sitio de preferencia. En la fiesta de la Santa Cruz, en Abigdon, cada uno de los doce sacerdotes recibía cuatro peniques, mientras que cada uno de los doce trovadores recibía dos chelines. En el priorato de Maxtoke era costumbre que los doce trovadores cenasen reunidos en la sala Pintada, alumbrada por ocho grandes hachones de cera.

A medida que se avanza hacia el Norte, parece que con las brumas se agrandan los poetas. En Escocia son enormes. Si hay algo que sobrepuje a la leyenda de los rapsodas, es seguramente la leyenda de los escaldas. Cuando se aproximó Eduardo a Inglaterra, los bardos resistieron en Stirling como los trescientos de Esparta y tuvieron sus Termópilas iguales a las de Leónidas. Ossian, verdadero y real, ha tenido un plagiario, lo cual no es raro; pero este plagiario ha hecho más que robar la obra, la ha hecho insípida. Conocer Fingal por Macpherson, es como si se conociese Amadís por Tressan. Enséñase en Staffa la piedra del Poeta, *Clachan an Bairdh*, llamada así según muchos anticuarios antes de que Walter Scott visitase las Hébridas. La gran silla del Bardo, inmensa roca hundida, como si ofreciera asiento a un gigante, existe a la entrada de la gruta. En derredor de ella las olas y las nubes; detrás del *Clachan an Bairdh* se apiña la geometría sobrehumana de los prismas basálticos, la confusión de las columnas y las olas y todos los misterios del maravilloso edificio. La gruta de Fingal se prolonga a uno de los lados de la silla del Poeta; el mar se estrella antes de entrar bajo este techo terrible. Durante la noche parece verse en la silla una figura en actitud de meditar. *Es el fantasma*, dicen los pescadores de la tribu de los Macinnous. Nadie se atrevería a subir, aun en pleno día, hasta el horrible asiento, porque a la idea de la piedra va unida la idea del sepulcro. Nadie más que el misterioso ser de las sombras puede sentarse en la silla de granito.

IV

Pensar es poder.

Y poder es deber. ¿Ha de descansar el poder y cerrar los ojos el deber, o arrojar sus armas el arte en el siglo en que vivimos? No; ahora menos que nunca. Gracias a 1789, la caravana humana ha llegado a una alta llanura, y como desde ella descubre más anchos horizontes, es más augusta la misión del arte. A esto se reduce todo. A mayor dilatación de horizonte corresponde mayor dilatación de conciencia.

No hemos llegado al término de nuestro camino. Están todavía lejanos los tiempos en que la concordia se condense en felicidad y la civilización se resuma en armonía. La realización de estos sueños se consideraba tan distante en el siglo XVIII, que se creía culpables a aquellos que los tenían; el abate de Saint-Pierre fue expulsado de la Academia porque los tuvo. La expulsión parece un poco severa en una época en que el gusto por lo pastoril invadió hasta Fontenelle, y en que Saint-Lambert inventó el idilio para la nobleza. El abate de Saint-Pierre murió dejando tras de sí una palabra y un sueño; la palabra es suya: *Beneficencia*; el sueño es de todos nosotros: *Fraternidad*. Este sueño, que hacía echar espumarajos por la boca al cardenal de Polignac y sonreír a Voltaire, y que antes se veía entre las brumas de lo improbable, se nos ha acercado algo, pero no tanto que lo podamos tocar. Los pueblos, como huérfanos que buscan a su madre, no tienen todavía asegurada la paz.

Queda, por desgracia, alrededor nuestro suficiente cantidad de esclavitud, de sofisma, de guerra y de muerte, que oprime el espíritu de la civilización. No se ha disipado por completo el derecho divino. Aún flota en nuestra atmósfera lo que han sido Fernando VII en España, Fernando II en Nápoles, Jorge IV en Inglaterra y Nicolás en Rusia. Todavía se agitan sobre nuestras cabezas los restos de los espectros, formando horrible nube, desde donde bajan inspiraciones que sumergen en siniestra meditación a ciertas testas coronadas. La civilización no ha concluido todavía con los generosos dispensadores de constituciones, con los propietarios de los pueblos y con los alucinados legítimos y hereditarios que se llaman majestades por la gracia de Dios y se creen con derecho a esclavizar al género humano. Es fuerza combatir el pasado y oponer grandes obstáculos a los hombres, a los dogmas y a las quimeras que se obstinan en vivir. La inteligencia, el pensamiento, la ciencia, el arte, deben vigilar constantemente para que no se reproduzcan los errores. Los falsos derechos suelen poner en movimiento verdaderos ejércitos. «En el horizonte hay Polonias acuchilladas. Toda mi preocupación —decía un poeta contemporáneo muerto hace poco— se reduce al humo de mi cigarro.» A mí también me preocupa el humo, pero es el humo de las ciudades que arden a lo lejos. Combatamos, pues, contra los señores de la tierra en la medida de nuestras fuerzas.

Volvamos a dar, pero con alteza de miras, la lección de lo justo y lo injusto, del derecho y la usurpación, del juramento y el perjurio, del bien y el mal, del *fas et nefas*; mostremos todas nuestras antiguas antítesis, como ellos dicen. Contrastemos lo que debe ser con lo que es. Hagamos la luz en todas las cosas. Los que tengan luz que la traigan. Opongamos dogma a dogma, principio a principio, la energía a la terquedad, la verdad a la impostura, sueño a sueño, el sueño del porvenir al sueño del pasado y la libertad al despotismo. El día en que podamos reírnos del *Decamerón* de Bocaccio teniendo el sereno azul del cielo sobre nuestras cabezas, y el día en que la soberanía del rey sea exactamente de las mismas dimensiones que la libertad de un hombre, podremos concluir de fumar tranquila y descansadamente el cigarro del poeta. Pero hasta entonces durmamos poco, que no estamos completamente seguros.

Colocad centinelas en todas partes. No esperéis la libertad de los déspotas. Redimíos, Polonias, dondequiera que os halléis, con vuestro propio esfuerzo; arrancad los secretos del porvenir con vuestras propias manos. No esperéis que vuestras cadenas se truequen por sí mismas en llaves de la libertad. ¡Valor, hijos de la patria! ¡Campesinos de las estepas, levantaos! Tened bastante fe en las buenas intenciones de los zares ortodoxos para empuñar las armas. Las hipocresías y las apologías son un lazo y un peligro más.

Vivimos en un tiempo en que algunos oradores pronuncian discursos alabando la magnanimidad de los osos blancos y la ternura de las panteras. Ved lo que pasa ante nuestros ojos: se inaugura una era de protección paternal, ábrese un período de felicidad, hay amnistías, clemencias y grandezas de alma: ya es imposible dejar de creer que marchamos con nuestro siglo. El imperio nos abre sus brazos augustos; pues unámonos al imperio. Observad la Moscovia, la felicidad de sus siervos, el agua de sus ríos convertida en blanquísima leche, la prosperidad y la libertad que allí se goza y el arrepentimiento de los bondadosos reyes por los hechos pasados. «¡Ven, ven —dicen, dirigiéndose al pueblo—; no tengas miedo!» Pero a nosotros, confesamos nuestra debilidad, no nos inspiran confianza las glándulas lacrimales de los cocodrilos.

Las deformidades públicas actuales imponen a la conciencia del pensador, ya sea filosofo o poeta, obligaciones austeras. Frente a frente de la corrupción debe ponerse la incorruptibilidad. Hoy más que nunca es necesario mostrar a los hombres el ideal, el espejo divino en que se refleja la faz de Dios.

V

Existen en literatura y en filosofía escritores risueños y tristes; Heráclitos disfrazados de Demócritos; grandes hombres como Voltaire, que siendo viva encarnación de la ironía, conservan cierta gravedad, que en ocasiones es trágica.

Estos hombres hablan con doble sentido bajo la presión de los poderes constituidos y las preocupaciones de su tiempo. Uno de los más profundos es Bayle, el hombre de Rotterdam, el poderoso pensador. Cuando Bayle escribe con admirable sangre fría la máxima «Mejor es amenguar la gracia de un pensamiento que irritar a un tirano», asoma la sonrisa a mis labios, porque conozco al hombre: pienso en el perseguido casi proscrito, y en que acaso tal afirmación fue hecha para producir en nosotros la comezón de combatirla. Mas cuando habla un poeta, y un poeta que vive en plena libertad, rico, dichoso, próspero hasta ser inviolable, hay derecho a esperar afirmaciones categóricas, francas, saludables, y no lo hay a esperar actos que se asemejen a deserciones de la conciencia. Sube el rubor a las mejillas cuando se leen palabras como las siguientes: «Aquí en la tierra que cada cual se ocupe en tiempo de paz en barrer delante de su puerta, y en tiempo de guerra en reconciliar al vencido con la tropa.» «Merecen ser puestos en cruz los que sienten entusiasmos a los treinta años. En cuanto conocen el mundo, los inocentes se hacen bribones.» «¿Qué utilidad, qué frutos, qué ventajas os ofrece la santa libertad de la prensa? La demostración exacta está en el desprecio profundo bacía la opinión pública.» «Hay hombres que tienen la manía de luchar contra todo lo grande:

éstos son los que han combatido la Santa Alianza, y sin embargo, no se ha imaginado nada que sea tan augusto ni tan beneficioso a la humanidad.» Estas líneas, que rebajan al que las ha escrito, llevan la firma de Goethe. Cuando las escribió tenía sesenta años. Llevar la indiferencia por el bien o por el mal hasta ese punto produce esos resultados. La lección es ciertamente muy triste. El espectáculo es desconsolador, porque en el caso presente el *ilota* es un genio.

En ciertos momentos una cita es una difamación. Si mostramos al público esas frases verdaderamente tristes, es en cumplimiento de nuestro deber. Goethe es el que las ha escrito. Ténganse en la memoria y que ningún poeta caiga en falta.

Ser entusiasta por lo bueno, lo verdadero y lo justo; sufrir con los que sufren; sentir en el alma los golpes que los verdugos descargan sobre carnes humanas; ser flagelado en el Cristo y fustigado en el negro; insistir en las santas ideas aun cuando sea con la balbuciente voz de la lamentación en los labios; escalar, como el titán, la agreste cima en donde Pedro y César hacen fraternizar sus espadas, *gladium gladio copulemus*; confundir en el escalamiento la Ossa del ideal con el Pelión de lo real; distribuir a manos llenas la esperanza; utilizar la ubicuidad del libro para llevar a todas partes un pensamiento de consuelo, empujar hacia el porvenir a hombres, mujeres, niños, blancos, negros, pueblos, verdugos, tiranos, víctimas, impostores, ignorantes, proletarios, siervos, esclavos y señores, para que caigan los unos en el precipicio y los otros en la libertad; ir, vigilar, marchar, apresurar, correr, pensar y desearlo todo con desinterés, eso es el bien. La obra es digna del poeta. Lo que en ella pierde en sosiego lo ganamos en ira. ¡Venid, huracanes, a agitar mis alas!

Durante los últimos años ha habido un corto período en que se recomendaba a los poetas, como una condición divina, la impasibilidad. Ser indiferente se estimaba lo mismo que ser olímpico. Ignoramos quién hizo el descubrimiento. No sería Homero, porque los seres olímpicos de Homero son la pasión. Su divinidad es la humanidad infinita. Su vida es el combate:

ármase el uno del arco, otro de la lanza, esotro de la espada, el de aquí de la maza, el de allá del rayo. Uno hay que obliga a los leopardos a que le arrastren. Otro, la Sabiduría, corta la cabeza a la Noche erizada de serpientes, clavándola después en su escudo. Tal es la calma de los seres olímpicos. Su cólera hace rodar los truenos de un extremo a otro de la *Ilíada* y la *Odisea*.

Y las cóleras, cuando son justas, son bondadosas. El poeta que las siente es el verdadero poeta olímpico. Juvenal, el Dante, Agrippa d'Aubigné y Milton las sintieron. Y también Molière. El alma de Alcestes despide por todos lados el relámpago de los «odios vigorosos». En el sentido del odio hacia el mal, dijo Jesús: *He venido a traer la guerra.*

Me gusta ver indignado a Estesichore impidiendo la alianza de Grecia con Falaris y golpeando con su lira al toro de bronce.

Cuando Luis XIV estaba enfermo, dispensaba a Racine el honor de que durmiese en su mismo cuarto, haciendo del poeta una especie de mancebo de botica; esto es proteger las letras; no pedía más a las grandes inteligencias; imaginando sin duda que no necesitaban mayor horizonte que el de su alcoba. Ocurriole un día a Racine, instigado tal vez por madame de Maintenon, salir de la cámara regia, tender la vista por las buhardillas en que habita el pueblo, y de aquí nació su *Memoria sobre la miseria pública.* Luis XIV dirigió a Racine una mirada mortal. Los poetas no sirven para cortesanos, ni siquiera para ser galantes con las queridas del rey. Racine, a poco, por sugestiones de madame de Maintenon, fue despedido de la corte. Este hecho le ocasionó la muerte. Voltaire, por insinuación de madame de Pompadour, se aventuró a escribir un madrigal, con tan poca habilidad, a lo que parece, que poco después salía desterrado de Francia; pero Voltaire no murió. Al leer Luis XV el madrigal (*et gardez tous deux vos conquêtes*) exclamó: *¡Qué bruto es ese Voltaire!*

Hace algunos años, «una pluma muy autorizada», como ahora se dice en la jerga académica y oficial, escribía lo siguiente: «El mayor servicio que pueden prestar los poetas es el de ser completamente inútiles. Es todo cuanto les pedimos». Nótese la extensión y el alcance de la frase «los poetas», que comprende a Lino, Museo, Orfeo, Homero, Job, Hesíodo, Moisés, Daniel, Amós, Ezequiel, Isaías, Jeremías, Esopo, David, Salomón, Esquilo, Sófocles, Eurípides, Píndaro, Arquiloquio, Tirteo, Estesichore, Menandro, Platón, Asclepiades, Pitágoras, Anacreonte, Teócrito, Lucrecio, Plauto, Terencio, Virgilio, Horacio, Catulo, Juvenal, Apuleyo, Lucano, Persio, Tibulo, Séneca, Petrarca, Ossian, Saadi, Ferdousi, el Dante, Cervantes, Calderón, Lope de Vega, Chaucer, Shakespeare, Camoens, Marot, Ronsard, Reginier, Agrippa d'Aubigné, Malherbe, Segrais, Racan, Milton, Pierre Corneille, Molière, Racine, Boileau, La Fontaine, Fontenelle, Regnard, Lesage, Swift, Voltaire, Diderot, Beaumarchais, Sedaine, Rousseau, Chénier, Klopstock, Lessing, Wieland, Schiller, Goethe, Hoffman, Alfieri, Chateaubriand, Byron, Shelley, Woodsworth, Burns, Walter Scott, Balzac, Musset, Béranger, Pellico, Vigny, Dumas, George Sand y Lamartine, los cuales, según las declaraciones del oráculo, «no sirven para nada» y son de absoluta inutilidad.

La frase «hizo fortuna» y corrió de boca en boca. Ahora es ocasión y la repetimos. Cuando al aplomo de un idiota llega a tales proporciones, merece que se levante acta. El escritor que inventó el aforismo es, según noticias, uno de los más encumbrados personajes de nuestros días. No hacemos la menor objeción. Las grandezas no disminuyen el tamaño de las orejas.

La mañana del día en que ocurrió la batalla de Actium, encontró Octavio Augusto un asno al cual llamaba su amo con el nombre de *Triumphus*; este Triumphus, dotado de la facultad de rebuznar, le pareció de buen augurio; Octavio Augusto ganó la batalla, se acordó de Triumphus, lo mandó esculpir en bronce y lo colocó en el Capitolio. Hizo un asno capitolino; pero no por eso dejó de ser asno.

Compréndese que los reyes digan al poeta: *Sé inútil*; pero no se concibe que los pueblos lo digan. Porque el poeta es para el pueblo. *Pro populo poeta*, que decía Agrippa d'Aubigné. *Todo es de todos*, exclamaba San Pablo.

Un genio es un ser destinado a dar alimento a las almas. El poeta es a la vez la amenaza y la promesa. La inquietud que causa en los opresores y consuela a los oprimidos. Él es quien vaga en derredor del lecho purpúreo de los verdugos interrumpiéndoles el sueño: así es que a veces se levantan los tiranos diciendo: «He dormido mal». Las esclavitudes, las opresiones, los dolores, los infortunios, las miserias, el hambre y la sed, tienen derecho a la atención del poeta, del cual es acreedor el género humano.

El prestar grandes servicios no amengua en nada la grandeza del poeta. Porque en ocasiones, fiel a su deber, se haga eco del grito de un pueblo o porque comprima en su pecho el suspiro de la humanidad, no se ha de decir por eso que no vibren en él las voces del misterio. Habla en voz alta, pero también en voz baja, llegando a ser el confidente y aun el confesor de los corazones. Participa de la felicidad con los que aman, de las ilusiones con los que sueñan, de las esperanzas con los que suspiran y del dulce éxtasis del amor con los enamorados. Los amorosos versos de Andrea Chénier pueden ponerse sin esfuerzo al lado del iracundo yambo que dice: «¡Y tú, virtud, llora si yo muero!» ¡Tan sólo al poeta le es dado producir sonidos que igualen al áspero trueno y al imperceptible cuchicheo! Tan sólo él iguala a la Naturaleza en rugir como la tempestad y en murmurar suavemente como las hojas de los árboles! Viene al mundo para ejercer una doble función, una individual y otra pública, necesitando para ellas, por decirlo así, dos almas.

Ennius decía: «Yo tengo tres almas. Una osca, otra griega y otra latina». Verdad es que con esto sólo aludía al punto de su nacimiento, al punto de su educación y al punto de su vida de ciudadano, y que, por otra parte, Ennius no era más que un bosquejo de poeta, inmenso, pero informe.

Es imposible que sea poeta el que no tenga una gran actividad espiritual, que sea como la resultante de la conciencia. Las leyes morales antiguas deben ser consignadas, y las leyes morales modernas deben ser reveladas: para que coincidan ambas series es necesario un gigantesco esfuerzo. Y éste es el esfuerzo que incumbe al poeta. A cada paso se ve precisado a ejercer la función del filósofo, y a defender, por tanto, cuando se ve amenazada, ya la libertad del espíritu, ya la libertad del corazón, que tan sagrado es el amor como el pensamiento. Y nada de esto es el Arte por el Arte.

Y el poeta viene a confundirse entre los vivos para domar, como en el antiguo Orfeo, los malos instintos, es decir, los tigres que están en el interior del hombre; y como el legendario Amfión, a remover las piedras, esto es, los prejuicios y las supersticiones, a poner en movimiento masas nuevas, a rehacer los fundamentos y las bases y a reconstruir la ciudad, o lo que es igual, la sociedad.

Es una proposición ridícula afirmar que la prestación de un servicio, el cooperar a la civilización, supone necesariamente pérdida de belleza en la poesía y de dignidad en el poeta. El arte, cuando es útil, conserva y aumenta sus gracias, sus encantos y sus prestigios. Ni Esquilo se ha achicado porque el arte haya sido útil en *Prometeo*, es decir, en el hombre-progreso martirizado en el Cáucaso y roído en vida por la fuerza y por el odio; ni Lucrecio ha disminuido porque haya desatado las ligaduras de la idolatría, ni porque haya arrancado al pensamiento humano las vendas de las religiones que le oprimían, *artis nodis relligionum*; ni rebajan a Isaías las marcas que haya hecho a los tiranos con el hierro candente de sus profecías; ni la defensa de su patria amengua a Tirteo. No se degrada lo bello por servir a la libertad y al mejoramiento de las muchedumbres. Es digna conclusión de una estrofa un pueblo que viva en la libertad. La utilidad sirviendo a la patria o a la Revolución no rebaja en un ápice el valor de la poesía. ¡No! El que las abruptas escarpaduras hayan sido testigos del terrible juramento de tres campesinos que hacen libre a Suiza, no es motivo para que el inmenso Grütli deje de ser, al caer la noche, una elevadísima y serena mole cuajada de rebaños, en donde se pierde el eco que producen mil campanas invisibles bajo el claro cielo del crepúsculo.

Conclusión

Libro I

Después de la muerte.
Shakespeare. Inglaterra

I

En 1784 tenía Bonaparte quince años. Acababa de llegar a la Escuela Militar de París, procedente de Briena, en compañía de un religioso mínimo: subió ciento setenta y tres escalones cargado con su maletilla, hasta llegar al aposento que se le había destinado para habitación. El cuarto tenía dos camas y recibía la luz por un ventanillo que daba al anchuroso patio de la Escuela. Las paredes estaban blanqueadas con cal, aunque no muy limpias: los alumnos predecesores de Bonaparte se habían entretenido en emborronar con carbón las siguientes cuatro inscripciones, que el recién llegado leyó, y que nosotros mismos tuvimos ocasión de ver hace treinta y cinco años: «Cuesta mucho trabajo ganar una charretera.» De Montgiwray. «El día más hermoso de la vida es el día de una batalla.» El vizconde de Tinteniac. «La vida no es más que una continua farsa.» El caballero Adolfo Delmas. «Todo acaba bajo seis pies de tierra.» El conde de la Villette. Si donde decía «una charretera» se hubiera puesto «un imperio», sin ser grande la alteración, se habría puesto en cuatro palabras todo el destino de Bonaparte, y una especie de *Mane, Thecel, Fhares*, escrito de antemano sobre aquella pared. El menor de los Desmazis, que fue su compañero de habitación y el que ocupaba la otra cama, le vio coger un lápiz —el mismo Desmazis lo refiere— y dibujar por bajo de las inscripciones que acababa de leer un boceto representando su casa de Ajaccio, y al lado de la casa, sin pensar tal vez que se aproximaba a la isla de Córcega, otra misteriosa isla oculta entonces en el profundo porvenir, escribiendo la última de las cuatro sentencias: «Todo concluye bajo seis pies de tierra».

Bonaparte tenía razón. Para el héroe, para el soldado, para el hombre del hecho y de la materia, todo acaba bajo seis pies de tierra; mas para el hombre de la idea, todo empieza allí.

La muerte es una fuerza.

Para quien no ha tenido más actividad que la del espíritu, la tumba es la eliminación del obstáculo. Haber muerto es llegar a ser omnipotente.

El hombre de guerra es un ser temible: cuando él habla la tierra calla, *siliut*: lleva el exterminio en el gesto, millones de hombres, muchos de ellos desalmados, se apiñan siguiéndole en espantosa gritería; no es un hombre, es un conquistador, un capitán, un rey de reyes, un emperador; es una brillante corona de laureles que pasa despidiendo relámpagos y dejando entrever bajo sus hojas a la luz sideral, el indefinido perfil de un César: la visión es magnífica y terrible; pero viene una inflamación al hígado o una desolladura del píloro, y todo concluye bajo seis pies de tierra. El espectro solar se desvanece. La tumultuosa vida cae en una fosa, y el género humano prosigue su camino, dejando tras de sí aquella nada. Si el hombre-tempestad quebranta con fortuna a los pueblos, como Alejandro la India, Carlomagno la Escandinavia y Bonaparte la vieja Europa, lega a la posteridad ese recuerdo. Pero cuando pasa por el mundo un cualquiera que ha reflejado en su frente el ideal, cuando un pobre miserable como Homero deja caer en la oscuridad una palabra y después desaparece, la palabra se ilumina en la sombra y se hace estrella.

Un vencido, expulsado de una a otra población, se llama Dante Alighieri; un expatriado se llama Esquilo; un prisionero se llama Ezequiel. Fijad bien la atención en todo esto. El cautivo tiene alas como Miguel de Cervantes. ¿Sabéis quiénes son aquellos que van delante de vosotros? Uno es un enfermo, Tirteo; otro un esclavo, Plauto; el otro un desgraciado, Spinoza: el otro un criado, Rousseau. Pues esa humildad, esa desgracia, esa servidumbre y esa debilidad son la fuerza. Pero la fuerza suprema: el espíritu.

El espíritu es siempre el espíritu, ya esté en un estercolero como Job, ya bajo la amenaza de un palo como Epicteto, o bajo el desprecio como Molière. El califa Almanzor hace que el pueblo escupa al rostro de Averroes a la puerta de la mezquita de Córdoba; el duque de York escupe en persona a la cara de Milton; un Rohan, casi príncipe, *no soy duque, que soy Rohan*, intenta matar a Voltaire a palos; se destierra a Descartes de Francia a cuenta de Aristóteles; el Tasso paga con veinte años de calabozo un beso dado a una princesa; Luis XV encierra a Diderot en Viscennes; pero estos son incidentes. ¿No son acaso necesarias las nubes? Las apariencias que se tomaban como realidades, los príncipes y los reyes, se disipan, y no queda más que lo que debe quedar, el espíritu humano de una parte y los espíritus divinos de otra; esto es la verdadera obra y los verdaderos obreros, la sociabilidad completándose y fecundándose, la ciencia indagando la verdad, el arte creando lo bello, la sed de pensamiento, que es a la vez el tormento y la dicha del hombre, y la vida inferior aspirando a la vida superior. Es forzoso abordar las cuestiones reales, el progreso en la inteligencia y por la inteligencia. Necesítase el concurso de los poetas, de los profetas, de los filósofos y de los pensadores. Se echa ya de ver que la filosofía es alimento y la poesía necesidad. Hace falta otro pan además del pan. Si renunciáis a los poetas, renunciáis a la civilización. Ha llegado la hora en que el género humano cuente con el histrión Shakespeare y el mendigo Isaías. Cuanto más invisibles parecen, más presentes los tenemos. Esos seres viven después de muertos.

¿Cómo vivieron? ¿Qué fueron? ¿Qué sabemos de ellos? Algunas veces muy poco, como ocurre con Shakespeare, y otras

nada, como acontece con los que pertenecen a las edades antiguas. ¿He existido Job? ¿Homero es uno o varios? Meziriac
dice que Esopo fue hombre derecho, y Planudo que fue joroba-
do. ¿Será verdad que el profeta Oseo, para demostrar el amor a
su infame y oprobiosa patria, se casó con una prostituta, y que
puso a sus hijos los nombres de Duelo, Hambre, Vergüenza,
Peste y Miseria? ¿Será verdad que deba dividirse en dos la cuna
de Hesíodo, entre Cumes en la Eólida, en donde se supone que
nació, y Ascra en Beocia, en donde se creo que se educó? Vele-
yo Paterculus asegura que vivió ciento veinte años después de
Homero, y Quintiliano dice que fue contemporáneo. ¿Cuál de
los dos está en lo cierto? No importa saberlo: los poetas murieron, pero su pensamiento vive y reina. Porque fueron, son.

Más hacen hoy entre nosotros que cuando vivían. Aquéllos,
pasaron y descansan, pero los genios muertos trabajan.

Y trabajan en nuestros espíritus, elaborando así la civilización. ¡Todo concluye bajo seis pies de tierra! No. Todo comienza y germina, y brota y sale de ahí. Esas máximas son buenas
para vosotros, los hombres de espada al cinto.

En hora buena que desaparezcáis y os pudráis.

En vida, el brillo, las armaduras, los tambores y las trom-
petas, las panoplias, las banderas desplegadas al viento y el
estrépito, ilusionan los sentidos de las multitudes, que sienten
admiración por todo eso porque creen que tiene grandeza. Las
aclamaciones pertenecen al que lleva el casco, o la coraza, o el
cinturón, o lujosos y brillantes atavíos. Pero cuando llega la
hora de la muerte se ven las diferencias. Juvenal puede colocar
a Aníbal fácilmente en la palma de la mano.

No es el César, sino el pensador el que puede decir al exhalar
el último suspiro: *Deus fio*. Mientras es hombre se interpone la
carne entre sus semejantes y él, que la carne es la nube del genio.
Pero llega la muerte, la hora en que se hace la luz inmensa, y se
destaca la figura a la vivísima claridad de la aurora. A mayor
cantidad de carne, corresponde mayor cantidad de materia y de
sombra. Lo que era en él desconocido se manifiesta en todo su

esplendor. Para que un espíritu irradie toda la luz, es necesario que muera. El género humano comienza a deslumbrarse cuando lo que era genio se convierte en alma. No hay fuerzas que resistan un libro que tenga algo de fantasma.

El que vive en el mundo no parece desinteresado. Hace nacer desconfianzas, porque se le trata y se le conoce. Ser un sujeto vivo y al mismo tiempo un hombre genial es demasiado. Agítase como vosotros, camina por la tierra, pesa, perturba y estorba. Parece que hay cierta importunidad en el que tiene demasiada presencia. Los demás hombres no le consideran como un semejante ni lo quieren bien. Porque ¿quién es el ser privilegiado? Un funcionario a quien no se puede destituir. La persecución lo eleva y la decapitación lo corona. No hay armas contra él. Está sujeto a responsabilidad, mas no ante vosotros. Tiene sus instrucciones, y lo que ejecuta puede ser discutido, pero no modificado. Parece que alguien que no es el hombre le encarga el cumplimiento de una misión. Y por lo general, estas excepciones disgustan. De aquí que tenga más silbidos que aplausos.

Pero en cuanto muere, cesa de causar molestias, y la silba acaba. Cuando vivía era un competidor; muerto, pasa a ser un bienhechor, convirtiéndose, según la frase feliz de Lebrun refiriéndose a Montesquieu, en *el hombre irreparable*. Boileau, aludiendo a Molière, también lo dice: *Antes de que un puñado de tierra...* etc. El puñado de tierra engrandeció igualmente la figura de Voltaire. Voltaire, que ya era grande en el siglo XVIII, es más grande todavía en el siglo XIX. La fosa es un crisol, y el puñado de tierra que se arroja en ella criba los nombres, purificándolos. La gloria de Voltaire ha perdido lo que tenía de falso, conservando lo verdadero. Y perder lo falso equivale a ganar. Voltaire ha dejado de ser el poeta lírico, y el poeta cómico, y el poeta trágico; es el crítico indignado y compasivo del Antiguo Régimen; es el reformador clemente de las costumbres; es el hombre que dulcifica la vida de sus semejantes. Voltaire disminuye como poeta, pero se agranda como apóstol, por haber hecho más obras buenas que obras bellas. Los que, como el Dante y Shakespeare, han realizado lo bello, superan a Voltaire, porque el bien está contenido en lo bello; pero aun estando por bajo del poeta, el lugar del filósofo está muy alto, y Voltaire es el filósofo. Voltaire es el sentido común golpeando sin cesar. Exceptuando en literatura, es buen juez en todo. Digan lo que quieran sus detractores, Voltaire fue casi adorado en vida; hoy se le admira con pleno conocimiento de causa. El siglo XVIII vio su inteligencia; nosotros vemos su alma. Federico II, que acostumbraba a burlarse de él, escribía a D'Alembert:

«Voltaire hace reír. El presente siglo se parece a las antiguas cortes en que tiene un loco, que es Arouet.»

Este loco era el sabio de su siglo.

Tales son los efectos que produce la tumba en las grandes inteligencias. Entran en el misterio, dejando tras de sí una estela luminosa. Su desaparición resplandece. La muerte abre paso a su autoridad.

II

Shakespeare es la más alta gloria de Inglaterra. Inglaterra tiene en política a Cromwell, en filosofía a Bacon, en ciencia a Newton; tres elevadísimos genios. Pero a Cromwell se le trata de cruel, a Bacon de bajo, y por lo que respecta a Newton, el edificio que él levantó se derrumba en los actuales momentos. Shakespeare permanece puro, lo que no sucede a Cromwell ni a Bacon; y su obra es indestructible, lo que no sucede con la de Newton. Y por otra parte, como genio raya a más grande altura. Por cima de Newton están Copérnico y Galileo; por cima de Bacon, Descartes y Kant; por cima de Cromwell, Danton y Bonaparte; por cima de Shakespeare, nadie. Shakespeare tiene quien le iguale, mas no quien lo supere. ¡Singular honor el del país que ha llevado en sus entrañas tal criatura! Con justicia, se le puede llamar *alma parens*. La ciudad natal de Shakespeare es una ciudad elegida; sobre esa cuna se cierne constantemente la eterna luz; Stratford-upon-Avon tiene la certeza que no tienen Esmirna, Rodas, Colofón, Salamina, Chio, Argos y Atenas, las siete ciudades que se disputan el nacimiento de Homero.

Shakespeare es un espíritu humano, pero es también un espíritu inglés, muy inglés, quizá demasiado inglés. Tan inglés, que llega hasta el punto de mitigar el horrible carácter de los reyes que pone en escena cuando estos reyes lo son de Inglaterra, y a rebajar a Felipe Augusto delante de Juan Sin Tierra, y a crear expresamente un miserable, Falstaff, para que pesen sobre él las regias iniquidades del joven Enrique V, y a participar en cierto modo de las hipocresías de la historia llamada nacional. En fin, es tan inglés, que trata de atenuar la conducta de Enrique VIII: verdad es que no le soltaba de la vista la reina Isabel. Pero al mismo tiempo, insistamos en ello, el poeta inglés es un genio humano; por eso es grande. El arte, lo mismo que la religión, tiene sus *Ecce homo*. Shakespeare es uno de aquellos de quienes se puede decir la frase suprema: «He aquí el Hombre».

Inglaterra es egoísta. El egoísmo es una isla. Lo que tal vez falta a Albión, entregada completamente a sí misma, y lo que contribuye a que los demás pueblos la miren en ocasiones con cierta desconfianza, es el carecer de grandeza desinteresada, y Shakespeare se la da, cubriendo con su manto de púrpura las espaldas de su patria. Shakespeare es cosmopolita y universal por su fama, que se desborda por cima de la isla y del egoísmo. Quitad a Inglaterra Shakespeare, y veréis al punto disminuir la reverberación luminosa de esa nación. Gracias a él es bella la faz de Inglaterra, y gracias a él desaparece la semejanza que tiene con Cartago.

¡Extraña significación la de la aparición de los genios! Ni Esparta ni Cartago han tenido un gran poeta. Ésta es la sentencia más grave que puede pronunciarse contra ambas ciudades. Profundizad un poco, y encontraréis que Esparta fue el pueblo de la lógica y Cartago el pueblo de la materia: a ambos les faltó el amor, Cartago inmoló a sus hijos por la espada, y

Esparta sacrificó a sus vírgenes por la desnudez; una mató la inocencia, otra mató el pudor. Cartago no conoció más que sus fardos y sus cajas; Esparta no conoció más que la ley. Por la ley murieron los trescientos en las Termópilas. Cartago fue dura, Esparta fría; dos repúblicas con fondo de granito. Por tanto, no tuvieron libros. Dios, que no se equivoca nunca, no quiso sembrar los genios en estas ingratas tierras. No fructifica el buen trigo en dura roca.

Y sin embargo, Esparta y Cartago fueron pródigas en héroes: cuando necesitaron mártires o capitanes, los tuvieron. En la primera nació Leónidas; en la segunda Aníbal, pero ninguna de las dos pudo ser la cuna de Homero. Y es que faltó a ambas la sublime ternura que puede nutrir a un poeta en las entrañas del pueblo. Inglaterra posee en estado latente esa ternura, la *flebile necio quid*. Lo prueba Shakespeare: también podría añadirse: lo prueba Wilberforce.

Inglaterra, comerciante como Cartago y legalista como Esparta, vale, sin embargo, más que ambas. Tiene en su honor una excepción augusta: un poeta. El haber concebido a Shakespeare eleva a Inglaterra. A Shakespeare pertenece un lugar preeminente entre el número de los elegidos absolutos, que de vez en cuando se aumenta con un recién llegado esplendoroso, coronando una civilización e iluminando con su luz inmensa el inmenso género humano. Shakespeare equivale a una legión. Pesa mas él solo en la balanza que todo nuestro magnífico siglo XVII francés, y casi tanto como el siglo XVIII.

Cuando el viajero desembarca por primera vez en Inglaterra, lo primero que busca con la vista es la estatua de Shakespeare, y lo primero que encuentra es la estatua de Wellington. Wellington es un general que ganó una batalla en colaboración con el azar. Si el viajero insiste en buscar, se le conduce a un punto llamado Westminster, en donde hay muchos reyes, una infinidad de reyes, y donde hay también un rincón llamado *el rincón de los poetas*. Allí, a la aombra que proyectan cuatro o cinco enormes monumentos que ostentan en mármoles y bronces

regios personajes desconocidos, os enseñan sobre un raquíti-
co zócalo una figurita, y debajo de ella este nombre: William
Shakespeare.

Por otra parte, abundan las estatuas que es una maravilla.
Hay estatua de Carlos, de Eduardo y de Guillermo, hay estatuas de tres o cuatro Jorges distintos y un solo idiota verdadero; hay estatua de Richmond en Huntly, de Napier en Portsmouth, de Father Mathew en Cork y de Herbert Ingram qué sé
yo en dónde. Que un caballero manda hacer el ejercicio a los *ri-
flemen* y el ejercicio se ejecuta con precisión: pues al punto estatua. Que otro caballero manda hacer una maniobra a los *horse-
guards*: pues también su estatua. Que hubo uno que sostuvo el
pasado, que gastó todos los tesoros de Inglaterra pagando una
coalición de reyes contra 1789, contra la democracia, contra la
luz, contra el movimiento progresivo del género humano: pues
¡pronto, pronto! un pedestal y una estatua a míster Pitt. Que
combata uno a sabiendas contra la verdad, con la esperanza de
vencerla, convenciéndose por último de que tiene larga vida,
de que es la más fuerte y de que, andando el tiempo, ella será la
encargada de formar gabinete, y pasar después junto a ella con
aire brusco y despechado: pues otro pedestal y otra estatua a
míster Peel.

En todas partes y a cada paso, en calles y plazas, gigantescos signos de admiración en forma de columnas de honor: columna al duque de York (ésta debió de ser hecha con signos de
interrogación); columna a Nelson, a la cual señala con el dedo
el espectro de Caracciolo; columna a Wellington, ya nombra-
do; columna a un cualquiera que haya arrastrado un sable. En
la isla de Guernesey, a orillas del mar, en un promontorio, se
levanta una alta columna parecida a un faro, casi una torre. Parece hecha para resistir el rayo. Esquilo se daría por contento
con tener una igual. ¿Para quién se erigió? Para Doyle. Y ¿quién
fue Doyle? Un general. Y ¿qué hizo este general? Construir algunos caminos. ¿Con su dinero? No; con el dinero de los habitantes. Pues una columna. Nada para Shakespeare, nada para

Milton, nada para Newton. De Byron no hablemos; el nombre de Byron es obsceno. ¡Así es Inglaterra, la ilustre y poderosa nación!

Así es ese pueblo, por más que tenga una generosísima prensa, más que libre, soberana, que difunde por medio de innumerables y excelentes periódicos la luz en todas las cuestiones e la vez. Y no se burle Francia con su estatua de Negrier, ni Bélgica con su estatua de Belliard, ni Prusia con su estatua de Blücher, ni Austria con la estatua que probablemente habrá levantado a Schwartzenberg, ni Rusia con la estatua que está en el deber de levantar a Souwaroff. Y si no es Schwartzenberg será Windischgraetz, y si no es Souwaroff aera Wutusoff. Sed Paskiewitch, Jellachich, Augereau o Bessières, y tendréis estatua; sed un mortal cualquiera, un Arthur Wellesley, por ejemplo, y se os considerará como un coloso, hasta el punto de que las damas os dedicarán vuestro propio nombre con la inscripción *Aquiles*. Un joven de veinte años acomete la empresa heroica de unirse en matrimonio con una bellísima muchacha: se erigen arcos de triunfo, la gente acude a verle por curiosidad, se le condecora con el gran cordón, como al día siguiente de una batalla, se llenan las plazas públicas de castillos de fuegos artificiales, hombres encanecidos se disfrazan con ridículas pelucas para el acto de pronunciar sus mensajes de ceremonia casi de rodillas, se gastan en balde millones de libras esterlinas en cohetes y atronadores petardos, con aplauso y satisfacción de la harapienta multitud, que tal vez carecerá al día siguiente de un pedazo de pan que llevarse a la boca; el Lancashire hambriento forma contraste con las bodas, el entusiasmo llega hasta el delirio, atruenan los aires las salvas de artillería y el alegre sonido de las campanas. *¡Rule, Britannia! ¡God save!* ¿No es acaso una gloria para la nación que un joven tenga la magnanimidad de casarse? Sí; lo es. Admiración universal; vuélvese frenético un gran pueblo y una gran ciudad estática; se pagan 500 guineas por el alquiler de un balcón desde donde se pueda presenciar el paso del cortejo; la muchedumbre se apiña, se prensa; bajo las ruedas mismas del carruaje de los cónyuges, mueren aplastadas por el entusiasmo siete mujeres, mueren pateados sus infelices pequeñuelos y cien personas por lo menos van a parar al hospital casi asfixiadas. ¡Oh! La alegría es indescriptible. Mientras que ocurre todo esto en Londres, se sustituye la apertura del istmo de Panamá por una declaración de guerra, y el paso de las aguas por el istmo de Suez depende de un Ismail-Bajá cualquiera; es establece una sociedad en comandita para vender agua del Jordán a un luis cada botella, se inventan murallas que resistan a todo género de balas y balas que destruyan todo género de murallas; la carga de un cañón Armstrong cuesta 1.200 francos; Bizancio contempla a Abdul-Azis; Boma acude a confesarse; las ranas, contentas con la grulla, piden una garza; Grecia, después de Othón, pide otro rey; México, después de Itúrbide, pide un emperador; la China pide dos: un rey del centro, que sea tártaro, y un rey det cielo (Tien-Wang), que sea chino...

¡Oh, tierra! ¡Pareces el trono de la estupidez!

III

Inglaterra ha recibido de fuera la gloria de Shakespeare. Casi puede precisarse el día y la hora en que desembarcó en Dover su fama. Ha sido necesario el transcurso de trescientos años para lograr que Inglaterra escuchase estas dos palabras que el mundo entero le decía al oído: *William Shakespeare*.

Existe completa identidad entre el carácter de Inglaterra y el de la reina Isabel. Admirando Inglaterra a Isabel admira su propia efigie. Altiva y magnánima con extrañas hipocresías, grande con pedantería, orgullosa con habilidad, humilde con audacia, rodeada de favoritos, mas no de señores, en posesión de sí misma aun durante las horas del sueño, omnipotente como reina y como mujer inaccesible, Isabel es virgen como Inglaterra es isla. Titúlase lo mismo que Inglaterra: emperatriz de los mares. *Basilea maris*. Los temerosos abismos de donde surgen las iras que decapitan a Essex y las tempestades que sumergen la Invencible armada, ponen a seguro abrigo a entrambas, a la virgen y a la isla. Esa especie de pudor tiene por vigilante al océano. El celibato hasta cierto punto: he aquí caracterizado el genio de Inglaterra. Alianzas con todos; lazos conyugales con nadie. Su fin tiende a vivir sola, caminar sola, reinar sola, estar sola, teniendo siempre el universo a cierta distancia. En suma, una reina singularísima y una nación admirable. Shakespeare, por al contrario, es un carácter simpático. El insularismo constituye su ligadura, pero no su fuerza, y si pudiera la rompería con gusto. Con un paso más que hubiera dado, habría sido europeo. Ama y ensalza a Francia, llamándola «el soldado de Dios». Además, es una nación recatada, él es un poeta libre.

Inglaterra tiene dos libros: uno, lo creado; otro, la ha hecho a ella: Shakespeare y la Biblia. Estos libros no viven en la mejor armonía. La Biblia lucha contra Shakespeare.

Ciertamente, la Biblia, como libro literario, como inmenso trozo del Oriente, más exuberante en poesía que el mismo Shakespeare, fraternizaría con él; pero como libro social y religioso lo aborrece. Shakespeare piensa, sueña y duda. Tiene dentro de sí algo de lo que tenía Montaigne, a quien tanto admiró. El *To be or not to be* nace del *Que sais-je?*

Además, Shakespeare inventa, incurriendo en grave culpa; la fe excomulga a la imaginación. En punto a fábulas e invenciones, la fe es mala vecina, porque no tolera más que las suyas. Recuérdese a este propósito el palo con que Solón amenazó a Thespis y la tea con que Omar prendió fuego a Alejandría. La situación es constantemente la misma. El fanatismo moderno ha heredado aquel palo y aquella tea. Esto es verdad en España y no es falso en Inglaterra. Yo he oído a un obispo anglicano discutir sobre la Ilíada y condensar todos sus cargos en la siguiente frase, con la que anonadó a Homero: «Eso no es verdad». Y Shakespeare es más que Homero, es sencillamente un *embustero*.

Los periódicos anunciaron hace dos o tres años que un escritor francés había vendido una novela por cuatrocientos mil francos. La noticia causó sensación en Inglaterra. Un diario conformista exclamó: *¿Cómo es posible que se venda tan cara una mentira?*

Hay dos palabras contra Shakespeare que han hecho fortuna en Inglaterra, que son: *improper* y *shocking.* Téngase en cuenta que en multitud de pasajes la Biblia es también *improper* y la Escritura Santa *shocking.* La misma Biblia dice en francés por boca del rudo Calvino: *Tu as paillardé, Jerusalen* (Jerusalén, has sido lasciva). Los profetas, poetas iracundos, no conocen límites para usar de frases desnudas que tienen el acento de la poesía o el de la furia. Pero Inglaterra, que lee la Biblia habitualmente, no las nota. Los fanatismos se hacen los sordos. La prueba de esa incurable sordera la da la ortodoxia romana, no consintiendo que Jesucristo haya tenido hermanos y hermanas, por más que lo consiguen claramente los cuatro evangelistas. Mateo dice: «*Ecce mater et fratres ejus stabant foris... Et fratres ejus Jacobus et Joseph et Simon et Judas. Et sorores ejus nonne omnes apud nos sunt?*» Marcos escribe: «*¿Nonne hic est faber, filius Marioe frater Jacobi et Joseph et Judae et Simonis? ¿Nonne et sorores ejus hic nobiscum sunt?*» Lucas añade: «*Venerunt autem ad illum mater et fratres ejus.*» Y Juan, por último, dice: «*Ipse et mater ejus et fratre ejus... Neque enim fratres ejus credebant in eum... Ut autem ascenderunt fratres ejus.*» El catolicismo se hace el sordo y no oye.

El puritanismo tiene los oídos delicados para Shakespeare, *algo pagano como todos los poetas*, según dice el reverendo John Wheeler. La intolerancia y la consecuencia son hermanas gemelas. Por otra parte, la lógica está de más cuando se trata de proscribir y condenar. Cuando Shakespeare, por boca de Otelo llama *whore* a Desdémona, indignación general, reprobación unánime, escándalo inaudito: las sectas bíblicas se tapan los oídos, sin pensar que Aarón dirige exactamente el mismo epíteto a Séfora, mujer de Moisés. Verdad es que esto se consigna en un apócrifo, *La vida de Moisés,* pero también lo es que los apócrifos son libros tan auténticos como los canónicos.

De aquí que exista en Inglaterra para Shakespeare un fondo de frialdad inconcebible. Lo que fue Isabel para Shakespeare, lo es todavía hoy Inglaterra. Ésta es nuestra opinión, que quisiéramos ver desmentida. Deseamos la gloria de Inglaterra quizá más que ella misma. No le desagradará, ciertamente, este nuestro deseo.

Inglaterra tiene una extraña institución, «el poeta laureado», la cual registra las admiraciones oficiales y hasta cierto punto las nacionales. Bajo el reinado de Isabel, en tiempo de Shakespeare, el poeta de Inglaterra era Drummond.

No estamos, seguramente, en aquellos tiempos en que se anunciaba al público: *Macbeth, obra de Shakespeare arreglada por sir William Davenant.* Pero hoy mismo, cuando se representa *Macbeth,* acude poco público. Kean y Macready han fracasado intentándolo.

Hoy día no se puede representar en Inglaterra ninguna obra de Shakespeare sin eliminar la palabra *Dios* dondequiera que se encuentre. El lord Chambelán fiscaliza a Shakespeare en pleno siglo XIX. En Inglaterra no se pronuncia el nombre de *Dios* fuera de la Iglesia. En conversación no se dice *God,* sino *Goodnes* (Bondad). En las ediciones y en las representaciones de las obras de Shakespeare se sustituye la palabra *God* por la de *Heaven* (Cielo). No importa que el verso deje de serlo y que el sentido sea ininteligible. La tétrica exclamación de Desdémona agonizante «¡Señor, Señor, Señor!» (*Lord, Lord, Lord!*) fue suprimida por orden de la autoridad en la edición de Blount y Jaggard de 1623. Los actores no la repiten en escena. *¡Dulce Jesús!* sería una blasfemia; así es que una beata española se ve obligada a exclamar en el teatro inglés: *¡Dulce Júpiter!* Si se cree que exageramos; consúltese *Medida por medida.* Aparece una monja, Isabel, invocando a Júpiter. Shakespeare había escrito *Jesús.*

Ha mejorado, seguramente, el tono de cierta especie de crítica puritana al tratar de Shakespeare; pero el restablecimiento no es completo.

No hace todavía muchos años que un economista inglés, hombre que gozaba de cierta autoridad y que solía hacer algunas excursiones literarias en estudios sobre cuestiones sociales, afirmó en una altiva digresión, sin perder su acostumbrado aplomo, lo siguiente: «Shakespeare no puede vivir, porque en general ha tomado asuntos extraños o antiguos, como por ejemplo, *Hamlet, Otelo, Romeo y Julieta, Macbeth, Lear, Julio César, Coriolano, Timón de Atenas*, etc., etcétera, siendo así que en literatura sólo son variables las cosas de observación inmediata y las obras que versen sobre asuntos contemporáneos.» ¿Qué tal la teoría? No diremos si ha tenido adhesiones en Inglaterra y propagandistas en Francia. Además de Shakespeare, excluye sencillamente de la «vida» literaria a Schiller, a Corneille, a Milton, al Tasso, al Dante, a Virgilio, a Eurípides, a Sófocles, a Esquilo y a Homero. Verdad es que coloca en la gloria a Aulo Gelio y a Restif de la Bretonne. ¡Oh, crítico! Tienes razón: Shakespeare no es viable, es inmortal.

Por entonces, otro crítico, también inglés, pero de la escuela escocesa, puritano perteneciente al grupo de descontentos que capitaneaba Knox, declaraba que la poesía era cosa de niños, que la belleza de estilo era un obstáculo que se interponía entre la idea y el lector, que el monólogo de Hamlet era un «lirismo frío» y el adiós de Otelo a las banderas y al campamento «una declamación», y comparaba las metáforas de los poetas con las estampas de los libros, que sólo sirven para distraer a los muchachos, y despreciaba profundamente a Shakespeare «porque desde el principio hasta el fin estaban plagadas sus obras de esa clase de estampas».

No hace mucho tiempo, precisamente en enero de este mismo año, un culto periódico de Londres se preguntaba, con una ironía próxima a la indignación, quién era más célebre en Inglaterra, si Shakespeare o Mr. Calcraft, el verdugo: «Hay ciertas localidades en este ilustrado país en donde si pronunciáis el nombre de *Shakespeare* os contestarán: "Yo no sé quién pueda ser ese Shakespeare con quien se arma tanto ruido, pero apuesto cualquiera cosa a que le vence Hamner Lane, de Birminghan, por cinco libras." Pero no se ignora quién es Calcraft.» (*Daily Telegraph*, 13 de enero de 1864.)

IV

De todos modos, Shakespeare no tiene el monumento que Inglaterra le debe.

Digamos de paso que Francia en casos semejantes no es mucho más diligente. Una gloria muy distinta de la de Shakespeare, pero tan grande como la de éste, Juana de Arco, espera hace mucho tiempo un monumento nacional digno de ella.

Esta tierra de Galia en que han reinado los Vedellas tiene católica e históricamente por patronas, dos figuras augustas, María y Juana. Una, santa, es la Virgen; otra, heroica, es la Doncella. Luis XIII entregó a una la Francia, la otra la rescató. El monumento de la segunda debe ser tan grandioso como el de la primera... Juana de Arco reclama un trofeo tan grande como Nuestra Señora. ¿Cuándo lo tendrá?

Inglaterra falta con Shakespeare y Francia falta con Juana de Arco. Tales ingratitudes merecen ser denunciadas amargamente. Sin duda que las principales responsables son las actuales aristocracias gobernantes, que cuidan de poner una venda en los ojos de las masas; pero la conciencia existe lo mismo en los pueblos que en los individuos, y la ignorancia es, a lo más, una circunstancia atenuante: cuando la justicia se desconoce durante siglos, son responsables los gobiernos, y en último término las naciones. Sepamos ser justos diciendo la verdad a los pueblos. Francia e Inglaterra obran mal.

Adular a los pueblos sería peor que adular a los reyes. La adulación a los unos supone bajeza y a los otros, cobardía.

Continuemos en este género de reflexiones, ya que se nos han presentado a nuestra mente, siquiera tengamos que abandonar por un momento nuestro asunto, que algún fruto sacaremos de ellas. No; los pueblos no tienen el derecho de acusar indefinidamente a los gobiernos por sus faltas. Aceptar la opresión supone un cierto modo complicidad: la pusilanimidad en un pueblo, cuando llega hasta el punto de soportar un yugo del cual se vería libre con sólo hacer un esfuerzo de voluntad, excede los límites de paciencia que deben tener los hombres honrados: entre el gobierno que hace el mal y el pueblo que lo consiente hay cierta solidaridad vergonzosa. El sufrimiento es venerable, pero el yugo es despreciable. Prosigamos.

Nótese una coincidencia singular: el que reniega de Shakespeare, Voltaire, es el mismo que insulta a Juana de Arco. Y Voltaire, digámoslo con pena y con alegría, es el espíritu francés, pero el espíritu francés hasta la Revolución exclusive. Porque desde la Revolución, a medida que Francia se emancipa, el espíritu francés tiende a lo grande y a ser espíritu europeo, siendo menos local y más fraternal, menos galo y más humano. Su representación está en París, la ciudad-corazón del mundo. Y Voltaire continúa siendo el que es, el hombre del porvenir, pero también el hombre del pasado; una de aquellas glorias que hacen titubear s los pensadores. Voltaire tiene contra sí dos sarcasmos: Juana de Arco y Shakespeare. Recibe el castigo con sus propias armas, con las armas del ridículo.

V

Y bien pensado, ¿para qué necesita Shakespeare un monumento? La estatua que se ha levantado a sí mismo, sobre el pedestal de la Inglaterra entera, vale más que ninguno. Shakespeare no necesita pirámide: tiene su obra.

¿Qué pueden hacer el mármol y el bronce en donde está la gloria? El genio es el genio, aunque no lo manifieste la piedra jade, o el alabastro, o el jaspe, o la serpentina, o el basalto, o el pórfido rojo como el de los Inválidos, o el granito, o las canteras de Paros y Carrara. ¿Pueden todas ellas juntas aumentar en un codo siquiera la grandeza de Shakespeare? ¿Hay bóveda más indestructible que la que forman *El cuento de invierno, La Tempestad, Las alegres comadres de Windsor, Los dos hidalgos de Verona, Julio César* y *Coriolano*? ¿Habrá monumento más grandioso que *Lear*, o más terrible que *El mercader de Venecia*, o más deslumbrante que *Romeo y Julieta*, o más rico que *Ricardo III*? ¿Hay alguna luna que pueda alumbrar «este edificio con luz más misteriosa que la de *El sueño de una noche de verano*? ¿Qué capital, siquiera sea Londres, en capas de producir a su alrededor un ruido tan gigantesco como el de la tumultuosa alma de *Macbeth*? ¿Qué maderamen de cedro o de encina durará tanto como *Otelo*? ¿Qué bronce hay que sea tan de bronce como *Hamlet* ? No hay construcción de cal y canto, de hierro y acero, que dure lo que el aliento profundo del genio, respiración de Dios a través del hombre. Una cabeza que tenga una idea es una cúspide a despecho de los monumentos de piedra y ladrillo. ¿Qué edificio iguala a un pensamiento? Babel es más baja que Isaías; Keops es más pequeña que Homero; el Coliseo es inferior a Juvenal; la Giralda de Sevilla es enana al lado de Cervantes; San Pedro de Roma no llega a los talones del Dante. ¿Cómo os arreglaríais para levantar una torre que fuera tan alta como el nombre de Shakespeare?

Añadid, si podéis, algo a un genio.

Imaginaos un monumento magnífico, sublime, un arco triunfal, un obelisco, una catedral, un circo y en el centro un pedestal. No hay pueblo que sea ni más ilustre, ni más noble, ni más magnánimo que el pueblo inglés. Juntad ambas ideas, Inglaterra y Shakespeare, y levantad después sobre ellas un edificio. ¡Sería de ver a una nación como esa conmemorando a un hombre como Shakespeare! Imaginad el monumento y el acto de la inauguración. Concurren los pares y los diputados de la Cámara de los Comunes, ofician los obispos, los príncipes forman el cortejo y la reina asiste. La virtuosa señora en quien el pueblo inglés, monárquico si los hay, contempla y venera su propia personificación actual, la digna madre, la noble viuda, se inclina ante la majestad ideal, con el respeto profundo que tan bien cuadra a la majestad material; la reina de Inglaterra saluda Shakespeare; el homenaje tributado por Victoria es como la reparación del desdén de Isabel. Quizá no esté lejos de allí la figura de Isabel, esculpida bajo una cornisa al lado de Enrique VIII, su padre, y de su sucesor Jacobo I, todas cuyas figuras son enanas ante la grandeza de la del poeta. Suena el estampido del cañón, descórrese el paño que cubre la estatua, la cual aparece como diciendo: «¡Por fin!», engrandecida por las sombras de trescientos años, de tres siglos, que suponen en un coloso un desarrollo inmenso. Para hacer esa estatua se han utilizado las de York, Cumberland, Pitt y Peel; se ha destruido una porción de estatuas de hombres que no las merecieron; se han fundido los monumentos de los Enriques y los Eduardos, los de los varios Guillermos y los innumerables Jorges; se ha echado abajo el Aquiles de Hyde Park. La figura de Shakespeare es tan grande como la de un Faraón o la de un Sesostris. El sonido de las campanas, el estrépito de los tambores, los acordes de las músicas, los aplausos y los hurras hienden los aires.

¿Y qué?

Todo eso honraría a Inglaterra, pero sería completamente indiferente a Shakespeare.

¿Qué vale una salutación de la monarquía, de la aristocracia, del ejército y del mismo pueblo inglés, que permanece todavía en la ignorancia, como casi todos los demás pueblos; qué vale, decimos, la salutación de todos estos grupos de diversa cultura para quien tiene la ilustrada aclamación de los siglos y de los hombres? ¿Qué ovación del obispo de Londres o del arzobispo de Canterbury puede compararse con el grito que arranca a una mujer Desdémona, Arturo a una madre, o Hamlet a un alma?

Si la opinión universal reclama con insistencia un monumento para Shakespeare, no es por Shakespeare, sino por Inglaterra. En ocasiones, el pago de una deuda importa mucho más al deudor que al acreedor. Un monumento es ejemplar. Las ilustres cabezas de los grandes hombres derraman luz, y las muchedumbres, como las olas, necesitan faros que se eleven sobre ellas. Es bueno que los transeúntes sepan que existen grandes hombres. Los que no pueden leer, miran: hallan a su paso un pedestal, y sin querer levantan la vista y leen la inscripción; los que no fijan la atención en un libro, la fijan en una estatua. Pasando un día por el puente de Rouen, en donde está instalada la hermosa estatua hecha por David d'Angers, me preguntó un campesino: «¿Conoce usted a Pierre Corneille? «Sí», le respondí. Y añadió: «Yo también». «¿Y conoce usted *El Cid*?», pregunté. «No, señor», me dijo.

Para el campesino, Corneille era la estatua.

Es necesario al pueblo este germen de conocimiento de los grandes hombres. El monumento excita la curiosidad de saber para quién se erigió, y provoca el deseo de aprender a leer para saber lo que representa. Una estatua es una advertencia a la ignorancia. La erección de estos monumentos supone, pues, utilidad para el pueblo y justicia en la nación.

Inglaterra concluirá por hacer al mismo tiempo lo útil y lo justo, puesto que es la deudora de Shakespeare. El dejar una deuda en descubierto no dice mucho en favor de la altivez de un pueblo. Los pueblos que pagan por gratitud cierta clase de tributos demuestran tener sentido moral, porque el entusiasmo es probidad. Es asombroso que una nación no vea la más alta de sus glorias.

VI

Como era de presumir, Inglaterra se decide, al fin, a levantar un monumento a su poeta.

Después de escritas las anteriores páginas, se ha anunciado en Londres el nombramiento de un comité para conmemorar solemnemente el tercer centenario del nacimiento de Shakespeare. Este comité dedicará el 23 de abril de 1864 un monumento y una fiesta a Shakespeare, que superarán con mucho al incompleto bosquejo que hemos delineado. No se escatimarán

los gastos, para que el tributo de admiración sea brillante. Todo
es de esperar, en punto a magnificencia, de la nación que construye el maravilloso palacio de Sydenham, el Versalles de un
pueblo. La iniciativa del comité arrastrará seguramente a los
poderes públicos, sin recurrir a la suscripción. Las suscripcio-
nes, cuando no son excesivamente módicas, es decir, cuando no
se abren para el pueblo, son necesariamente parciales, y lo que
se debe a Shakespeare es una manifestación nacional, a saber;
un día festivo, una fiesta pública, un monumento popular cuyos gastos hayan sido votados por las Cámaras y cuya partida
figure en los presupuestos de la nación. Inglaterra lo haría por
su rey; y ¿qué es el rey de Inglaterra comparado con el hombre
de Inglaterra? Tenemos confianza en el comité encargado del
Jubileo de Shakespeare, compuesto de personas altamente dis-
tinguidas en la prensa, en el Parlamento, en la literatura, en la
escena y en la Iglesia. Hanse agregado a este comité hombres
eminentes de todos los países, de Francia, de Alemania, de Bélgica, de España, de Italia, de suerte que será un comité ilustre y
competente. Se formará un segundo comité en Stratford-upon-
Avon, que secundará al de Londres. Mil enhorabuenas a Inglaterra.

Los pueblos tienen el oído tardo y la vida larga; por tanto, la
sordera que padecen no es incurable. Así es que tienen tiempo
de rectificarse a sí propios, y esto es lo que hace el pueblo inglés
en lo que concierne a su gloria. Inglaterra empieza a deletrear
el nombre de Shakespeare, sobre el cual le llamaba la atención
el universo entero.

En abril de 1664, cuando hacía cien años que había nacido Shakespeare, se ocupaba Inglaterra en aclamar a Carlos II,
el que vendió Dunkerque a Francia por doscientas cincuenta
mil libres esterlinas, y en mirar, sufriendo la lluvia y el viento frío, cómo se blanqueaba en el cadalso de Tyburn una cosa
que era un esqueleto y que había sido Cromwell. En abril de
1764, cuando hacía doscientos años que había nacido Shakespeare, Inglaterra se ocupaba en contemplar la aurora de Jor-

ge III, el rey imbécil que con sus conciliábulos y sus medidas extraconstitucionales, tomadas de acuerdo con los jefes *tories* y los *landgraves* alemanes, señalaba aquella política de resistencia al progreso que comenzó por luchar primero contra la libertad en América, después contra la democracia en Francia, y que aumentó la deuda de la nación con el ministerio del primer Pitt, desde 1778, en ochenta millones de libras esterlinas. En abril de 1864, al cumplirse trescientos años el nacimiento de Shakespeare, Inglaterra erige una estatua a su gran poeta. Algo tarde es, pero al fin paga la deuda.

Libro II

El siglo XIX

El siglo XIX no procede de ningún otro, ni recibe el impulso de ninguno de los anteriores. El siglo XIX es hijo de una idea. Sin duda, Isaías, Homero, Aristóteles, el Dante o Shakespeare han sido o pueden ser grandes puntos de partida para importantes creaciones filosóficas o poéticas; pero la madre augusta del siglo XIX es la Revolución francesa: la sangre que corre por sus venas es la magnífica sangre de la Revolución. Honra a los genios: si son desconocidos, los saluda; si ignorados, los publica; si perseguidos, los venga; si insultados, los corona; si destronados, los eleva; siente veneración por todos, pero no procede de ellos. La familia del siglo XIX es él mismo, él exclusivamente. Por su naturaleza revolucionaria, prescinde de sus antecesores.

Como es genial, fraterniza con los genios: si queréis encontrar su origen, buscadlo en donde está el origen de los genios, fuera del hombre. Una ley providencial preside a las misteriosas gestaciones del progreso. El siglo XIX está dando a luz la civilización, pero falta dar vida a todo un continente. Francia ha traído este siglo, y este siglo dirige a Europa. El grupo griego fue la civilización, pero limitada y circunscrita la región en que crece la morera, a la Morea; después, la civilización ganó terreno poco a poco, y fue el grupo romano: en la actualidad es el grupo francés, es decir, toda Europa, con algunos gérmenes en América, en África y en Asia.

El más grande de estos gérmenes es una democracia, los Estados Unidos, a cuyo nacimiento ha ayudado Francia desde el siglo pasado. Francia, la sublime nación que ensaya antes que ninguna otra la vida del progreso, fundó una República en

América antes de crear una en Europa. *Et vidit quot esset bonum.* Después de dar a Washington el auxilio de Lafayette, Francia vuelve los ojos a sí misma y continúa la obra de Voltaire con un hombre temible, con Danton. En presencia de un pasado monstruoso que lanzaba todo género de rayos y exhalaba todo género de miasmas, que sacaba las uñas para luchar por la conservación de las tinieblas, pasado verdaderamente terrible y horrible, se vio forzado el progreso a esgrimir las mismas armas, luchando con cien brazos, cien cabezas, cien lenguas de fuego y cien rugidos. El bien se convirtió en hidra: y esta hidra es la que conocemos con el nombre de Revolución.

La Revolución es un acontecimiento augusto. Mató un siglo, pero hizo nacer otro nuevo.

El siglo XVIII, transformando las inteligencias, prepara los hechos. El siglo XIX, después de haber visto consumada la revolución política, busca su expresión en la revolución literaria y social. Hase dicho en son de censura, mas con profunda exactitud: «El romanticismo y el socialismo son el mismo hecho». Muchas veces el odio, proponiéndose injuriar, construye y consolida.

Abramos aquí un paréntesis. La expresión *romanticismo*, como todas las expresiones que son objeto de combate y lucha, tiene la sin igual ventaja de resumir toda una serie de ideas: ábrese paso en medio de la confusión que se levanta, pero tiene a nuestro juicio, por la significación que actualmente se le da, el inconveniente de imitar el movimiento que representa a un arma de guerra, cuando en realidad es un elemento más en la inteligencia, en la civilización y en el alma humana: he aquí por qué el autor de estas líneas no ha empleado nunca las palabras *romanticismo* y *romántico*, y por qué no ha querido admitir su uso en las diversas páginas que ha escrito sobre crítica literaria. Si en este momento las usa, es por causa de la brevedad, pero haciendo todo género de reservas. La misma observación puede hacerse con la palabra *socialismo*, que se presta también a muy diferentes interpretaciones.

El triple movimiento literario, filosófico y social del siglo XIX, que no es en suma más que un solo movimiento, es la corriente de la Revolución en las ideas, que después de haber arrastrado los acontecimientos arrastra ahora los espíritus.

La frase *93 literario*, tantas veces repetida en 1830 contra la literatura contemporánea, quería ser un insulto y no lo era. Tan injusto sería emplearla para caracterizar todo el movimiento literario, como sería absurdo usarla para calificar toda la revolución política: en ambos hechos hay algo más que el 93. La frase *93 literario*, empleada para ofender, es en cierto modo exacta en cuanto indica de una manera confusa, pero real, el origen del movimiento literario que corresponde a nuestra época. Aun en este punto fue ciega la previsión del odio. El lodo arrojado al rostro de la verdad conviértese en oro, en luz y en gloria.

La Revolución se compone de varios años, cada uno de los cuales expresa un período, representa un aspecto o realiza una fase del fenómeno. El 93 trágico es uno de los años colosales. Las *buenas nuevas* necesitan a veces bocas de bronce, y el 93 es una.

Inclinaos con respeto y con admiración ante los anuncios divinos. Dios hace la luz dos veces: la primera la hace Él mismo, diciendo *fiat lux*; la segunda la manda hacer. ¿Sabéis a quién? Al año 93.

Honrémonos, pues, nosotros, los hijos del siglo XIX, con la injuria: *Sois el 93*.

Pero la injuria en incompleta. Somos el 93, pero somos también el 89. El origen de la literatura del siglo XIX es la Revolución, toda la Revolución.

Desde tal punto de vista, ¿qué importa a esta literatura que la sometáis a juicio de residencia ni que insultéis o aclaméis su triunfo? ¿Qué le importan la hostilidad y el odio? Es la deducción lógica del gran acontecimiento caótico y genesíaco que presenciaron nuestros padres, y del cual arranca para el mundo un nuevo punto de partida. El que esté por la Revolución está por ella: el que esté contra la Revolución está contra ella. Lo que la Revolución vale, lo vale ella. No se equivocan los escritores reaccionarios: el olfato católico o monárquico adivina la existencia de la Revolución, manifiesta u oculta; los literatos del pasado atacan a la literatura contemporánea con la injuria; su aversión parece convulsión; un periodista, creo que es obispo, pronuncia la palabra *poetas* como pudiera pronunciar la palabra *septembrista*; otro, no tan obispo, pero sí tan furioso, escribe con verdadera ira las siguientes palabras: *En toda esta literatura veo a Marat y Robespierre.* En lo cual se equivoca, porque «en esta literatura» hay más de Danton que de Marat.

Pero el hecho es verdadero. La democracia vive en esta literatura.

La Revolución forjó la trompeta y el siglo XIX la hace sonar. Somos los revolucionarios. Aceptamos la afirmación y no retrocedemos ante ella; antes bien, es nuestro título de gloria. Los pensadores de los tiempos presentes, los poetas, los escritores, los historiadores, los oradores, los filósofos, todos, todos, todos provienen de la Revolución francesa. De ella exclusivamente. El 89 demolió la Bastilla; el 93 destronó el Louvre. Del 89 salió la Redención, y del 93 la Victoria. Los Hijos del siglo XIX proceden del 89 y del 93. Esos son sus padres. No busquéis ni otra filiación, ni otra inspiración, ni otro aliento, ni otro origen. Ellos son los demócratas de la idea, como sus padres fueron los demócratas de la acción. Ellos son también los *emancipadores.* La idea de la libertad los ha mecido en su cuna y los ha amamantado a sus pechos; por eso todos tienen su jugo en las entrañas, su médula en los huesos, su savia en la voluntad, su protesta en la razón y su fuego en la inteligencia.

Aun los mismos que han nacido aristócratas y han venido al mundo condenados a vivir en una especie de destierro en el seno de familias que pertenecen en cuerpo y alma al pasado, a quienes se ha impuesto esa primera educación que tiende estúpidamente a combatir contra el progreso, y que han empezado a hablar balbuciendo palabras de respeto a la monarquía; pues aun esos, que no me desmentirán, sienten desde su infancia el

influjo del monstruo sublime, oyen allá en el fondo el rumor
del incomparable acontecimiento, sienten la agitación de misteriosas ideas en su conciencia, ven turbado su espíritu ante la
desaparición de falsas certidumbres, observando cómo poco a
poco se desvanece la fe en la monarquía, en el catolicismo o en
la aristocracia. De repente la verdad se abre paso, verificándo-
se una explosión, una erupción de luz, que no viene de fuera,
sino que surge del interior de su alma, iluminándolos, inun-
dándolos con sus rayos refulgentes. Eran cráteres sin saberlo.

Algunos han reprochado duramente este cambio, calificán-
dolo de traición, porque, en efecto, pasaban del derecho divino
al derecho humano, volviendo la espalda a la falsa historia, a
la falsa sociedad, a la falsa tradición, al falso dogma, a la falsa
filosofía, a la falsa luz y a la falsa verdad. Debe ser muy desa-
gradable, para las inteligencias saturadas de ignorancia y para
los fetos conservados en espíritu de vino, el ver cómo toman
vuelo las almas como pájaros atraídos por la aurora. El que
tiene vista ofende a los ciegos; el que tiene oídos indigna a los
sordos; el que anda bien insulta a los cojos. El crecimiento y el
desarrollo es considerado como apostasía por los seres enanos,
enclenques, pigmeos y raquíticos.

Los escritores y los poetas del siglo XIX tienen la admirable dicha de salir de una génesis, de llegar a la vida después
del río de un mundo, de ser testigos de una nueva aparición de
luz y de ser los órganos de una nueva obra. Esto les impone
el cumplimiento de deberes desconocidos a sus antecesores,
el deber de ser reformadores con reflexión y civilizadores
por acción directa. No vienen a continuar ninguna obra, sino
a empezar otra nueva. A nuevos tiempos, nuevos deberes. La
misión de los pensadores es actualmente por extremo compleja: no basta pensar, es preciso amar; y no sólo pensar y amar,
sino obrar; y no sólo pensar, amar y obrar, sino sufrir. Si oís el
estruendo del cañón en las calles, soltad la pluma; si veis una
barricada, id a ella. Si se os condena al destierro, aceptadlo;
si a la muerte, aceptadla también. Sed, si es preciso, al mismo

tiempo Montesquieu y John Brown. El Lucrecio que reclama la obra del presente siglo debe ser también Catón. Esquilo, el autor de la *Orestíada*, tuvo por compañero a Cinegiro, el que combatió mordiendo a los barcos enemigos: esto bastó a Grecia en tiempos de Salamina, pero eso no basta a Francia después de la Revolución; no basta que Esquilo y Cinegiro sean hermanos, es preciso que sean un solo hombre. Tales son las necesidades actuales del progreso. Los servidores de las altísimas cosas de urgente resolución no serán nunca bastante grandes. Una agitación fructuosa se opera difundiendo ideas, amontonando evidencias, sentando principios. El poner a Pelión por cima de Ossa es obra de niños comparada con la obra de colocar el derecho sobre la verdad. Cumple a nuestro deber escalar esa obra y destronar las usurpaciones, aunque nos veamos envueltos entre el fragor de los truenos.

El porvenir tiene prisa. Mañana será tarde. La humanidad no puede perder un solo minuto. Seamos diligentes, que los que viven en la miseria caminan sobre hierros encendidos. Los pobres sufren: los pobres padecen hambre y sed. ¡Ah! ¡Un cuerpo humano demacrado es horrible! Evitemos la vida feliz de los parásitos, de la hiedra, del muérdago y de la solitaria. ¡Espanta contemplar el desarrollo de la tenia! La salvación consiste en destruir los seres que se alimentan devorando. Dentro de nuestra vida vive la muerte. Abundan la indigencia, la desnudez, la impudicia, la miseria, los lupanares, los presidios, los harapos, el hambre, los crímenes, la ignorancia y las infelices criaturas que crecen para el mal, y en cambio escasean las escuelas. El miserable lecho de hermosísimas jóvenes se transforma como por encanto en lecho mullido adornado de seda y lentejuelas de oro, naciendo así la peor de las miserias, la desgracia acompañada del vicio. Una sociedad semejante reclama inmediato auxilio. Busquemos el remedio. ¿Donde está la tierra prometida? Encaminemos nuestros pasos hacia ella, que la civilización desea marchar. Ensayemos las teorías, los sistemas, los inventos, las mejoras y el progreso, hasta que consigamos caminar con paso seguro. El ensayo no cuesta nada o cuesta muy poco. Ensayar una cosa no es adoptarla definitivamente. Pero ante todo y sobre todo, difundamos la luz. Abramos de par en par las ventanas al aire y a la luz, que la ventilación es indispensable para la salud de las almas.

Daos prisa, ¡oh, pensadores! Haced respirar al género humano. Arrojad a manos llenas la esperanza, el ideal y el bien. Caminad paso a paso, que así descubriremos nuevos horizontes y realizaremos nuevas conquistas; no os creáis libres porque deis todo cuanto anunciáis. Poseer equivale a prometer. La aurora de hoy es el sol de mañana.

Que no se pierda nada, que ninguna fuerza se aísle. ¡Manos a la obra, que urge realizarla! ¡Fuera el arte indolente o inútil! En verdaderamente maravilloso el ver a la poesía constituida en obrera de la civilización. El sonador, el visionario, debe con vertí rae en obrero; la estrofa en acción. La belleza debe ponerse al servicio de la honradez. Convirtámonos en súbditos de nuestra conciencia, y puesto que ella nos llama, acudamos diligentes al llamamiento. ¡Oh, verdad, única soberana del mundo! ¿Qué me pides? Que cada cual sienta el ansia de hacer el bien. El libro es algunas veces un auxilio importante. Las ideas son bálsamo; las palabras curan, la poesía restablece la salud perdida. Que nadie se retrase, porque entonces el dolor puede traer un irremediable desfallecimiento. Sacudamos nuestro letargo, dejando el *Kief* para los turcos. Corramos entusiastas a buscar la salud de todos. No os doláis del paso. Nada hay inútil, nada inerte, ¿a qué llamáis *naturaleza muerta*? Todo vive. El primer deber de todos es vivir. El que marche, corra, vuele o se remonte a los espacios, no hace más que cumplir con la ley universal. ¿Qué esperáis? ¿Qué os detiene? ¡Ah! Parece que en ciertos instantes, hasta las piedras se quejan de la indolencia de los hombres.

Algunas veces se busca la soledad. ¿Quién que haya trabajado no ha sentido en ciertas horas la frialdad del desfallecimiento al contemplar tantas cosas tristes? La etapa no se alcanza, los resultados tardan en venir, las generaciones se retrasan y la obra encomendada al siglo languidece. ¡Cuántos dolores todavía! Imagínase uno a veces que el mundo marcha hacia atrás al ver el crecimiento de tanta superstición, tanta cobardía, tanta sordera, tanta ceguera y tanta estupidez. Sobre el embrutecimiento pesa la penalidad.

Hay quien ha pensado en la conveniencia de crear un bienestar material al hombre por el retroceso del derecho, sacrificando el aspecto superior al aspecto inferior y resucitando la antigua venta del derecho de primogenitura por un plato de lentejas. Si diéramos muchos pasos en este sentido extraviaríamos la civilización, y por tales procedimientos el *cerdo cebado* no sería el rey, sino el pueblo. Ni aun con este torpe expediente se consigue aminorar el malestar.

En diez años, en veinte años, no ha bajado el mal ni un grado siquiera: el nivel de la prostitución, de la mendicidad y del crimen continúa siendo el mismo. No hay educación verdadera ni educación gratuita, siendo así que el niño tiene necesidad de saber que es hombre, y el padre de saber que es ciudadano. ¿Qué se ha hecho de las promesas, qué de las esperanzas? ¡Oh pobre y mísera humanidad! Al verla desamparada dan ganas de refugiarse en la selva y pedir allí socorro a la grande y sombría Naturaleza, suplicar el auxilio de sus misteriosas fuerzas para la obra del progreso, rogar que el murmullo de sus fuentes y de sus arroyos se convierta en voces que exclamen: «¡Adelante!», y pedir a los ruiseñores que cambien sus trinos en cantos como *La Marsellesa*.

Los actuales tiempos de crisis son, sin embargo, normales. El desfallecimiento sería pueril. Los pueblos, en su marcha, tienen puntos de reposo, como las estaciones tienen sus inviernos. Puesto que se dio el paso gigantesco del 89, es fuerza no desesperar y es preciso alentar.

La misión de estimular, de apresurar, de despertar, de sugerir, de inspirar que realizan en todas partes los escritores es la que imprime a la literatura contemporánea su elevadísimo carácter de poder y originalidad. Permanecer fiel a las leyes del arte combinándolas con la ley del progreso, tal es el problema victoriosamente resuelto por tantas y tantas inteligencias nobles e independientes.

De aquí la palabra *Redención* que aparece escrita con caracteres de luz en la frente misma del ideal.

La Revolución es la Francia sublimada. Francia ha sido la fragua en donde los martillos de la guerra forjaron las alas que la convirtieron en ángel. Hoy día Francia se llama en toda la tierra Revolución, y en adelante la palabra *Revolución* será el vocablo que se aplique a la civilización hasta que sea sustituido por el de *Armonía*. Insisto en ello: no busquéis en otra parte el origen y el nacimiento de la literatura del siglo XIX. Lo que somos y valemos, ora seamos grandes, pequeños, poderosos, desconocidos, ilustres u oscuros; lo que valen nuestras obras, buenas o malas, cualesquiera que sean, poemas, dramas, novelas, historia, filosofía, en la tribuna de las asambleas o en la escena ante las muchedumbres; nuestras meditaciones en la soledad del retiro; nuestras luchas contra las violencias y las imposturas; nuestros esfuerzos por rehabilitar a los oprimidos; nuestros razonamientos y nuestras conclusiones por restablecer el derecho, por consolar, socorrer, elevar, estimular y enseñar; nuestro auxilio al que espera la curación; nuestro afán por transformar la caridad en fraternidad, la limosna en asistencia, la holganza en trabajo, la ociosidad en utilidad, la centralización en familia, la iniquidad en justicia, el *bourgeois* en ciudadano, el populacho en pueblo, la canalla en nación, las naciones en humanidad, la guerra en amor, el prejuicio en examen, las fronteras en lazos de unión, los límites en puntos de partida, los surcos de los caminos en raíles, las sacristías en templos, el instinto para el mal en voluntad para el bien, la vida en derecho, los reyes en hombres; nuestra ansia por borrar de las religiones el infierno y de las sociedades el presidio; nuestra predicación para inculcar la idea de que somos hermanos del que gime en la miseria, del siervo, del *fellah*, del proletario, del desheredado, del explotado, del engañado, del vencido, del vendido, del encadenado, del sacrificado, de la prostituta, del presidiario, del ignorante, del salvaje, del esclavo, del negro, del maldito y del condenado; todo cuanto hacemos, lo debemos a nuestra madre augusta, la Revolución. ¡Oh sí! Revolución, somos tus hijos.

¡Sí!, genios, poetas, filósofos, historiadores, gigantes del supremo arte que fue, y que condensa toda la luz del pasado; ¡sí!, hombres eternos: los espíritus de los tiempos presentes os saludan, pero no os siguen, obedeciendo a la ley de sentir admiración por todo y no imitar nada. Su misión no es la vuestra. Trabajan en la edad viril del género humano, en una edad distinta. A la luz del ideal, asistimos a la majestuosa conjunción de lo bello con lo útil. No hay genio en la actualidad, ni puede haberlo, que os supere a vosotros, genios de las edades pasadas; cuando más, tienen la ambición de ser vuestros iguales; y para igualaros necesitan ser en su tiempo lo que vosotros fuisteis en el vuestro. Los escritores, hijos de la Revolución, tienen una santa misión que cumplir. Su epopeya, ¡oh Homero!, debe llorar; su historia, ¡oh Heródoto!, debe protestar; su sátira, ¡oh Juvenal!, debe destronar; sus frases, como el *tú serás rey*, ¡oh! Shakespeare!, deben dirigirse al pueblo; sus Prometeos, ¡oh Esquilo!, deben abatir a Júpiter; sus estercoleros, ¡oh Job!, deben fecundar; sus infiernos, ¡oh Dante!, deben extinguirse, y sus Babilonias, ¡oh Isaías!, en lugar de destruirse, deben difundir la luz a los cuatro vientos.

Hacen lo que habéis hecho: contemplan directamente la creación y observan directamente la humanidad, no admitiendo que los ilumine ningún rayo de luz reflejo, ni siquiera el vuestro. Como vosotros, tienen fuera un punto de partida, el Ser universal; dentro, otro, su conciencia: buscan la inspiración de su obra en la fuente única de donde manan la Naturaleza y el Arte: en lo infinito.

Hace cuarenta años, en el citado prefacio de *Cromwell*, el que escribe estas líneas hacía la declaración siguiente:

«Los poetas y los escritores del siglo XIX no tienen ni maestros ni modelos.»

Ni en su inmenso y sublime arte, propio de todos los pueblos, ni en sus grandiosas creaciones de todas las épocas, ni tú, Esquilo, ni tú, Dante, ni tú, Shakespeare, sois sus modelos ni sus maestros. Y ¿por qué? Porque su modelo es el Hombre y su maestro es Dios.

Libro III

La historia real. Cada cual en su lugar

I

Preséntase en el firmamento una nueva constelación.

Los astros que hasta la hora presente han dado luz al género humano empiezan a palidecer y a extinguirse.

Desde que existe la tradición humana, solamente han hollado en el empíreo de la historia y han ejercido una supremacía exclusiva los hombres de la fuerza. El grupo del Apocalipsis condensado en la expresión héroes, compuesto de leyes, emperadores, jefes, capitanes y príncipes, era el único que centelleaba luz, el único que resplandecía la victoria. El grito de espanto convertíase en aclamación para saludarlos. Pasaban por el horizonte dejando una horrible estela de fuego en su camino. No iluminaban el cielo, lo incendiaban. Parecía como que deseaban tomar posesión del infinito. Mezclábanse al esplendor de su gloria el ruido de horrendos cataclismos y una luz rojiza que provenía de la púrpura, de la sangre o tal vez de la vergüenza. Su extraña luz hacía pensar involuntariamente en el rostro de Caín. Odiábanse con odio implacable. Estos enormes astros chocaban furiosamente los unos contra los otros, produciendo rayos siniestros. La luz llegaba por las espadas. Todo eso pendía terriblemente sobre nuestras cabezas.

Ésa es la trágica luz que ilumina los tiempos pasados y que se extingue visiblemente en los presentes.

Hay decadencia en la guerra, en el despotismo, en la teocracia, en la esclavitud y en el patíbulo. La espada disminuye, la tiara desaparece, la corona se simplifica, las batallas son menos frecuentes, los penachos bajan, la usurpación se limita, la cadena se aligera, el suplicio se suaviza. Está próxima a desaparecer aquella antigua influencia que unos cuantos ejercían sobre todos, conocida con el nombre de *derecho divino*. La legitimidad, la gracia de Dios, la monarquía antigua, las naciones marcadas en las espaldas con la flor de lis, la posesión de los pueblos por la herencia y la inacabable serie de abuelos inspirando el derecho actual, luchan todavía en algunos puntos, como en Nápoles, en Prusia, etc., etc., o mejor dicho, ofrecen resistencia, como la muerte cuando se esfuerza por vivir. De los pálidos labios del siervo, del vasallo, del proletario, del paria, salen sonidos inarticulados, que mañana serán la palabra y en el porvenir el verbo. Rómpese la mordaza entre los dientes del género humano. El género humano, que hasta ahora ha caminado por la calle de la amargura, no tiene paciencia para seguir adelante.

De hoy más es imposible la existencia de ciertas formas de déspotas. El faraón es una momia, el sultán un fantasma, el césar una falsificación. El estilita de las columnas trajanas se ha petrificado sobre su pedestal, el águila libre se posa sobre sus cabezas; en lugar de ser la gloria, son la negación, y tan sólo en las molduras de sus sepulcros se conservan sus coronas de laurel.

Ha terminado la época de los hombres de fuerza. Han sido gloriosos, es verdad, pero de una gloria fundente. Esta clase de grandes hombres son solubles en el crisol del progreso. La civilización oxida rápidamente ciertos bronces. Al punto a que ha llegado la conciencia universal después de la Revolución francesa, el héroe deja de serlo si no se dice por qué, el capitán so discute y el conquistador se execra. Si Luis XIV invadiera hoy el Palatinado, nos haría el efecto de un ladrón. Ya en el siglo pasado empezaban a nacer estas realidades; Federico II reconocía y confesaba que era algo *bandido* en presencia de Voltaire. Ser un gran hombre de la materia, ser fastuosamente violento, reinar por medio de dragones y escarapelas, forjar el derecho con la fuerza, machacar la justicia y la verdad con los golpes del éxito, hacer brutalidades de genio, será todo lo grande que se quiera, pero es ser groseramente grande. Glorias tumultuosas recibidas con desdén. Los héroes ruidosos han tenido hasta hoy ensordecida la razón humana, la cual empieza ya a cansarse del majestuoso alboroto, tapándose los ojos y los oídos ante las matanzas autorizadas que se llaman batallas. Cayeron para siempre los sublimes asesinos de hombres. En adelante serán sublimes y augustos en cierto olvido relativo. La humanidad engrandecida quiere vivir sin ellos. La carne de cañón ya piensa. Piensa con mejor consejo que el ser ametrallada no merece su admiración. No estará de más consignar de paso algunas cifras.

Forma parte de nuestro objeto la tragedia completa. No solamente hay la tragedia de los poetas; hay también la tragedia de los políticos y de los hombres de Estado. ¿Se quiere saber lo que cuesta? Los héroes tienen un enemigo formidable: la hacienda. Se ha ignorado por mucho tiempo lo que cuesta adquirir esta clase de glorias. Para disimular el total había antes chimeneas como aquellas en que Luis XIV quemó las cuentas de Versalles; por el tubo salieron mil millones reducidos a humo. Los pueblos no lo notaban. Pero hoy los pueblos tienen una gran virtud, son avaros. Saben que la prodigalidad engendra el envilecimiento, y por eso cuentan. Aprenden a llevar las cuentas por partida doble. En adelante la gloria guerrera tendrá un debe y haber, y esto la hará imposible.

El más grande guerrero de los tiempos modernos no es Napoleón, es Pitt. Napoleón hacía la guerra, pero Pitt la creaba. Pitt fue quien produjo todas las guerras de la Revolución y del Imperio. Quitad a Pitt y poned en su lugar a Fox, y no tendrán razón de ser ni la terrible batalla que dura veintitrés años ni las coaliciones. Pitt fue el alma de toda coalición; muerto él, su alma quedó un la guerra universal. Véase lo que costó a Inglaterra y al mundo la administración de Pitt. Así pondremos nuestra inscripción en su pedestal.

En primer lugar, el gasto de hombres. Desde 1791 hasta 1814, Francia sola, en lucha contra Europa coaligada por Inglaterra, Francia arrastrada y obligada a la lucha gastó en matanzas por la gloria militar, y fuerza es decirlo, también por defender la integridad de su territorio, cinco millones de hombres, es decir, seiscientos hombres por día. Y Europa, comprendiendo la cifra correspondiente a Francia, gastó dieciséis millones y seiscientos mil hombres, es decir, dos mil muertos por día durante veintitrés años consecutivos.

En segundo lugar, el gasto de dinero. Desgraciadamente, no conocemos más cifra auténtica que la de Inglaterra. Desde 1791 hasta 1814, para derrotar a Francia por Europa, Inglaterra hizo crecer su deuda en veinte mil trescientos dieciséis millones cuatrocientos sesenta mil cincuenta y tres francos. (Fr. 20.316.460.053.) Divídase esta cantidad por la de hombres muertos a razón de dos mil cada día durante veintitrés años, y resulta que cada cadáver tendido sobre el campo de batalla costó solamente a Inglaterra mil doscientos cincuenta francos. Agréguese a esa suma la cantidad desconocida, pero enorme, que gastaría Europa.

Con los diecisiete millones de hombres muertos se hubiera podido poblar de europeos Australia. Con los veinticuatro mil millones castados por Inglaterra en cañonazos se hubiera podido cambiar la faz de la tierra, se habría podido difundir en todas partes la civilización y suprimir la ignorancia y la miseria en el mundo entero.

Inglaterra paga con veinticuatro mil millones las estatuas de Pitt y Wellington.

Es muy hermoso tener héroes, pero son un lujo exorbitante. Los poetas cuestan mucho menos.

II

Los guerreros tienen su licencia absoluta despachada. Su esplendor pertenece a los tiempos pasados. El gran Nemrod, el gran Ciro, el gran Senacherib, el gran Alejandro, el gran Pirro, el gran Aníbal, el gran César, el gran Tamerlán, el gran Luis, el gran Federico, y muchos otros grandes se van.

Se engaña quien crea que rechazamos en absoluto todos esos hombres. A nuestro juicio, cinco o seis de los que acabamos de nombrar son legítimamente ilustres, porque en medio de sus devastaciones han hecho algo bueno: la suma total dificulta la equidad del pensador, porque colocando lo perjudicial y lo útil en ambos platillos de la balanza, no sabe hacia qué lado se inclinaría el fiel.

Otros no han sido más que perjudiciales. Son numerosos, innumerables casi, porque los dueños del mundo son infinitos.

El pensador es el pesador, y es de suyo clemente. Declarémoslo sin rodeos: los que no han hecho más que el mal tienen una circunstancia atenuante, la imbecilidad. Y aun se les puede excusar por el estado intelectual del género humano en el momento en que aparecieron, por el medio ambiente y los hechos que los rodearon, los cuales, aunque modificables, son siempre difíciles de vencer.

Los tiranos no son los hombres, son las cosas. Los tiranos se llaman la frontera, las costumbres, la rutina, la ceguera en forma de fanatismo, la sordera y el mutismo en forma de diversidad de lenguas, la disputa en forma de diversidad de peso, medida y moneda, el odio resultante de la disputa, y la guerra resultante del odio. Toda esta clase de tiranos tienen un solo nombre: *Separación*. La División que produce el Reino es el déspota en estado abstracto.

Los mismos tiranos de carne y hueso son también cosas. Calígula es más bien un hecho que un hombre. Resulta, pero no existe. El proscriptor romano, dictador o césar, prohíbe al vencido el fuego y el agua; es decir, le prohíbe el derecho a la vida. Un día de Gela equivale a veinte mil destierros, un día de Tiberio a treinta mil, un día de Sila a setenta mil. Estando Vitelio enfermo, vio una noche una casa inundada de luz y a sus moradores entregados a los placeres. «¿Se me cree muerto?», exclamó. Y era que Junio Bleso cenaba en casa de Tusco Caecina: el emperador envió a los concurrentes una copa de veneno para que vieran por el fin siniestro de una noche de alegría que Vitelio aun vivía. *Reddendam pro intempestiva licencia maestam et funebrem noctem qua sentiat vivere Vitellium et imperare.* Othon y este mismo Vitelio se enviaban mutuamente los asesinos. En tiempo de los césares era muy raro morir en la cama de muerte natural. Pisón es célebre por la rareza de haber fallecido de enfermedad. Que el jardín de Valerio Asiático agrada al emperador, y que la cara de Estatilio desagrada a la emperatriz; pues por esto sólo se cometen crímenes de Estado; se estrangula a Valerio porque tiene un jardín, y a Estatilio porque tiene cara. Basilio II, emperador le Oriente, hizo quince mil prisioneros búlgaros: los dividió en grupos de ciento, haciéndoles saltar los ojos a todos menos a uno que era el encargado de conducir a los noventa y nueve ciegos. Envió después todo este ejército de ciegos a Bulgaria. La historia juzga de la manera siguiente a Basilio II: «Amó demasiado la gloria». (Delandine.) Pablo de Rusia consigna este axioma: «Sólo son poderosos aquellos a quienes el emperador se digne dirigir la palabra, pero su poder dura lo que dura la palabra en sus oídos.» Felipe V de España, el que asistía ferozmente tranquilo a los autos de fe, se espantaba ante la idea de mudarse de camisa, y estuvo en la cama seis meses sin lavarse y sin cortarse las uñas, temiendo ser envenenado con las tijeras, con el agua de la jofaina, con la camisa que le entregaran o con los zapatos que se calzase. Iván, abuelo de Pablo, mandó torturar a una mujer antes de hacerla acostar en su cama; mandó ahorcar a una recién casada poniendo de centinela al infeliz marido para que nadie se atreviese a cortar la cuerda; mandó a un hijo que matase a su padre; inventó el partir a un hombre en dos mitades por medio de un cordel;

quemó por sí mismo a Bariatinsky a fuego lento, y cuando el martirizado daba gritos de dolor le aproximaba los tizones con su bastón. Pedro, en punto a grandezas, aspiró a tener las del verdugo; ejercitose en cortar cabezas: al principio cortaba cinco cada día, pero gracias a su aplicación llegó a cortar veinticinco diarias. Reveló gran talento el zar que arrancó el pecho a una mujer de un solo latigazo. ¿Qué son todos estos monstruos? Son síntomas, tumores en supuración de un cuerpo enfermo. No son ellos los responsables, como tampoco es responsable el total de la adición de los sumandos. Basilio, Iván, Felipe, Pablo, etcétera, etcétera, etc., son el producto de la inmensa estupidez que les rodea. Cuando un clero, como el clero griego, tiene, por ejemplo, la siguiente máxima: «¿Como hemos de ser jueces de aquellos que son nuestros amos?», es perfectamente natural que un zar, el mismo Iván, haga coser a un arzobispo dentro de la piel de un oso para que se lo coman los perros. El zar se divierte con eso, y es natural la diversión. En tiempo de Nerón, el hermano de un asesinado iba al templo a dar gracias a los dioses: en tiempo de Iván, un boyardo empalado empleó su agonía, que duró veinticuatro horas, diciendo: «¡Dios mío, protege al zar!» Un día la princesa Sanguzko se acerca de rodillas al zar, bañada en llanto, y le presenta un memorial suplicando la gracia y el perdón del horrible destierro a Siberia de su marido Sanguzko (polaco culpable de amar a Polonia); Nicolás escucha en silencio la súplica; toma el memorial en sus manos y escribe por bajo: «Que vaya de pie». Después de este escena sale Nicolás a la calle, y la multitud se agolpa para besarle humildemente las botas. ¿Qué significa esto? Que Nicolás es un demente y la muchedumbre una bestia. Dal *khan* proviene el *kuez*, del *kuez* el *tzar*, y del *tzar* el *czar*. Serie de fenómenos, más no filiación de hombres. ¿No es acaso lógico que a Iván suceda Pedro, a Pedro Nicolás y a Nicolás Alejandro? Todos son uno y lo mismo. Los mártires consienten el martirio. «El zar medio podrido y medio helado», como dice Mad. Staël, lo hace quien lo tolera. Ver tales cosas, siendo un pueblo y siendo una fuerza, y callar, equivale a ser cómplice de ellas. El que asiste a la perpetración de un crimen lo ayuda. La presencia pasiva ante el crimen estimula y da valor a quien lo comete.

Confesemos que antes de cometerse el crimen es cómplice de él la corrupción que lo precede. Los opresores se engendran mediante la fermentación pútrida de todo linaje de bajezas.

La existencia del lobo en la selva es un hecho natural. Es el fruto feroz de la indefensa soledad. Júntese el silencio a la oscuridad, a la fácil victoria, a la monstruosa infatuación, a la connivencia de los circundantes, a la debilidad, a la resignación, al abandono y al aislamiento, y de todas estas circunstancias unidas resultará la fiera. El tenebroso conjunto, en el cual no se oye jamás un grito, produce el tigre. Un tigre es la ceguera hambrienta y armada. Apenas llega a ser un ser. La garra del animal tiene casi el mismo valor que la espina del vegetal. El hecho fatal engendra el organismo inconsciente. Como personalidad, el tigre no es: es cuando mata para vivir. Se equívoca grandemente Mourawieff si cree que es alguien.

Los hombres malos provienen de las cosas malas. Es preciso, por lo tanto, corregir las cosas.

Aquí volvemos a nuestro punto de partida. La circunstancia atenuante del *despotismo* es el *idiotismo*. Ya nos hemos lamentado de esta circunstancia atenuante.

Los déspotas idiotas, en conjunto, son el populacho de la púrpura; pero por cima de ellos y aparte de ellos, y a la inconmensurable distancia que media de lo que irradia luz a lo que despide miasmas pútridos, existen los déspotas genios.

Existen los capitanes, los conquistadores, los poderosos de la guerra, los civilizadores de la fuerza, los obreros de la espada. Los hemos citado más arriba: los verdaderamente grandes se llaman Ciro, Sesostris, Alejandro, Aníbal, César, Carlomagno y Napoleón, y en la medida que hemos señalado. Pero los admiramos a condición de que desaparezcan. ¡Paso a otros mejores! ¡Paso a otros más grandes! Los más grandes y mejores no son nuevos. Su serie es tan antigua como la otra, tal vez más antigua, porque la idea precede al hecho y el pensador antecede al batallador; pero su puesto estaba ocupado violentamente. La usurpación les cede el paso, llega su hora al fin, ejercen su predominio, y la civilización ve en ellos, con el deslumbramiento de la verdad, a sus únicos fundadores: ilumínase su serie eclipsando a los demás; pertenéceles el pasado y el porvenir, y en adelante ellos serán los que Dios cuidará de producir en la historia.

III

Es evidente que la historia está por hacer. Hasta ahora se ha escrito casi siempre desde el punto de vista miserable de los hechos, y es ya tiempo de escribirla desde el punto de vista de los principios, so pena de que sea inútil.

Los gestos de los reyes, el estrépito de las guerras, las coronaciones, los casamientos, los bautizos y los enterramientos de los príncipes; los suplicios y las fiestas; las bellezas del poder de uno solo aplastando a todos los demás; el triunfo de haber nacido rey; las proezas de la espada y del hacha; los grandes imperios; los exorbitantes impuestos; el azar engañando al azar; el universo sujeto a la ley y a las aventuras de cualquiera testa coronada; el destino de un siglo cambiado por una lanzada que atraviesa el cráneo de un imbécil; la majestuosa fístula que tuvo en el ano Luis XIV; las solemnes palabras que el emperador Matías, moribundo, dirige a su medico cuando éste introduce la mano por bajo la ropa de la cama para tomarle el pulso y se equivoca: *Erras, amice, hoc est membrum nostrum imperiale sacrocaesareum*; la danza que baila con castañuelas el cardenal Richelieu vestido de pastor delante de la reina de Francia en la casa de la calle Gaillón; Hildebrando completado por Cisneros; los perritos de Enrique III; los diversos Potemkins de Catalina II, Orloff aquí, Godoy allá, etc.; una gran tragedia con una pequeña intriga: tal ha sido la historia hasta nuestros días, yendo del altar al trono, escuchando con un oído a Dangeau y con el otro a dom Calmet, beata e indulgente, sin comprender las verdaderas transiciones que median de una edad a otra edad, incapaz de distinguir las crisis agudas de la civilización, haciendo subir al género humano por peldaños de fechas inútiles, docta en puerilidades, ignorante del derecho, de la justicia y de la verdad, y escrita con el modelo de Le Ragois y casi nunca con el modelo de Tácito. Hasta tal punto, que Tácito ha sido objeto en nuestros días de una verdadera requisitoria.

Por lo demás, Tácito, no nos cansaremos de repetirlo, lo mismo que Juvenal, Suetonio y Lamprides, es el blanco de un odio especial y justificado. El día en que los profesores de retórica pongan a Juvenal por cima de Virgilio, y a Tácito por cima de Bossuet, será prueba de que el género humano está libertado, que las formas de la opresión, desde el negrero hasta el fariseo, desde el calabozo en que el esclavo gime hasta la capilla en que el eunuco canta, han desaparecido. El cardenal Du Perron, el que recibía en sus espaldas los bastonazos que el Papa descargaba contra Enrique IV, tenía la bondad de decir: *Desprecio a Tácito.*

La historia, hasta los tiempos presentes, ha sido historia cortesana. La doble identificación del rey con la nación y del rey con Dios ha sido la obra de la historia cortesana. La gracia de Dios engendra el derecho divino. Luis XIV dijo: *El Estado soy yo.* Madame du Barry, plagiaria de Luis XIV, llamó a Luis XV *la Francia*, y la frase pomposamente altanera del rey asiático de Versalles concluyó por ser: *Francia, tu café ya me apesta.*

Bossuet escribe con la mayor imperturbabilidad, justificando algún que otro hecho, la espantosa leyenda de los vetustos tronos antiguos cubiertos de crímenes, y aplicando a la superficie de las cosas su vaga declamación teocrática se siente satisfecho con esta fórmula: *Dios tiene de su mano el corazón de los reyes*; lo cual no es exacto por dos razones: la primera, porque Dios no tiene mano, y la segunda, porque los reyes no tienen corazón.

Nos referimos, como en natural, a los reyes de Asiria.

La historia, la historia escrita a la antigua, es para los reyes una excelente amiga. Cuando un rey le dice: «No mires, cierra inmediatamente los ojos para no ver», es que niega con la mayor desvergüenza la existencia del horroroso casco taladracráneos provisto de un clavo en el interior, con el cual mató el archiduque de Austria al magistrado Gundoldingen: el ingenioso aparato está a la vista hoy día colgado en una pared, en la casa consistorial de Lucerna. Esta a la vista de todo el mundo, y sin embargo, la historia se obstina en negar su existencia. Moreri califica la noche de San Bartolomé de «un desorden». Chaudon, otro biógrafo, juzga así a la autora de la frase dirigida a Luis XV, citada más arriba: «Una dama de la corte, Mad. Du Barry». La historia dice que fue un ataque de apoplejía el hecho de asfixiar bajo un colchón Juan II de Inglaterra, en Calais, al duque de Glocester. ¿Por qué está separada del tronco la cabeza del infante don Carlos en su ataúd, en el monasterio del Escorial? Y Felipe II, el padre, responde: «Pues es porque el infante murió de muerte natural, y hubo necesidad de cortarle la cabeza no encontrando un ataúd bastante largo.» La historia cree ciegamente que la caja era pequeña. ¿Cómo ha de creer que el padre mandase decapitar a su hijo? Esas son cosas que inventan los demagogos.

La inocencia de la historia en glorificar el hecho, por impío que sea, se ve claramente, mejor que en ninguna otra parte, en Cantemir, el historiador turco, y en Karamsin, el historiador ruso. Cuando se confrontan y se comparan los hechos otomanos y los hechos moscovitas, ofrecen una identidad que pudiéramos calificar de *identidad tártara*. Tan horriblemente asiática en Moscú como Estambul. Iván vive en una, como Mustafá en la otra. Entre un cristianismo y un mahometismo semejantes, apenas si hay diferencias perceptibles. El sacerdote griego es hermano del ulema, el boyardo del bajá, el knut del látigo y el mujik del eunuco del serrallo. Para el público hay muy poca diferencia entre Selim, que se entretiene en asestar flechazos a los transeúntes, y Basilio, que arroja sobre ellos los osos para que los devoren. Cantemir, hombre meridional, antiguo hospodar de Moldavia, y que fue por mucho tiempo súbdito turco, creyó, aunque se hizo ruso, que no desagradaría al zar Pedro la deificación del despotismo prosternando sus metáforas a los pies de los sultanes; esta clase de humillaciones es oriental, y algo occidental también. Los sultanes son seres divinos; su cimitarra es sagrada, su puñal sublime, sus exterminios magnánimos, sus parricidios loables. Se llaman *clementes* por la misma razón que las furias se llaman *euménides*. Según Cantemir, la sangre que derraman exhala perfume de incienso y los innumerables asesinatos que cometen para asegurar su reinado se convierten en gloria. Si acuchillan al pueblo, es en interés público. Cuando un *padischá* cualquiera, un Tigre IV o Tigre VI, manda estrangular a sus diecinueve hermanos menores, que corren espantados alrededor de la habitación en que se hallan encerrados, el historiador, turco de nacimiento, declara que «eso es ejecutar sabiamente la ley del imperio». El historiador ruso Karamsin es tan benigno para con el zar como Cantemir para con el sultán. Sin embargo, fuerza es reconocerlo, al lado de Cantemir, el fervor de Karamsin es tibieza. Así, cuando Pedro mata a su hijo Alexis, Karamsin glorifica el hecho, pero queriendo excusarlo. No es como Cantemir, que lo acepta sin ambages. Cantemir está mejor arrodillado. El historiador ruso admira, mientras que el historiador turco adora. En Karamsin no hay fuego ni fuerza; hay un entusiasmo atrofiado, una apoteosis nebulosa, una buena voluntad congelada; hay caricias, pero hechas con manos llenas de sabañones. La adulación así no se hace bien. Evidentemente, el clima entra por algo. Karamsin es un Cantemir aterido por el frío.

Así se ha escrito la historia hasta hoy, desde Bossuet hasta Karamsin, pasando por el abate Pluche. El principio que rige a esta historia es la obediencia, pero la obediencia al éxito. En ella no se juzga mal a los héroes, mas los reyes son preferidos. Reinar equivale a un éxito diario. Un rey tiene el mañana, y por tanto es solvente. Y un héroe puede concluir mal, como se han dado ya muchos casos, y entonces el héroe no es más que un usurpador. Ante una historia como ésta, el éxito debe ser continuo, para que el genio se considere como tal, siquiera sea la más alta expresión de la fuerza servida por la inteligencia. Si tropieza, el ridículo; si cae, el insulto. Después de Marengo, sois el héroe de Europa, el hombre providencial, el ungido del Señor; después de Austerlitz, Napoleón el Grande; después de Waterloo, el ogro de Córcega. El Papa ungió a un monstruo. Sin embargo, en prueba de imparcialidad y en consideración a los servicios prestados, Loriquet os hace marqués.

El hombre que en nuestros días ha hecho ver mejor que ningún otro la admirable gama que empieza en la nota Héroe de Europa y concluye en Ogro de Córcega, es Fontanes, el elegido durante muchos años para cultivar, desarrollar y dirigir el sentido moral de la juventud.

La legitimidad, el derecho divino, la negación del sufragio universal, el trono feudo y los pueblos mayorazgos, derivan de esta clase de historias. El verdugo forma parte de ella y Joseph de Maistre lo pone, por derecho divino, al lado del rey. Este género de historia se llama en Inglaterra la *historia leal*. La aristocracia, que tiene en ocasiones excelentes ideas, ha inventado el nombre de una virtud para designar con él la opinión pública. *Instrumentum regni*. La Inglaterra ser *realista* es ser *leal*. Un demócrata es, por consiguiente, *desleal*, o lo que es lo mismo, una variedad de los hombres deshonrados. Esta clase de hombres cree en el pueblo. *Shame!* (¡Vergüenza!) Piden el sufragio universal, son cartistas. ¿Puede uno fiar en su probidad? Por si acaso, cuando pase un republicano por vuestro lado, tened cuidado del bolsillo. ¿No es verdad que el decir tales cosas denota ingenio? Cualquiera en estos tiempos tiene mas gracia que Voltaire; la aristocracia inglesa es más sutil que el mismo Maquiavelo.

El rey paga, y el pueblo no. He aquí el secreto de esta clase de historia, que también tiene su tarifa de indulgencias.

Distribúyense la honra y el provecho; la honra para el señor, para el historiador el provecho. A Procopio se le hace prefecto, y como si esto no fuera bastante, se le da el título de *ilustre* por decreto (lo cual no impide que sea un traidor); a Bossuet se le hace obispo, a Fleury prelado, prior de Argentueil, a Karamsin senador y a Cantemir príncipe. Lo que maravilla es que algunos se hacen pagar por el pro y por el contra, como por ejemplo, Fontanes, a quien se le nombra senador por su idolatría, y par de Francia por escupir al ídolo. ¿Qué sucede en el Louvre, o en el Vaticano, o en el Serrallo, o en el Buen Retiro, o en Windsor, o en Schoenbrünn, o en Potsdam, o en Kremlin, o en Oranienbaum? Ésta es la pregunta a la orden del día. Fuera de estas diez o doce casas, de las cuales parece que la historia es la portera, no ocurre nada que pueda interesar al género humano.

Todo lo que ocurre en la guerra al guerrero, al rey en el trono y en la corte, tiene grandeza. El que no esté dotado de solemne puerilidad, no puede ser historiador, una cuestión de etiqueta, un día de caza, un día de gala, una gran recepción, una procesión, el triunfo de Maximiliano, el número de carrozas ocupadas por damas que acompañaron al rey al campo de Mons, la necesidad de tener vicios que estén de acuerdo con los defectos de Su Majestad, los relojes de Carlos V, las cerraduras de Luis XVI, el caldo que no quiso tomar Luis XV durante la ceremonia de su consagración, anuncio seguro de un buen rey, y el decir que el príncipe de Gales tiene asiento en la Cámara de los Lores, no en calidad de príncipe, sino en calidad de duque de Cornwall; y el decir que Augusto el borracho nombró subcopero de la casa real al príncipe Lubormirsky, el estarosta de Kasimirow; y el decir que Carlos de España dio el mando del ejército de Cataluña a Pimentel porque los Pimentel tenían la grandeza de Benavente desde el año 1368; y el decir que Federico de Brandeburgo concedió en privilegio un feudo de cuarenta mil escudos a uno que yendo a la descubierta, le proporcionó la ocasión de matar un magnífico ciervo; y el decir que

Luis Antonio, gran maestre de la orden teutónica y príncipe palatino, murió en Lieja de disgusto, por no haber conseguido que lo eligieran obispo; el decir que la princesa Borghese, viuda heredera de la Mirandola y de la casa pontifical, se casó con el príncipe de Cellamare hijo del duque de Giovenazzo; el decir que milord Seaton, o sea Montgomery, acompañó a Jacobo II a Francia; el decir que el emperador mandó al duque de Mantua, feudatario del imperio, que despidiese de su corte al marqués Amorati; y el decir que hubo simultáneamente dos cardenales Barberins en vida, etc., etc, etc., son en verdad grandes acontecimientos que merecen consignarse.

Cierta nariz arremangada se ha hecho histórica. Son memorables dos pequeñas praderas contiguas a la antigua Marche y al ducado de Zell, porque pusieron en conmoción a Inglaterra y a Prusia. Y en efecto, la habilidad de los gobernantes y la apatía de los gobernados han arreglado y confundido las cosas de tal suerte, que todas las formas de la regia estupidez ocupan un lugar importante en los destinos humanos; y así no es maravilla que el movimiento de los ejércitos y de las escuadras, el adelanto o el retroceso de la civilización, dependan de la taza de té de la reina Ana o del espantamoscas del bey de Argelia.

La historia va a la caza de estas simplezas, haciéndolas pasar a la posteridad.

Sabiendo tantas cosas, es muy natural que ignore algunas. Si aguijoneados por la curiosidad preguntáis a la historia cómo se llamaba el comerciante inglés, el primero que entró en China por el Norte en 1612, y por el nombre del obrero en vidrio que estableció por primera vez en Francia en 1663 una fábrica de cristal, y por el *bourgeois* que hizo prevalecer en los Estados Generales de Tours en tiempo de Carlos VIII el fecundo principio de la *magistratura electiva*, suprimido sin razón después, y por el piloto que descubrió en 1405 las islas Canarias, y por el fabricante bizantino de instrumentos de cuerda que inventó el órgano en el siglo VIII, dando con su invento una poderosísima sonoridad a la música, y por el albañil de Campania que inventó el reloj, colocando en Roma en el templo Quirino el primer cuadrante solar, y por el pontonero romano que inventó el empedrado de las poblaciones por la construcción de la vía Apia el año 312 antes de la era cristiana, y por el carpintero egipcio que descubrió la *cola de milano* debajo del obelisco de Luxor, y por tanto, una de las claves de la arquitectura, y por el pastor caldeo que fundó la astronomía por la observación de los signos del zodíaco, punto de partida de Anaxímenes, y por el calafate corintio que nueve años antes de la primera olimpíada calculó la fuerza de la triple palanca inventando el trirremo y el remolcador dos mil seiscientos años antes de que apareciesen los buques de vapor, y por el labrador macedonio que descubrió la primera mina de oro en el monte Pangeo, si formuláis tales preguntas, la historia callará por no saber qué contestar. No conoce a tales gentes. ¡Cómo! ¿Había de ocuparse la historia de un labrador, de un calafate, de un pastor, de un carpintero, de un pontonero, de un albañil, de un vidriero, de un marinero, de un *bourgeois* o de un comerciante? La historia no se envilece.

Existe en Nuremberg, cerca de Egidien Platz, una casa frente a la iglesia de Saint-Gilles; en el piso segundo de esta casa, y sobre un trípode de hierro, descansa un objeto de forma esferoidal, cubierto por un pergamino ceniciento, sobre el cual se descubren multitud de líneas que en su tiempo debieron de ser de color rojo, amarillo y verde. Este objeto es un globo representando la Tierra tal como se conocía en al siglo XV. Hacia el 24° de latitud en el signo de Cáncer, está indicada vagamente una al parecer isla llamada *Antilia*, que un día llamó poderosamente la atención de dos hombres; uno de ellos, el que había construido el globo y dibujado la Antilia, enseñó la isla al otro, y señalándola con el dedo dijo: *Ahí está*. El que miraba se llamaba Cristóbal Colón, y el que dijo ahí está se llamaba Martín Behaim. Antilia es hoy América. La historia habla de Hernán Cortés, que devastó el Nuevo Mundo, y no consagra una palabra a Martín Behaim, que lo adivinó.

Si queréis saber el nombre del que «descuartizó» a los hombres, del que «los pasó a cuchillo», del que «les hizo morder el polvo» y del que hizo otras hazañas conocidas con horribles locuciones como esas, acudid a la historia, y lo encontraréis al momento. Pero en cambio, buscad el nombre del que inventó la brújula y no lo encontraréis en ninguna parte.

En 1747, en pleno siglo XVIII, a la vista de los filósofos, las ha tallas de Raucoux de Lawfeld, el sitio de Sas de Gante y la toma de Bergop Zoom eclipsan y oscurecen el descubrimiento sublime que está en vías de modificar el mundo, el descubrimiento de la electricidad.

El mismo Voltaire aplaudía por entonces como un loco una de las proezas de Trajano. (Véase su *Luis XIV.*)

De este género de historia proviene, en parte, la estupidez pública, sobreponiéndose casi en todas partes a la educación. Si os ofrece alguna duda, consultad, entre otras, las publicaciones de la librería Perisse hermanos, destinadas por sus autores, según reza un paréntesis, *a las escuelas de instrucción primaria.*

Nos parece ridículo que un príncipe se aplique a sí mismo el nombre de un animal. Por eso nos burlamos del emperador de la China, que se hace llamar *Su Majestad el Dragón*, pero decimos con la mayor calma del mundo *Monseñor el Delfín*.

Cuestión de domesticidad. El historiador no es más que un maestre de ceremonias. En la corte modelo de Luis el Grande había cuatro historiadores por las mismas razones que había cuatro violines de cámara. Lulli era el director de los unos y Boileau el director de los otros. En las historias escritas por el patrón antiguo, único admitido y autorizado hasta 1789, y el único clásico en toda la acepción de la palabra, los mejores narradores, los más honrados, aun aquellos que se creen libres, permanecen por lo general maquinalmente sujetos a una invisible disciplina, mezclando una tradición a otra, sufriendo el influjo de las costumbres, recibiendo la consigna en las antecámaras, aceptando juntamente con las muchedumbres la brutal divinidad de los groseros personajes de primera fila, como reyes, «potentados», «pontífices» y soldados, de quienes se creen historiadores porque usan librea de historiógrafos, cuando no son en realidad más que lacayos sin saberlo.

Así es la historia que se enseña, se impone, se manda y se recomienda, la que se filtra en las inteligencias jóvenes hollándolas con marca que no se borra sino con grandes y difíciles esfuerzos, y la que se hace recitar de memoria a los educandos. Yo, el que habla en este instante, he sido cuando niño víctima de ella.

En este género de historia hay de todo menos historia. Lujo de príncipes, de «monarcas» y de capitanes; pero apenas si habla del pueblo, de las leyes y de las costumbres, y apenas si consagra una frase a las letras, a las artes, a las ciencias, a la filosofía, a la ebullición del pensamiento universal; en una palabra, apenas si se ocupa del hombre. La civilización se escalona por reinados y no por etapas de progreso. Un rey cualquiera es una etapa. Ni una indicación siquiera que señale las demarcaciones hechas por los grandes hombres. Se enseña que Francisco II sucedió a Enrique II, que Carlos IX sucedió a Francisco II y que Enrique III sucedió a Carlos IX; pero nadie enseña que Watt sucedió a Papin, y Fulton a Watt; apenas si es posible distinguir la misteriosa dinastía de las gentes a través del lujo de las herencias reales. La tea que ennegrece la opaca fachada de los acontecimientos reales oculta la reverberación sideral que arrojan sobre los siglos los guías de la civilización. Ni un historiador de este género señala con el dedo la divina filiación de los prodigios humanos, esa divina lógica aplicada que tiene la Providencia: ni uno siquiera enseña que el progreso engendra siempre el progreso. El ignorar que después de Felipe III viene Felipe IV y después de Felipe IV Carlos II, sería altamente vergonzoso; pero saber que Descartes suceda a Bacon, y que Kant suceda a Descartes, y que Washington continúe a Las Casas, y que John Brown continúe y mejore a Washington, y que Jan Huss continúe a Pelagio, y que Lutero continúe a Jan Huss, y que Voltaire continúe a Lutero, es verdaderamente un escándalo.

IV

Ya es tiempo de que cambie tal estado de cosas y de que los hombres de acción se coloquen detrás y los hombres de ideas delante. La cúspide es la cabeza. Donde reside el pensamiento, reside el poder. Ya es tiempo de que los genios se coloquen delante de los héroes, de que se dé al César lo que es del César y al libro lo que es del libro. Un poema, un drama, una novela produce más beneficios que todas las cortes de Europa reunidas. Ha llegado la hora de que la historia concuerde con la realidad, que dé a cada influencia su valor exacto y que cesen las épocas de los reyes para ser sustituidas por las de los poetas y los filósofos. ¿A quién pertenece el siglo XVIII, a Luis XV o a Voltaire? Comparad Versalles con Ferney y decid después de cuál de los dos puntos proviene la civilización.

Un siglo es una fórmula; una época, la expresión de un pensamiento; la civilización pasa de un pensamiento a otro. La civilización tiene sus frases: los siglos. No dice en uno lo que dice en otro. Pero las misteriosas frases se encadenan: la lógica (el *logos*) es lo interno, y la serie de ellas constituye el progreso. Todas estas frases, expresiones de una idea única, la idea divina, consignan lentamente la palabra *fraternidad*.

Así como la luz se condensa en llama, así también una época se condensa en un hombre. En cuanto el hombre expira, la época se cierra y Dios vuelve la hoja. La muerte del Dante es el punto final del siglo XIII; tras él ya puede venir Jan Huss. La muerte de Shakespeare es el punto final del siglo XVI: después de este poeta, que contiene y resume toda la filosofía, pueden venir los filósofos Pascal, Descartes, Molière, Lesage, Montesquieu, Rousseau, Diderot y Beaumarchais. La muerte de Voltaire es el punto final del siglo XVIII: después puede venir la liquidación de la primera forma social del cristianismo, la Revolución francesa.

Los diversos períodos, que llamamos aquí épocas, tienen su cima. ¿Cuál será la cima? ¿Una cabeza con corona o una cabeza con pensamiento? ¿Será una aristocracia o una idea? Reflexióne en dónde está el poder. Poned en un platillo de la balanza a Francisco I, y en otro a Garguntúa, o a Don Quijote y a toda la caballería, y decid después hacia qué lado se inclina el fiel.

Es, pues, necesario que cada cual ocupe su puesto. Demos media vuelta de frente y miremos a los verdaderos siglos. En primer lugar, los espíritus geniales, y en segundo, en tercero o en vigésimo, los soldados y los reyes. El pensador debe sustituir en los pedestales a los guerreros. Quítese a Alejandro y póngase en su lugar a Aristóteles. ¿No es verdaderamente extraño que la humanidad, por su manera especial de leer la *Ilíada*, haya olvidado a Homero por Aquiles?

Insisto en ello: es tiempo de que cambie tal estado de cosas. El impulso está dado. Algunos nobles espíritus se han consagrado ya a la obra; la historia futura se aproxima: tenemos la muestra en algunos magníficos intentos: es, por tanto, inminente una refundición general. *Ad usum populi*. La instrucción obligatoria reclama la historia verdadera, y la historia verdadera se hará; ya está empezada.

Se reacuñarán las medallas. Lo que era el reverso será el anverso. Urbano VII será el reverso de Galileo.

Así reaparecerá el verdadero perfil del género humano en las diferentes pruebas de civilización por que ha pasado en la serie de los siglos.

La efigie histórica no será en adelante el hombre-rey, sino el hombre-pueblo.

No quiere decir esto que al indicar la historia real y verdadera el punto en que se hallan las fuentes de la civilización, haya de desconocer el grado apreciable de utilidad que han tenido los cetros o las espadas en momentos determinados y en presencia de un estado especial de la humanidad. Las luchas cuerpo a cuerpo exigen cierta semejanza entre los combatientes: al salvajismo es necesario oponer algunas veces la barbarie. El progreso se hace en ciertos casos por medios violentos. Por eso César es bueno en Cimeria y Alejandro en Asia. Pero ambos, Alejandro y César, deben darse por satisfechos ocupando un lugar secundario.

La historia verídica, la historia verdadera, la historia definitiva, que será en lo sucesivo la encargada de la educación del vástago regio, que es el pueblo, rechazará todo género de ficciones, dejará de ser complaciente, clasificará lógicamente los fenómenos, analizará las causas profundas, estudiará filosófica y científicamente las conmociones sucesivas de la humanidad, y sé cuidará no tanto de los efectos que produce un sable como de los que produce una idea.

Los hechos referentes a las ideas se colocarán en primer término. El advenimiento de Pitágoras será un acontecimiento de mayor importancia que la aparición de Sesostris. Ya lo hemos dicho: los héroes, los hombres del crepúsculo son relativamente luminosos en las tinieblas, porque ¿qué es un conquistador al lado de un sabio? ¿Qué es la invasión de los reinos comparada con la invasión de las inteligencias? Los conquistadores de espíritus eclipsan a los conquistadores de territorios. El verdadero conquistador es aquel a quien debemos el hábito de pensar. El esclavo Esopo y el esclavo Plauto se colocarán en la historia futura delante de los reyes, y habrá en ella vagabundo que pese más que un capitán victorioso, y comediante que pese más que un emperador. Sin duda, para realizar en hechos sensibles todo cuanto venimos manifestando, es preciso que un hombre poderoso haya demarcado el punto que divide el desplome del mundo latino y la inauguración del mundo gótico; es preciso también que otro hombre poderoso haya venido después de aquél, como viene la habilidad detrás de la audacia, a intentar la realización de la monarquía católica con las naciones que en lo futuro habían de formar un grupo universal, como han sido precisas las saludables usurpaciones cometidas por Europa en Asia, África y América; pero es todavía más necesario el haber hecho la *Divina Comedia* y el *Hamlet* sin mezcla alguna de malas acciones y sin que haya costado su creación la devastación de unos cuantos pueblos. Dado, como resultante, el aumento de inteligencia humana, el Dante tiene más valor que Carlomagno, y Shakespeare más valor que el emperador Carlos V.

En esta historia, hecha por el patrón de lo verdadero absoluto, las inteligencias vulgares y comunes, los seres inconscientes, el *Non pluribus impar*, el sultán sol de Marly, serán los que den hospitalidad sin darse cuenta de ello al pensador disfrazado de histrión, a las ideas y a los hombres que reclama la filosofía de Alcestes; en ella, Luis XIV será el camarero de Molière.

Esta inversión de oficios forzará a los personajes a representar su verdadero papel; la óptica histórica renovada armonizará el conjunto de la civilización, que hoy permanece en estado caótico; la perspectiva, la justicia de la geometría, se apoderará del pasado, haciendo avanzar unos planos y retroceder otros; cada cual volverá a tener su estatura real; los adornos de tiaras y coronas aumentarán en los enanos el ridículo; los estúpidos arrodillamientos desaparecerán para siempre. De los enderezamientos saldrá el Derecho.

Los desfalcos y las restituciones se demostrarán por sí mismos en cuanto el gran juez, nosotros, *Todos Nosotros*, tenga el encargo de difundir la noción de lo que es absoluto y lo que es relativo. El sentido moral, innato en el hombre, sabrá a qué atenerse, y no será interrogado con preguntas como ésta: «¿Por qué se venera a Luis XV, siendo así que venerándolo a él se venera el acto por el cual se quemó a Deschauffours en la plaza de Grève? La cualidad del rey dejará de ser un falso peso moral. Fijando bien los hechos se fijará bien la conciencia. Así llegará hasta el género humano una luz dulce, serena y de igual intensidad para todos. Desaparecerán las interposiciones de nubes entre la verdad y el cerebro, permitiendo que se eleven hasta el cénit de la civilización lo bueno, lo justo y lo verdadero.

No hay nada que pueda sustraerse al influjo de tan sencilla ley. El aspecto material de los hechos y de las personas se disuelve y se disipa por la fuerza misma de las cosas. Llega un tiempo en que hasta los cuerpos más sólidos se descomponen. Cualquiera que sea la masa o la cohesión de la materia, vuélvese ceniza, que ceniza y no otra cosa es la materia. El granito supone necesariamente la existencia del polvo. Las pulverizaciones son inevitables. Las instituciones graníticas, la oligarquía, la aristocracia, la teocracia, desaparecerán a los cuatro vientos. Solamente el ideal es incorruptible.

Todo muere menos el espíritu.

El torrente de luz que llamamos *civilización* desgasta y reduce los objetos que halla a su paso. Penetra en todas partes en calidad de *señora del mundo* haciéndose obedecer, y con su augusta mirada, que abarca la posteridad, y con sus rayos, que inundan de lleno el siglo XIX, se realizan grandes simplificaciones, desapareciendo excrecencias, glorias y nombres. Sirva de ejemplo Moisés. El nombre de Moisés es glorioso bajo tres aspectos: como capitán, como legislador y como poeta. Como capitán, hállase en la oscuridad confundido entre bandidos y asesinos; como legislador, entre las ruinas de las religiones muertas, y como poeta, al lado de Esquilo.

La luz del día desgasta considerablemente los objetos destinados a vivir envueltos en tinieblas. De aquí que se presente sobre nuestras cabezas un nuevo cielo histórico, una nueva filosofía de las causas y de los efectos y un nuevo aspecto de los hechos.

Sin embargo, algunos espíritus honrados y severos, ante la afirmación de que *los genios son una dinastía*, exclaman temiendo a las consecuencias: «No aceptamos ni esa dinastía ni ninguna otra», sin reflexionar que desconfían y se asustan de una frase cuya significación es de todo punto tranquilizadora. La ley por virtud de la cual desaparecen los propietarios del género humano, y la ley según la que nacen los directores y los guías, son, en rigor, idénticas. El hombre *ilustrado* es lo contrario y lo opuesto del hombre *siervo*. La diferencia consiste en que los reyes poseen y los genios conducen. Entre *Homo sum* y *El Estado soy yo* hay toda la distancia que separa la fraternidad de la tiranía. Los pasos hacia adelante reclaman un dedo indicador; una insurrección contra el piloto no hace avanzar un ápice el barco; a nada hubiera conducido arrojar a Cristóbal Colón al agua, La indicación *¡Por aquí!* no humillará nunca al que busque su sendero. Acepto durante la noche la autoridad de las luces. Y por otra parte, la dinastía de los genios, que tiene por reino el destierro del Dante, por palacio el calabozo de Cervantes, por lista civil la miseria de Isaías, por trono el estercolero de Job y por cetro el bastón de Homero, no puede causar inquietud alguna. Pero volvamos a nuestro objeto.

V

La humanidad ha de ser dirigida y no apropiada; bajo tal aspecto deben considerarse los hechos.

La historia será la encargada de reproducir en adelante la nueva fase de las cosas reales. Por muy extraño que parezca, la historia va a cambiar el pasado, no apelando a la mentira, sino únicamente a la verdad. La historia, que ha sido hasta ahora un cuadro, será en el porvenir un espejo.

El reflejo del pasado modificará el porvenir.

El antiguo rey de Westfalia, que era un hombre de talento, miraba un día con atención un tintero colocado sobre la mesa de alguien a quien todos conocemos. El escritor en cuya casa estaba Jerónimo Bonaparte había traído de una excursión a los Alpes, hecha en compañía de Charles Nodier, un pedazo de serpentina arcillosa modelada en forma de tintero, comprada a los cazadores de gamuzas del mar de Hielo. Éste era el objeto que llamó la atención de Jerónimo Bonaparte. «¿Qué es esto?», preguntó. «Mi tintero», respondió el escritor, y añadió después: «Es de arcilla. Admirad la Naturaleza, que de un poco de barro y óxido hace esta hermosa piedra verde.» «Más admiro a los hombres —replicó Jerónimo Bonaparte— que hacen de tal piedra un tintero.»

No es mala frase para un hermano de Napoleón; la consignamos con gusto, porque el tintero será el que destruya el poder de la espada.

Uno de los más grandes hechos de nuestra grande época es que los hombres de guerra, de fuerza y de rapiña, van disminuyendo a medida que crecen maravillosamente los hombres de pensamiento y de paz, presentándose así en escena los verdaderos colosos.

No se puede imaginar un espectáculo más patético ni más sublime: la humanidad redimida desde las alturas, los pensadores derrotando a los poderosos, los profetas anonadando a los héroes, las ideas barriendo la fuerza, el cielo limpio, es contemplar una expulsión majestuosa. Mirad, levantad los ojos y ved cómo se realiza la suprema epopeya. La legión de las luces expulsa a la horda de las llamas.

Los amos se van y los redentores vienen.

Los que ojean a los pueblos y mandan ejércitos. Nemrod, Senacherib, Ciro, Ramsés. Jerjes, Cambises, Atila, Gengis-Khan, Tamerlán, Alejandro, César, Bonaparte y tantos otros hombres feroces, se extinguen. Ved cómo bajan lentamente, ved cuán próximos están a la línea del horizonte, cómo los atrae la oscuridad, por la afinidad fatal que tienen con las tinieblas, y cómo esta misma semejanza los arrastra a la unidad horrible de la ciega inmensidad, al punto en que la luz se disipa. Sólo les espera la sombra de la sombra, el olvido. Caen en el abismo, pero aun allí son grandes. No insultemos a les que lo han sido. Sería imperdonable execrar a los héroes ya amortajados. El pensador ha de permanecer solemne en presencia de los sudarios. La antigua gloria abdica; los fuertes caen. ¡Clemencia, pues, para los victoriosos vencidos! ¡Paz a los guerreros que fueron! Interpónese entre sus resplandores y nosotros la sombra del sepulcro. Los astros convertidos en espectros infunden cierto terror religioso.

Mientras que se precipita en el abismo con la palidez siniestra de la muerte la esplendorosa pléyade de les hombres de la fuerza, levántase brillante en el espacio opuesto, en el punto mismo en que se ha desvanecido la última nube, en el profundo y ya por siempre sereno cielo del porvenir, un grupo sagrado de estrellas: Orfeo, Hermes, Job, Homero, Esquilo, Isaías, Ezequiel, Hipócrates, Fidias, Sócrates, Sófocles, Platón, Aristóteles, Arquímedes, Euclides, Pitágoras, Lucrecio, Plauto, Juvenal, Tácito, San Pablo, Juan de Patmos, Tertuliano, Pelagio, el Dante, Gutenberg, Juana de Arco, Cristóbal Colón, Lutero, Miguel Ángel, Copérnico, Galileo, Rabelais, Calderón, Cervantes, Shakespeare, Rembrandt, Kepler, Milton, Molière, Newton, Descartes, Kant, Piranesi, Bocaccio, Diderot, Voltaire, Beethoven, Fulton, Montgolfier y Washington, formando magnífica y luminosa constelación, cada vez de luz más intensa, que brilla y resplandece como una gloria de diamantes celestes en el sereno horizonte, y se eleva más y más, confundida y envuelta entre la aurora inmensa que produce la figura de Jesucristo.